꽃피움
안에서 밖으로 펼쳐지는 기쁨

"평화롭고 충만한 삶을 살고자 하는 선한 사람들을 위해
이 책을 썼습니다."

꽃피움
ⓒ 이상욱, 2023

이상욱 지은 것을 소피인어스 황민정이 2023년 6월 30일 처음 펴내다.
이슬기가 다듬고 박태하가 꾸몄다. 소피인어스의 등록날짜는 2022년 4월 22일
(제2022-000002호), 홈페이지는 https://blog.naver.com/sophieinus 이다.

2023년 6월 30일 펴낸 책(초판 제1쇄)

이 책은 저작권법에 의하여 보호를 받는 저작물이므로 무단 전재와 무단 복제를 금합니다.
이를 위반 시에는 형사/민사상의 법적 책임을 질 수 있습니다.
이 책의 일부를 인용하려면 반드시 소피인어스 출판사의 동의를 얻어야 합니다.

정가는 표지 뒷면에 표시되어 있습니다.

ISBN 979-11-978678-0-4

이상욱

꽃 피 움

❀ 서평 ❀

작가가 가진 사랑의 기운인 걸까요. 읽는 이로 하여금 치유가 되게 하는 책입니다.
향내 나는 꽃을 피워내는 삶으로의 안내가 눈물 나게 감사했습니다. 곁에 두고두고 읽을 것 같아요. 제 아이가 컸을 때도 꼭 보여주고 싶은 책입니다.

— 향긋쟈스민

"이 글을 읽을 때 나는 책에게 온전히 사랑 받는 기분이 들었다. 그래서 이 글이 출판된다는 소식을 들었을 때 책의 두께가 얇으면 좋겠다고 생각했다.
문장 하나하나가 귀해서 매일 가지고 다니면서 볼 수 있으면 해서. 이 글을 처음 읽을 때도, 다시 읽을 때도 나에게 좋은 일이 일어나는 신기한 경험을 했다. 이 글 덕분에 마음의 법칙을 쉽게 체화할 수 있어서가 아닐까."

— Kychi

"이 책은 욕구를 선택하는 것과 그 욕구를 어떻게 이루느냐에 관한 책인 것 같습니다.
즉, 인위적인 꽃을 만드는 삶과 자연스러운 꽃을 피우는 삶 중 후자를 선택해야 하며, 이를 성취하는 방법에 대해서 친절하게 서술하고 있습니다.
일독할 가치가 있는 책이라 생각합니다."

— 김정선, 서울, 변호사

읽을 때마다 선물 받는 기분. 꽃피움을 만나 나의 마음과 삶이 좋은 방향으로 움직이고 있었습니다. 힘들 때 위로가 되고 응원이 되었습니다. 앞으로도 큰 힘이 될 것입니다.

- 경기 의정부, 김지영, 직장인

하루하루가 힘들다고 느껴지고 지금의 고통을 이겨나갈 누군가의 도움이 절실할 때였습니다. 그때 이 책을 보게 되었고 글을 볼 때마다 내면에서 일어나는 울림을 느낄 수 있었습니다. 나도 할 수 있다고, 나도 될 수 있다고... 마음이 흐트러질 때면 이 책을 보고 마음을 다잡습니다. 그리고 지금 이 순간을 살아갑니다.

- 분당, 최인겸 (넌 나의 오아시스)

나라는 꽃을 가장 나답게, 아름답게 피워내는 방법을 찾도록, 스스로에게 질문을 던지도록 하는 책입니다. 그동안 수많은 영성 관련 책들을 읽었지만 풀리지 않는 답답함이 있었어요. 이 책은 너무나 쉬운 비유를 통해 그 답답함을 깔끔하게 풀어냅니다.

- 직장인, 박미선

❁ 작가 소개
❁

이상욱
내과전문의, 소화기내시경전문의이다.
서울혁신내과의원 원장으로 재직하고 있다.
낮에는 진료를 하고 밤에는 글을 쓴다.
온전히 모든 밤을 글쓰기로 보낼 수는 없지만,
시간이 날 때마다 가슴속에서 스며 나오는 글들을 모아 두고 있다.
병이 나은 사람, 약을 끊은 사람들의 이야기를 좋아한다.
꽃피우는 사람들의 이야기를 사랑한다.

책을 시작하기 전에

이 책은 다음 질문에 대한 저의 답입니다.
왜 사는가?
어떻게 살아야 하는가?
나는 누구인가?

저는 내과 의사입니다. 만성질환인 고혈압, 당뇨병, 심장병, 천식, 류마티스 질환 등을 진료합니다. 환자 분들을 진료하면서 알게 된 것은, 환자 분들을 진료할수록 약의 개수가 줄어드는 게 아니라 점점 늘어난다는 것입니다. 해를 거듭할수록 저는 제가 하고 있는 일이 환자 분의 건강을 회복시키는 것이 아니라 질병으로 인한 합

병증 발생을 줄이는 것임을 알게 되었습니다. 이 두 가지는 비슷해 보이지만 큰 차이가 있습니다. 수도꼭지가 잠겨 있지 않아서 집 안에 물이 차고 있다고 합시다. 어떤 조치를 취하지 않으면 가전제품이며 중요한 서류들까지 물에 잠길 것입니다. 물이 더 많이 차면 거주 자체가 힘들 것입니다. 제가 생각하는 건강을 회복시키는 방법은 수도꼭지를 잠그는 일입니다. 그러나 약을 복용하는 것은 집 안의 물을 바가지로 퍼서 바깥으로 버리는 일입니다. 바가지가 크고 좋으면 물이 더 빨리 줄어들겠지만, 그 일을 멈추면 다시 물이 고이기 시작합니다. 저는 수도꼭지를 잠그고 싶었습니다. 하지만 사람들은 더 좋은 바가지를 찾는 일에 관심을 보였습니다. 물론 효과가 좋은 약을 만드는 일도 중요하지만, 수도꼭지를 잠글 수는 없습니다. 아무리 좋은 바가지로 물을 잘 퍼내도 수도꼭지를 잠그지 않는다면 시간이 지날수록 어느 정도 물이 차오른 집 안에는 곰팡이가 피고 조금씩 부식될 것입니다. 이제는 곰팡이를 해결하고 부식된 부분을 손봐야 합니다. 또 다른 문제는 수도꼭지에서 계속 물이 나오기 때문에 물이 정말 필요한 곳에는 사용할 수 없습니다. 그때는 외부에서 또 다른 물을 끌어와야 합니다. 저는 수도꼭지를 잠그고 싶었습니다.

많은 책들을 읽고, 여러 의사들과 이야기를 해 보고, 자문자답을 하면서 수도꼭지를 잠그는 방법은 마음속에 있다고 생각하게 되었습니다. 내면으로 들어갈 수 있다면, 내면에서 어떤 질적인 변화를 이루어 낼 수 있다면, 무섭게 달리던 커다란 열차가 작은 버튼을 누르면 멈추듯이 우리에게도 같은 일이 벌어질 거라 생각했습니다.

마음에 관심을 갖게 된 또 다른 이유는 저의 오래된 두통 때문이었습니다. 바라던 의대에 들어온 후 두통이 시작되었고, 시간이 지날수록 점점 더 심해졌습니다. 뇌 사진(MRI)을 촬영했지만 원인은 알 수 없었습니다. 학업을 지속하기가 어려워서 결국 휴학을 하기로 했습니다. 휴학을 하면서 두통과 관련된 온갖 책을 읽고 생각했습니다. 현대의학은 두통을 편두통, 군집성 두통, 긴장성 두통 등으로 나눕니다. 두통에 대해 공부할수록 분명한 것은 진단이 무엇이든, 두통은 완치할 수 없으며, 평생 약을 포함해서 여러 치료들로 통증을 가라앉히는 방법밖에 없다는 것이었습니다. 그러나 저는 수도꼭지를 잠그고 싶었습니다. 기존 의학에서는 답을 찾지 못할 것 같아서 대체 의학을 포함해서 여러 방법을 찾아다녔습니다. 저의 결론은 수도꼭지를 잠그려면 내면으로 들어가야 한다는 것이었습니다. 내면으로 들어가야 수도꼭지가 있는 곳으로 갈 수 있고, 그곳에서 수도꼭지를 잠그고 다시 건강해질 수 있습니다. 내면으로 들어가 작은 스위치를 누르면 열차는 쉽게 멈추지만, 외부에서 멈추려고 하면 어마어마한 힘이 필요하고, 열차가 멈춘다 해도 큰 손상을 피할 수 없습니다. 결국 환자 분이나 제 자신이나 모두 마음 안에, 즉 내면에 열쇠가 있었습니다. 내면을 탐색해 보니, 그곳에는 건강에 대한 수도꼭지만 있는 것이 아니었습니다. 행복, 풍요, 성공, 관계에 대한 수도꼭지도 있었습니다. 내면을 들여다보지 않는다면 행복, 풍요, 성공, 관계 어느 방면에서든 물은 계속 차올라 삶을 힘들게 할 것입니다. 평생을 임시방편으로 물을 퍼내기만 하며 겨우 생존할 수 있을 뿐입니다. 내면을 들여다볼 수 있다면 수도꼭지를 잠그고 원하는 대로 삶을 창조하며 살 수 있습니다.

마음의 힘을 경험한 적이 몇 번 있습니다. 이 사실을 처음 알게 된 건 의대에 합격했을 때였습니다. 수능 전날 저는 긴장이 되어 새벽 1시까지 잠을 설쳤습니다. 애써 잠을 청하려고 눈을 감고 허공을 바라보았는데 잠깐 어떤 영상이 지나갔습니다. 합격하여 가족과 얼싸안는 그림이었습니다. 기뻐하는 부모님의 모습과 동생의 얼굴이 보였습니다. 잠깐이었습니다. 의도한 상상은 아니었습니다. 하지만 실제로 이루어졌습니다. 합격 사실을 알게 된 후 상상 속에서 보았던 모습 그대로 가족과 얼싸안고 기뻐했습니다. 시험 전의 상상이 합격에 영향을 미쳤다는 생각은 못 했습니다. 그 당시는 마음에 대해 잘 몰랐습니다. 그저 신기하기만 했습니다.

두 번째 경험은 어느 날 꾼 꿈으로 이루어졌습니다. 꿈속에 아주 작은 송아지가 나왔습니다. 그 송아지는 귀여웠고 특이하게도 초록색이었습니다. 송아지는 저의 오른쪽 발목을 베개 삼아서 누웠습니다. 그 다음 날 저는 운동을 하다가 오른쪽 발목을 다쳐 병원에 갔습니다. 병원에서는 인대 손상이라고 하며 짧은 깁스를 해주었는데 깁스의 색깔이 꿈에서 본 초록색이었습니다. 다시 생각해 보니 꿈에서 초록색 송아지가 발목에 누워 있는 모습이 깁스를 한 발목과 비슷해 보였습니다. 저는 깁스를 수 주 동안 해야 한다는 슬픔보다 다치기 전날 오늘을 예언하는 듯한 꿈을 꾸었다는 사실에 더 놀랐습니다. 이 두 경험 이후에 마음에 관심이 많아졌습니다. 내가 마음속으로 본 영상과 현실은 무언가 연결되어 있는 것 같았습니다. 다만 마음의 힘을 의식적으로 사용할 줄은 몰랐습니다.

　의식적으로 마음의 힘을 사용한 것은 한참 후였습니다. 어느 날 하버드 대학교 경영대학원 졸업생에 대한 연구 결과를 보게 되었습니다. 종이에 목표를 적었던 졸업생들이 목표를 적지 않았던 학생들보다 크게 성공했다는 결과였습니다. 저는 원하는 배우자를 만나기 위해서 이 방법을 사용해야겠다고 생각했습니다. 저는 제가 생각하는 이상적인 배우자의 모습을 종이에 적어서 지갑 속에 넣고 다녔습니다. 당시에 제가 소망했던 배우자는 '말을 지혜롭게 하고, 나와 한 시간 동안 즐겁게 이야기를 나눌 수 있는 사람'이었습니다. 그리고 '아름다운' 여성을 소망했습니다. 그러던 어느 날 학교에서 공부하지 않고 평소에 다니지 않았던 집 근처의 도서관에서 공부를 해야겠다는 생각이 들었습니다. 소망을 종이에 적은 지 두 달이 안 되어 그 도서관에서 우연히 한 여성을 만났습니다. 그 여성은 미국에서 살다가 마침 한국에 귀국해 잠시 그 도서관에 온 것이었습니다. 그녀는 말 한 마디를 할 때도 신중하게 단어를 고르는 사람이었고, 한 시간이 아니라 다섯 시간을 이야기해도 이야깃거리가 넘쳤습니다. 그리고 그녀는 무척 아름다웠습니다. 그 여성은 지금의 제 아내가 되었습니다. 누구의 소개도 없이 이상적인 배우자를 작은 도서관에서 만날 가능성이 낮음을 생각할 때, 종이에 소망을 적은 행동이 무언가 어떤 일을 했다는 건 분명했습니다.

의식적인 상상을 통해 원하는 것을 얻기도 했습니다. 내과 전공의 4년 차 때 내과 전체에서 실시하는 큰 시험이 있었습니다. 저는 이 시험에서 좋은 성적을 내고 싶어 열심히 공부했습니다. 하지만 내과 전공의들은 모두 머리 좋은 수재들이었고 열심히 공부하는 사람들이었습니다. 저는 시험 수 일 전부터 잠들기 전에 1등을 하는 상상을 했습니다. 무언가 상징이 필요했습니다. 그래서 교수님이 시험 발표를 하실 때 "이상욱 전공의가 '압도적인' 성적으로 1등을 했다."라고 칭찬하시는 상상을 했습니다. 몇 점 차이로 간신히 1등을 하기도 어려운데 압도적인 성적이라니요. 그러한 표현을 하면서까지 칭찬하는 교수님도 없을 듯했습니다. 하지만 '압도적'이라는 어감이 좋아서 매일 상상을 했습니다. 시험을 치르고 수 일 후 모든 전공의가 강당에 모였습니다. 내분비내과 교수님께서 결과를 발표하셨습니다. "이번 시험에서 이상욱 전공의가 '압도적인' 성적으로 1등을 했습니다! 축하합니다." 제가 상상한 그 문장 그대로 말씀하시는 교수님을 보고 저는 기쁨보다 놀라움이 컸습니다. 1등을 했던 기쁨보다 제 상상이 그대로 실현되었다는 것이 너무나 신기했습니다.

그때 저는 '이제는 힘들게 살지 않아도 되겠구나! 노력도 해야겠지만 상상을 열심히 하면 되겠구나!'라고 생각했습니다. 이 생각은 반은 맞았고, 반은 맞지 않았습니다. 어떤 상상은 실현되었고,

어떤 상상은 실현되지 않았습니다. 그 답을 찾고 싶었습니다. 정말 많은 책들을 읽었습니다. 실패 없이 소망을 이루는 방법도 궁금했지만 매일의 삶을 더 평온하고 행복하게 살아가는 방법도 궁금했습니다.

어떤 날은 하루가 참 힘겹습니다. 그런 날에는 직장에서 제 역할을 겨우 해냅니다. 잘해보려 하지만 어딘가 삐걱거리고 억지로 하는 느낌입니다. 동료와 의사소통도 어딘가 매끄럽지 않습니다. 일은 진척이 없고 성과도 잘 나지 않습니다. 집에서도 여러 일을 계획했지만 마음은 떠다니고, 일을 하더라도 건성으로 하게 됩니다. 제대로 쉬지도 못합니다. 피곤하기만 하고 마음먹은 대로 되지 않습니다. 하지만 마법과 같은 날도 있습니다. 가벼운 마음으로 출근하여 직장에 도착했습니다. 많은 일이 쌓여 있지만 버겁다는 생각은 들지 않습니다. 무수한 일 중 무엇부터 해 나가야 할지가 보이고, 서로의 연결고리들이 보입니다. 하나하나 시작하고 마무리해 갑니다. 여러 일을 해결하는 중에도 한 가지 일을 할 때는 그 일에만 집중합니다. 이 과정이 즐겁게 느껴지기까지 합니다. 동료와 짧게 이야기했는데도 무슨 이야기인지 다 이해했습니다. 오케스트라 연주자들처럼 물 흐르듯이 함께 일을 했습니다. 일을 마치고 집으로 돌아오는 길이 뿌듯합니다. 피곤하지 않습니다. 집에서도 마법은 계속됩니다. 가족들과 한 공간에서 함께 있는 동안 마음이 편안합니다. 마음은 중심이 잘 잡혀 있고 고요합니다. 쉬기도 하고 집안일도 하면서 몸과 마음은 평온함을 유지합니다. 이런 차이는 왜 생길까요? 어떻게 하면 매일 이런 마법이 일어날 수 있을까요?

저에게는 더 간절했던 물음이 있었습니다. 항상 답을 알고 싶었던 세 가지 의문이 있었습니다.

왜 사는가?

어떻게 살아야 하는가?

나는 누구인가?

저는 15년간 매일 아침에 눈을 뜨고 밤에 잠들기 전까지도 이 질문을 생각했습니다. 그리고 이제는 답을 찾았다고 생각합니다. 이 책에서 제가 찾은 답에 대해서 이야기해 보려 합니다. 독자 분들을 더없이 존경하지만, 책 읽는 속도를 고려하여 다음 장부터는 경어체를 사용하지 않았습니다. 저의 책이 독자 분들의 삶을 꽃피우는 데 도움이 되기를 소망합니다.

이 책을 쓸 수 있도록 저를 이끌어 준 신께 감사드립니다. 저를 위해 기도해 주시는 부모님께 감사드립니다. 제 곁을 지켜 주는 사랑하는 아내 소피아에게 이 책을 바칩니다. 소중한 쌍둥이 요안나, 레오에게 이 책이 훗날 지도와 안경이 되기를 바랍니다.

이제 시작합시다.

목차

작가 소개

책을 시작하기 전에·················· 08

1장　서문 ··· 21

2장　꽃피우는 삶 ·· 29

3장　현존 ··· 39

4장　예 藝 Art ·· 59

5장　지혜 ··· 67

6장　알아차림 ··· 77

7장 감사 ·· 91

8장 사랑 ·· 115

9장 상상 ·· 135

10장 회복 ··· 145

11장 노래 ··· 161

12장 그림 ··· 181

목차

13장　춤 ·· 197

14장　알아주기 ··· 217

15장　가슴과 머리 ·· 231

16장　명상, 기도, 선 禪 ······································ 239

17장　이야기 ·· 253

18장　지도 ·· 279

19장 안경 ·· 311

20장 입맞춤 ·· 329

21장 후기 ··· 353

책을 마치고 나서·····361

추천 도서················377

주석·······················385

1

서문

서문

　어떤 책은 입맞춤과 같다. 입맞춤은 잠자고 있는 공주를 깨운다. 볼품없는 개구리를 왕자로 바꾼다. 숨겨진 힘과 보석을 드러내어 진정한 자신으로 탈바꿈시킨다. 내면의 빛을 타오르게 하고 각성시킨다. 많은 책들이 잠시 눈길을 끌고 잠깐 곁에 머물다가 사라진다. 몇몇 훌륭한 책들은 오랫동안 곁을 지키며 볼 때마다 가슴을 고양시킨다. 삶이 손 안의 모래알처럼 스르륵 사라지지 않도록 붙잡아 준다. 사람에게서 받을 수 없는 위로를 해 주고 삶 속에서 반짝이는 무언가를 알게 해 준다.

　아주 적은 수의 책은 입맞춤과 같다. 그 책들은 말 그대로 사람을 꽃피운다. 책을 읽다 보면 책 속으로 들어가 책 읽기만 남아 있고 책 읽는 사람은 어느덧 사라진다. 책을 읽은 후 다시 정신이 들면 책을 읽기 전과 다른 사람이 되어 있다. 그 책은 그에게 입맞춤이었다. 지금껏 그를 묶어 두었던 저주가 풀렸다. 그의 가면은 벗겨졌다. 생생하게 정말로 살아 있는 자신이 되었다.

책은 지도이기도 하다. 삶의 목적지를 알게 해 주고 지금 어디에 있으며 어느 방향으로 가야 할지 알려 준다. 산 너머에 무엇이 있는지 몰라서 불안한 마음으로 여행하지 않게 해 준다. 높은 시야에서 조망할 수 있도록 도와준다. 오늘 그리고 지금 할 수 있는 일이 무엇인지 알게 해 준다.

책은 안경이 되기도 한다. 똑같은 풍경을 보더라도 안경을 쓴다면 전에는 보이지 않았던 별빛을 볼 수 있다. 초점을 맞추면 흐릿하게 보이던 보석을 찾을 수 있다. 늘 걸려 넘어지던 걸림돌을 명징하게 볼 수 있다. 좋은 책을 찾는 이유는 좋은 안경을 찾기 위해서이다. 좋은 책을 통해 훌륭한 눈을 가질 수 있다면 어두운 동굴을 더듬어 가지 않아도 된다. 밝은 햇살이 비추는 숲길을 통해 여행할 수 있다.

이 책을 쓴 이유는 〈꽃피움〉을 알리기 위해서이다.

꽃피우는 삶이 있다.

꽃피우는 삶은 꽃을 만드는 삶과 아주 다르다.

꽃피우는 삶은 비옥한 토양에 씨앗을 심고 물과 빛으로 씨앗 속에 숨어 있는 꽃을 드러내는 삶이다. 그러나 꽃을 만드는 삶은 꽃 모양을 내고 꽃과 비슷한 색을 칠하여 꽃처럼 보이도록 꾸미는 삶이다. 많은 사람들이 꽃을 만드는 삶이 유일하다고 생각한다. 삶의 많은 시간을 꽃을 만들기 위해 애쓰다가 이루어지지 않아 실망한다. 혹은 꽃 만들기를 성공했다고 생각했지만 속이 비어 있는 가짜 꽃이라는 것을 알아차리고 공허함을 느낀다. 꽃을 만드는 삶이 유일하다고 생각하는 당신을 잠에서 깨우겠다. 하루 종일 세상과 다투며 남이 보기에 성공한 것처럼, 행복한 것처럼 보이기 위해 겉치장을 하느라 지친 당신을 쉬게 하겠다. 당신 안에 있는 보석을 보여 주겠다.

꽃피우는 삶은 내면의 평화에 닻을 내리게 한다. 매 순간 진정으로 살아갈 수 있도록 한다. 수고하는 삶이 아니라 매 순간 기쁨을 느끼는 삶이다. 겉만 꽃처럼 보이는 것이 아니라 속까지 진정한 삶을 살아가는 길이다. 성공과 건강, 풍요를 이루어 내고 상처를 치유한다. 결국 평화의 자리에 다다르게 된다.

꽃피우는 삶을 살겠다고 결심하는 것과 실제로 그 삶을 살아가는 것은 다르다. 꽃피우는 삶을 실제로 살기 위해서는 지금 여기에 있어야 한다. 그러기 위해서는 기술이 필요하다. 그 기술(ART)

은 바로 예(藝: 노래, 그림, 춤)이다. 삶에는 세 가지 차원이 있다. 노래를 부르는 차원, 그림을 그리는 차원, 춤을 추는 차원이다. 우리가 살아가는 현실은 세 가지 차원이 겹쳐 있다. 이 세 가지 차원을 모른다면 혼란을 피하기 어렵다. 춤을 추는 차원에서 그림을 그리려 하면 꽃은 시든다. 그림을 그리는 차원에서 춤을 춘다면 삶의 방향은 자주 바뀔 것이다. 노래를 부르는 차원이 있다는 것을 모른다면 전원을 켜지 않은 자동차를 운전하려고 하는 것과 같다. 이 세 가지 차원을 명징하게 보여 주는 안경과 목적지에 다다를 수 있는 지도를 주겠다.

세 가지 차원을 이해한 후에는 '사람이 할 수 있는 일'과 '사람이 할 수 없는 일'을 아는 지혜가 필요하다. 지혜가 없다면 브레이크와 액셀을 분간할 수 없다. 브레이크가 걸려 있는지도 모르고 액셀을 밟는다면 바퀴에서 연기가 나는 자동차처럼 힘들게 세상과 다투고 상처 입으면서 여행하게 된다. 액셀이 무엇인지 모른다면 자동차에서 내려 힘겹게 두 손으로 밀고 가게 된다. 당신에게 브레이크와 액셀을 알아볼 수 있는 안경을 주겠다. 그 안경으로 초점을 달리해서 세상을 본다면 지금 내 곁에 신이 있다는 사실을 알 수 있다. 질투심 많고 매정한 신이 아니라 자애로운 신이 춤을 청하는 모습을 볼 수 있다. 신이 할 일과 사람이 할 수 있는 일이 있다는 것을 알게 된다. 사람이 할 수 있는 보물은 알아차림, 감사, 사랑, 상상이다. 네 가지 보물로 현존과 하나가 될 수 있으며 본래대로 회복할 수 있다. 노래하고, 그림 그리고, 춤출 수 있다. 브레이크를 풀고 액셀을 밟으면서 경이로운 여행을 해 보자. 여행의 끝에는 그토록 소망하는 당신의 꿈이 기다리고 있을 것이며, 꿈은 겉뿐만 아니라 속까지 진실할 것이다. 그 꿈을 만나는 당신 또한 이미 평화로운 상태일 것이다.

항상 알고 싶었던 세 가지 질문이 있었다.
왜 사는가?
어떻게 살아야 하는가?
나는 누구인가?

이 답을 찾기 위해 많은 책들을 읽고 많은 사람들의 가르침을 들었다. 어느 날은 하루 종일 고민했다. 그래도 알 수 없었던 어느 날 가슴에서 흘러나온 말은 다음과 같다.

'나는 무엇을 이루려고 태어난 것이 아니다. 이루는 것은 꽃피움의 결과이지 그 자체가 목적은 아니다. 이루려고 한다는 것은 내가 불완전하다는 것이고 무언가 결핍되었다는 뜻이다. 나는 불완전하지 않다. 결핍되지도 않았다.'

이 말이 가슴에서 흘러나왔다. 어떻게 설명할 수는 없었지만 진실이라는 것을 알았다. 그냥 알았다. 그동안 무엇을 이루려고 살

왔다는 말은 매일 무언가 잘못된 것을 바로잡으면서 살았다는 의미이다. 매일 무언가를 고치고, 부족한 것을 메우면서 살았다는 뜻이다. 나 자신을 매일 반성하며 더 나은 사람으로 바로잡으려고 했었다. 내 옆에 있는 사람도 고치려고 했었다. 그전에는 이것이 옳은 삶이라 생각했는데 어느 순간 이 태도 자체가 문제였다는 것을 알았다. 나는 나를 더 나은 자신으로 만들기 위해 태어난 것이 아니었다.

가슴으로부터 말을 들은 지 며칠 후, 다시 한번 어떤 말이 가슴에서 흘러나왔다.

나는 내가 누구인지 경험하기 위해 살고 있다.
꽃피우며 살아야 한다.
나는 창조하는 자이고 또한 경험하는 존재이다.

나는 내가 누구인지 알기 위해 태어났다. 나 자신을 알아차리는 과정은 '꽃피움'으로 나타난다. 가슴에서 나온 이 말이 진실임을 알았지만, 퍼즐처럼 흩어져 있던 여러 지혜를 한곳으로 모으는 데에는 시간이 걸렸다. 이제 멀리서 보아도, 가까이에서 보아도 온전해 보여 세상에 내놓는다. 이 책이 지도와 안경의 역할을 할 것이라 믿는다. 다만, 이 책이 누군가에게 입맞춤이 될지는 신만이 아신다.

이 책을 통해 말하고자 하는 큰 주제는 네 가지이다.

첫째, 꽃피우는 삶이 있다.

둘째, 꽃피우는 삶은 현존하며 자신이 비워질 때 가능하다.

셋째, 현존에는 세 가지 차원이 있다. 노래, 그림, 춤이라는 예(藝, ART)이다.

넷째, 예(藝, ART)를 위해 사람이 할 수 있는 네 가지 보물이 있다. 알아차림, 감사, 사랑, 상상이다.

꽃피우는 삶의 비결은 현존을 알아차리고 하나가 되는 것이다. 하나가 된다는 것은 현존과 조화를 이룰 수 있는 진동수가 된다는 것이다. 현존은 항상 높은 진동수이다. 현재 상황이 좋아 보이지 않아도 항상 높은 진동수이다. 현재 상황이 좋아 보이지 않는 이유는 마음이 이야기를 지어내기 때문이다. 이야기 밖의 현존은 항상 온전하고 완벽하고 새롭다. 이 현존에 조화를 이루는 높은 진동수를 선택한다. 높은 진동수를 선택한다는 것은 보물을 선택한다는 것이다. 내가 선택할 수 있는 보물은 네 가지이다. 알아차림, 감사, 사랑, 상상이다. 신을 알아차리고 감사하며, 자신의 어두운 면을 사랑하고 자신의 소망을 생생하게 상상한다면, 이 순간을 완전히 내맡길 수 있다면 어떻게 될까? 노래하고, 그림 그리고, 춤추게 된다. 지금 여기와 공명하게 된다. 자신은 투명해지고 비워진다. 꽃은 피어난다.

꽃피우는 삶으로 들어선다.

2

꽃피우는 삶

꽃피우는 삶

'꽃피움'이란 존재하는 상태에 맞추어 내면에 품은 정보가 안에서 밖으로 드러난다는 법칙이다. 마치 오므라져 있던 꽃봉오리에서 꽃잎이 펼쳐지는 모습과 같아서 '꽃피움'이라고 부른다. 여기서 정보는 '내가 누군지, 어떤 사람인지'에 대한 내용을 담고 있다. 밑받침 생각, 뿌리 신념도 정보에 포함된다. 우리는 믿는 대로 경험한다. 정보는 심상의 형태일 수도 있으며 언어의 형태일 수 있다.

우주와 자연, 삶에는 지성이 있는 것 같다. 이 지성은 우리가 마음 깊이 품은 정보를 이해하고 고도로 조직화하여 실현시키는 것 같다. 우리는 이러한 일이 어떻게 이루어지는지 몰라도 된다. 그저 이 순간을 알아차리고 알아주면 된다. 그렇게 하면 노래가 흘러나오고, 그림이 하늘에 걸리고, 삶과 춤을 출 수 있다. 그리고 꽃은 활짝 핀다.

삶에 여러 법칙이 있겠지만, '꽃피움'은 가장 중요한 법칙이다. 이 법칙에는 우리의 존재 이유가 담겨 있기 때문이다. 우리는 우리 자신이 누구인지 알아차리고 표현하고 경험하기 위해 태어났다.

'꽃피우는 삶'은 '꽃피움'의 법칙에 따라 살아가는 것을 말한다. 자신의 소망이 안에서 밖으로 펼쳐지는 방식으로 살아가는 것을 말한다. 매 순간 자신이 누구인지 알아가는 삶이다. 마치 씨앗을 심고 정성을 들이면 싹이 돋고 꽃이 피는 것과 같다. 자신이 독립되어 있지 않고 외부와 하나가 되어 내면의 청사진에 따라 협주하듯이, 춤추듯이 살아가는 방식이다.

꽃피우는 삶이란 지금 여기에 존재하면서 가슴에 감사가 가득 차 있으며, 자신을 있는 그대로 사랑하는 상태로 매 순간 몰입하여 사는 삶이다. 자신이 삶의 주인이 되어 의식적으로 사는 삶이며, 의도하지만 집착하지 않는 삶이다.

꽃을 만드는 삶은 척하는 삶이다. 소망을 이루기 위해 겉모습을 바꾸려고 애쓰는 삶이다. 자신과 주변 사람들 그리고 환경을 자신이 바라는 그림처럼 보이기 위해 수고하는 삶이다.

사랑스러운 사람이 되고 싶어 사랑스러운 사람인 척하는 것은 꽃을 만드는 삶이다. 내면의 평화가 목표인 사람이 평화로운 사람을 관찰하여 평화스러운 표정을 짓고 평화로운 사람이 걷듯이 흉

내 내는 것도 꽃을 만드는 삶이다. 사람들은 그를 평화로운 사람으로 보겠지만 그의 내면은 분노와 두려움으로 소용돌이치고 있다. 자상한 사람과 만나는 것이 소망인 사람이 곁에 있는 사람을 자상한 사람으로 바꾸려고 애쓰는 것은 꽃을 만드는 삶이다. 설득과 회유와 통제로 상대방은 자상한 척하겠지만 그것은 메마른 자상함이며, 포장된 자상함이다. 반발심과 숨은 분노가 쌓이다가 결국 관계는 끝난다. 풍요로움을 경험하고자 옷과 집과 자동차를 부자처럼 갖추어도 풍요로움을 경험할 수는 없다. 그는 세상이 풍요로운 곳이라고 경험하지 않을 것이다. 자신의 재산을 잃을지 몰라 집착하고 불안해할 것이다. 꽃을 만드는 삶을 살아가는 사람들은 부자인 척, 행복한 척, 성공한 척, 아무 문제가 없는 척한다. 많은 사람들이 꽃을 만드는 삶이야말로 노력하는 삶이며, 올바르고 유일한 길이라고 믿는다. 꾸미는 노력, 척하는 노력을 할수록 열심히 산다고 생각한다. 꽃을 만드는 삶은 수고하는 삶이며 피로한 삶이다. 꽃을 만드는 삶은 실패해도 문제고 성공해도 문제다. 실패하면 노력이 부족하다고 생각해서 더욱 열심히 척하기를 한다. 소망하는 삶의 반대되는 생각, 감정, 외부 변화를 억누르거나, 무시하거나 통제하려고 애쓴다. 이 과정은 에너지가 소진될 때까지 계속된다. 혹은 감당하기 어려운 병에 걸리거나 큰 사고가 생겨야 멈춘다. 만약 척하기가 잘되어 사람들의 인정을 받게 되더라도 문제다. 그 성공은 꽃피워진 것이 아니라 힘들게 만들어진 성공이기 때문에 그것이 사라지지 않도록 지켜야 한다고 생각하고 집착하게 된다. 그 성공은 거짓이기에 유지하는 데 많은 에너지가 필요하다. 그 에너지가 다하면 힘들게 칠한 색은 벗겨지고 보이고 싶지 않은 자신이 드러난다. 사람들의 인정을 받아도 내면의 공허감은 그대로이기 때문에 자신이 꽃임을 알아봐 주는 사람 없이 혼자 있는 시간에는 생기를 잃고 우울해한다. 자신은 그 꽃이 가짜임을 알기 때문이다.

세상을 다스리는 것은
억지 일을 꾸미지 않을 때만 가능합니다.
아직도 억지 일을 꾸미면
세상을 다스리기엔 족하지 못합니다.

– 노자, 『도덕경』, 제48장

꽃을 만드는 삶은 노자가 말하는 억지 일을 꾸미는 삶이다. 세상은 지금 여기에서 꽃피우는 방식으로 작동하기에 억지 일을 꾸미는 방법으로는 삶이 제대로 이루어질 수 없다. 씨앗에 담긴 설계도와 그림에 맞추어 숨겨진 힘이 풀려나온다. 콩을 심어 놓고 콩을 바라지 않는다면 비극이다. 땅을 뚫고 나오는 콩의 새싹을 장미처럼 보이도록 꾸미고 콩의 꽃을 장미처럼 꾸민다고 장미로 변하지 않는다. 우리 모두가 마음의 가장 내밀한 곳에 씨앗을 뿌린다. 그 씨앗들은 조건이 맞으면 발아하고 자란다. 싹과 꽃과 열매가 바라던 것이 아니라면 새로 씨앗을 뿌려야 한다. 하지만 많은 사람들이 다른 꽃으로 치장을 한다.

꽃피우는 삶은 겉과 속이 모두 생생하게 살아 있는 삶이며 매 순간이 기쁘면서도 고맙고 평화스러운 삶이다. 꽃피우는 삶은 시간의 흐름 밖에 있다. 이야기를 재잘거리는 마음의 바깥에 있다. 억지로 꾸미는 일이 없으며 남에게 보일 일도 없어서 아무도 모르게 피어나는 일이 많다. 꽃을 피워 내는 사람들은 꽃을 피워 내려는 의도가 없다. 매 순간 순수하게 알아차리고 감사하고 사랑할 뿐이다. 관람객이 가득 찬 무대에서 꽃이 피는 경우는 많지 않다. 꽃은 홀로 무심히 있을 때 피어나는 경우가 많다.

어떤 이가 성공했다고 했을 때, 그가 얻는 부와 지위, 사랑은 꽃을 만들어 얻었을 수도 있고 꽃피움을 통해 얻었을 수도 있다. 꽃을 만들어 자신이 바라던 성공을 얻었다면, 그는 자신이 생각했던 상황이 아니라는 것을 깨닫게 된다. 성공을 확인하는 순간 내면의 갈등이 끝이 나고 거침이 없으며 미래가 명징해질 것이라 생각했지만, 또 다른 통제 거리를 잔뜩 안게 된다. 그때서야 자신이 만든 삶이 가짜 꽃임을 알아차리게 된다. 그동안 가짜 꽃을 만들면서 성공을 향해 다가갔던 사람들은 자신이 지금까지 피워 냈다고 믿었던 삶이 꾸며진 것을 알고 허탈함을 느낀다. 진정 꽃을 피워 내어 성공했던 사람도 성공한 순간 위험에 처한다. 자신이 이루어 냈던 성공을 유지하고 지키려는 순간 재난이 시작된다. 그는 지금까지 성공한 비결이 꽃피우는 삶을 살았던 덕분임을 잊어버리고 이루어 놓은 성공을 유지하기 위해 꽃을 만들려 한다. 가장 화려하고 가장 높은 곳에 올랐던 그 순간을 영원히 가지기 위해 애쓴다. 다음 날도, 그다음 날도 찬란했던 순간처럼 꾸민다. 그 순간 자신을 꽃피게 했던 마법은 사라지고 꽃은 빠르게 시들어 버린다. 이런 경우를 어떻게 피할 수 있을까? 꽃피움이 자신 혼자만의 성과가 아니라는 것을 알게 된다면 겸손해질 것이다. 매 순간 더 높은 힘에 감사하고 내맡긴다면, 그리고 결과에 집착하지 않는다면, 꽃피운 후에 다시 꽃이 피고 그다음 날 또 꽃이 필 것이다.

반대로 삶이 추락했다고 여기고 더 갈 데가 없을 때, 더 이상 삶을 꾸미는 것을 체념했을 때 꽃이 피어나는 경우가 있다. 지금 이 순간을 피할 수는 없다. 자신을 피할 수는 없다. 이를 깨닫고, 어떤 시도도 체념하고 그저 받아들일 수밖에 없을 때, 내면에서 새로운 동력이 커지고 지금까지와 다른 힘의 흐름이 생긴다.

미국 캘리포니아에서 부동산 중개인으로 일하던 케이티는 이혼 후 우울감으로 고통받았다. 분노와 깊은 우울감으로 일상생활이 어려울 정도였다. 생을 끝내고 싶은 충동이 심해진 그녀는 1986년에 스스로 요양원에 들어갔다. 무력감에 빠져 일주일 이상 요양원 다락방에서 홀로 지내던 그녀는 홀연히 지복의 상태로 깨어났다. 그녀의 말을 들어 보자. (『네 가지 질문, 내 삶을 바꾸는 경이로운 힘』에서 인용함. 미주 참조.)

● 나를 괴롭히던 모든 분노와 생각, 내 모든 세상, 온 세상이 사라지고 없었습니다. 동시에 깊은 곳에서 웃음이 솟아나와 넘쳐흘렀습니다. 아무것도 알아볼 수 없었습니다. 마치 다른

무엇이 깨어난 것 같았습니다. '그것'은 자기의 눈을 떴습니다. '그것'은 케이티의 눈을 통해 바라보고 있었습니다. 그리고 기쁨으로 가득 차 있었습니다! 기쁨에 취해 있었습니다. 그것과 분리되어 있는 것은 아무것도 없었고, 그것이 받아들이지 못할 것은 아무것도 없었습니다. 모든 것은 바로 그것 자신이었습니다[1].

그녀는 기쁨을 일으킬 만한 어떤 조건도 없이 꽃피움을 이루어 내었다. 충분한 부와 경제적 지위, 자신을 사랑해 주는 사람들 없이도 꽃을 피워 냈다. 즉, 꽃피우는 삶은 경제적인 여건과 지위와 관계없다. 지식의 정도와도 관계없다. 당신이 어느 인종이며 어느 나라에서 태어났고 어떤 가문에서 태어났는지는 관계없다. 남성인지 여성인지, 몇 살인지도 관계없다. 어린이들도 꽃을 피우며, 오늘 저녁에 숨을 거둘 사람도 오늘 아침에 꽃을 피울 수 있다. 꽃피움은 외부가 아닌 내면의 상태와 관계가 있다. 꽃을 만드는 삶을 그만두고, 있는 그대로 알아차리고, 온전히 감사하고 사랑하는 순간 변화가 일어난다. 꽃피움은 현재의 건강 상태와도 관계가 없다. 건강은 꽃피움의 결과이지 조건이 아니다. 죽음 직전까지 갔던 사람이 꽃피움을 통해서 건강을 회복한 예가 있다.

레스터 레븐슨은 물리학자였다. 그는 건강상 많은 문제가 있었다. 편두통, 위궤양과 위천공, 황달, 간비대, 신장결석 등이 그를 괴롭혔다. 1952년, 그는 두 번째 심장발작을 겪었다. 그의 나이 42세였다. 담당의는 남은 시간이 얼마 없다고 선고했다. 그는 죽기 전에 자신의 내면에 답이 있다고 믿었고 온 마음을 다해 자신에 대해 탐구했다. 결국 사랑이 해결책이라는 것을 알게 되었다. 사랑이 아닌 감정을 모두 놓아 버리는 작업을 하여 3개월 만에 완벽한 건강을 얻었으며, 그 후로도 40년 이상을 건강하게 살았다[2].

꽃피우는 삶은 몇 가지 공통점이 있다. 꽃피움의 삶을 살아가는 이들의 감정은 평온하다. 중심이 잘 잡혀 있으며 고요하다. 평온한 마음은 외부 조건과 관계없다. 머릿속 대화에 빠져들며 두려움과 분노의 감정에 휩싸이지 않는다. 반복되는 이야기와 비(非)사랑 감정[3]이 있을 수 있다. 다만, 바로 알아차리고 감싸 안아서 곧 사랑으로 바꾸어 놓곤 한다. 자신에 대한 집착이 없어서 비워진 상태를 유지한다. 인식이 확장되어 평범한 일상이 생동감 있게 보인다. 이름 모를 꽃잎이 생생하게 반짝이며, 작은 새의 울음소리가 청명하게 들린다. 힘들이지 않고 일을 한다. 통제하기보다는 물 흐르듯 유연하게 일한다. 하늘이 도와주려는 듯 여러 가지 우연한 행운이 동시다발적으로 일어나는 경우가 많다.

부처님이 모여 있는 대중 앞에서 설법을 하시려다 말씀을 하시지 않고 연꽃을 한 송이 들어 보이셨다. 부처님 말씀을 들으려고 귀를 기울이던 대중이 무슨 영문인지 몰라 어리둥절했는데 유독 가섭이 홀로 빙그레 미소를 짓고 있었다.

- 염화미소(拈華微笑, Flower Sermon)

꽃이 피면 사람들은 보기 좋다고 감탄하지만 꽃 속에 겹쳐 있는 노래와 그림과 춤을 알아보는 이는 미소를 짓는다. 노래와 그림과 춤이 꽃피움으로 들어가는 세 가지 문이다. 꽃은 현존한 상태에서 피게 되며 그것을 알아보는 이도 지금 여기에 생생하게 살아 있다.

현존이란 무엇인가?

3

현존

현존

현존이란 무엇인가?

현존이란 현재에 존재한다는 의미이다. 현재에 존재한다는 것은 현재를 알아차리고 현재와 하나가 된다는 것이다. 하나가 된다는 것은 그것과 같은 진동수로 진동하는 것이다. 즉, 현존이란 현재를 알아차리고 현재와 같은 진동수로 진동하는 것이다.

그렇다면 현존은 왜 중요한가?

현존은 꽃피우는 삶에서 매우 중요하다. 꽃은 시간 속에서 피지 않는다. 시간 밖에서, 영원한 현재에서 피울 수 있다. 시간이 없는 무한한 공간 내에서 상처는 아물고 회복되며 문제는 해결된다. 시간이 멈춘 이곳에서 마음은 고요하고, 이처럼 평온한 마음에서 감사와 사랑이 흘러나온다. 시간 속에서 느끼는 감사는 감사가 아니다. 이 감정은 불행을 피했다는 안도감이다. 이야기 속에서 느끼는 사랑은 사랑이 아니다. 좋은 거래를 했다는 만족감이다.

현존은 감사가 우러나오는 배경이 된다. 노래가 흘러나오는 오선지이며 씨앗을 싹 틔울 수 있는 비옥한 땅이다. 신을 초청하는 레드카펫이다. 현존의 상태에서는 자신과 주변에 생생하게 깨어 있다. 하늘은 더욱 푸르게 보이고 꽃의 향은 더 진해진다. 물소리는 더 청아하다. 마음은 고요하다. 어떤 재잘거림도 없고 마치 무념하게 말하고 행동하는 듯하지만 모든 것이 조화롭다. 시간은 정지한 것처럼 느껴지거나 아주 천천히 흘러가는 듯하다. 현존을 한 번이라도 경험한다면 결코 그 순간을 잊지 못한다. 현존은 은총 그 자체이며 너무나 황홀하고 황송하기까지 하다. 현존 상태에서 벗어나게 되면 그 상태를 다시 갈구하게 된다.

현재란 무엇일까?

현재의 동의어는 진리, 하느님, 신(神), 천국(天國), 완벽함, 도(道), 진아(眞我) 등이 있다. 전체, 무한 혹은 무(無), 온전함, 완전함, 나와 네가 구분 없는 상태, 모두 연결된 상태, 모두가 모두의 원인이 되는 상태를 포함한다. 현재를 알아차린다는 것은 신을 알아차린다는 의미이다. 지금 이 순간 신이 나와 함께 존재한다는 것을 알아차린다는 것이다.

신이 어떤 순간은 함께 하고 그 외 다른 순간은 함께하지 않을 수 있을까?

일 년에 특정한 날을 정해 두고 그때만 함께하는 것일까?

특정한 장소에 가야만 만날 수 있을까?

높은 지위를 갖추었을 때만 함께하실까?

많은 지식을 습득하고 어느 정도 이상의 부를 쌓아야 만날 수 있을까?

아니다.

신은 언제나, 항상, 어느 곳에서나, 내가 어떤 조건이든지 나와 함께한다. 바로 지금도 나와 함께한다. 이를 제대로 이해한다면 지금 어떤 감정이 들까? 경이로움과 감사함이다. 신을 알아차린다는 것은 나와 사물과 공간의 진면목(眞面目)을 알아차리는 것이다. 진면목을 본다는 것은 시간 속에서, 판단 속에서 본다는 것이 아니라 그저 반짝이면서 지금 여기에 있음을 알아차리는 것을 말한다. 꽃 한 송이의 진면목은 무엇일까? 꽃 한 송이는 내 마음의 한 면을 비춘다. 나의 사랑을 드러낸다. 꽃 한 송이를 나에게서 완전하게 분리할 수 있을까? 꽃을 꺾어서 나를 더 아름답게 만들려는 수단으로 보는 것이 아니라 그 자체로 여기에 '있음'을 바라본다면 진면목을 드러낼 것이다. 내가 지금 여기에 있듯, 꽃도 지금 여기에 있다. 꽃과 꽃을 바라보는 이는 명확하게 분리할 수 없다. 모두 하나의 의식 속에 있다.

빈 공간의 진면목은 무엇일까? 아무것도 없는 곳이 아니라 가능성과 에너지가 가득 차 있는 곳이다. 빈 공간이 없다면 사물들이 존재할 수 있을까? 없다. 불가능하다. 페미 박사는 빈 공간을 바라보면 뇌파가 느려진다는 것을 발견했다. 물체와 물체 사이를 상상하거나, 무한의 공간을 상상하면 뇌파가 베타파에서 알파파로 변하는 것을 알아내었다[4]. 빈 공간을 바라보거나 상상하면 우리는 신에 가장 가까운 무언가를 인식하게 된다. 신을 알아차리는 과정에서 모든 뇌세포는 동조하여 화음을 내게 된다.

현재의 반대는 무엇일까? 과거와 미래가 현재의 반대일까? 아니다. 현재인 척하는 '이야기'가 반대이다. 꽃과 가장 거리가 먼 것은 무엇일까? 쓰레기, 오물일까? 아니다. 꽃처럼 포장한 조화(造花, 가짜 꽃)가 가장 거리가 멀다. 우리는 현재를 안다고 생각한다. 너무나 잘 알기 때문에 지루해하기도 한다. 사실 우리는 현재에 대해 아는 것이 아니라 현재에 대한 '이야기'를 잘 안다. 나를 심하게 몰아붙이는 직장 상사에 대해 잘 알고 있으며, 나를 은근히 공격하는 직장 동료를 잘 알고 있다고 생각한다. 정치에 대해 뜻이 잘 맞아 한 정치인을 같이 비난해 주는 친구에 대해 잘 알고 있다고 생각한다. 이 순간의 의미도 잘 안다고 생각한다.

이 순간은 더 나은 미래를 위해 희생해야 할 삶의 한 부분이다. 힘들더라도 지금 무언가 해 놓아야 미래가 조금이라도 편안해질 것이다. 원하는 미래를 위해서 이 순간을 어느 정도 충분히 희생하고 통제해야 한다. 이 순간은 내가 바라는 어떤 모양새가 되어야 한다. 그 그림을 만드는 데 도움이 되는 사람은 친구이고 방해가 되는 사람은 적이다. 매일 아침 잠에서 깨어나면 하루가 시작된다. 사실은 자신이 꾸며낸 이야기 속으로 들어가는 것이며 또 다른 의미의 잠 속으로 빠져든다. 꽃을 만드는 마음은 자신이 꾸며 내는 이야기가 실제임을 설득하기 위해 최선을 다한다. 원하는 삶을 위해서 자신은 가치 있는 사람이 되어야 한다. 신에게 사랑받기 위해서, 다른 사람에게 인정받기 위해서 어떤 모습을 만들어 내야 한다. 그 임무를 완수하기 위해 자신만의 여정을 만들어 낸다. 그것이 모험이든, 여행이든, 항해이든, 어느 것에든 자신이 만들어 낸 이야기가 있다.

많은 사람들이 잠에서 깨어나 자신의 이야기 속으로 들어가 자신의 역할을 한다. 이야기의 핵심은 지금 이 순간은 불완전하다는 것이다. 사람들은 여정을 떠나서 적을 물리치고 친구를 만들어서 이야기를 완전하게 만들어야 한다고 생각한다. 일이 잘 풀리지 않을 때, 자신이 어떤 일에 대한 희생자인 듯하고, 부당한 일을 겪은 것 같고, 자신이 버려진 듯하고, 이 순간 무언가 잘못된 것 같다고 속삭이는 목소리가 있다. 이야기가 현재의 반대말이다. 이 순간은 온전하지 못하니 통제해야 한다고 재잘거리는 이야기가 현재의 반대말이다. 과거, 미래 자체가 아니라 이야기 속의 과거, 미래가 현재의 반대이다.

이야기는 시간을 먹고 자란다. 또한 대조를 먹고 자란다. 과거와 현재 미래를 향하는 시간의 축을 뼈대로 특정한 장소를 배경으로 반대되는 역할들을 교대로 엮어 살을 붙인다. 악인(惡人)과 선인(善人), 가해자와 피해자, 낙오자와 구원자, 환자와 치유자, 믿는 자와 배신자들이 살을 붙이기에 많이 사용되는 재료들이다. 우리는 곧잘 이야기에 빠져 있다. 조금 전에 혹은 십 년 전에 서운했거나, 화가 났거나, 두려웠거나, 질투했거나, 수치스러웠던 일들을 순간순간 떠올린다. 이야기에는 언제나 감정이 엉겨 있다. 이야기 속에서 우리가 희생자, 피해자, 선인이었다면 엉겨 있는 감정은 분노 혹은 두려움이다. 이야기 속에서 우리가 가해자, 악인, 배신자였다면 엉겨 있는 감정은 죄책감, 수치심이다. 마음은 현재 상황을 '그림'으로 해석해서 예전에 불편했던 어떤 상황을 떠올리도록 한다. 이야기는 태엽이 감긴 장난감처럼 움직이기 시작한다. 우리는 예전에 느꼈던 그 감정들을 다시 떠올리게 된다. 이야기에 빠져 있다면 현재에 있지 못한다. 또한 그 감정들이 시야를 왜곡해서 지금 이 순간을 명징하게 바라볼 수 없다.

현존은 어떻게 이루어지는가?

현존은 자신을 다그쳐서 얻을 수 없다. '현존하겠다!' 선언하고 결심해도 이룰 수 없다. 현존하는 척해도 다다를 수 없다. 남을 속이기 위해 현존한 척할 수는 있지만, 공허한 가짜 꽃이다. 지금껏 나도 모르게 현존했을 때는 현존하기로 결심해서도 아니었고, 현존한 척을 해서 얻은 것도 아니었다.

현재에 존재할 때 현존은 이루어진다. 알아차리고 하나가 되면 현재에 존재할 수 있다. 같은 진동수로 진동하면 하나가 될 수 있다. 현재를 알아차리고 현재와 같은 진동수로 진동한다면 나는 사라지고 현재만 남는다. 하나가 되려고 하면 하나가 될 수 있을까? 아니다. 하나인 척하면 하나가 될 수 있을까? 아니다. 오로지 그것과 같은 진동수를 내야 하나가 될 수 있다.

현재는 어떤 진동수를 가지고 있을까? 현재는 진리, 하느님, 신, 천국, 완벽함, 도(道), 진아와 같다. 이들은 현재의 다른 이름들이다. 이들의 진동수는 매우 높다. 이들과 같은 진동수는 감사와 사랑이다. 즉 현재를 알아차리고 이에 감사하고 사랑할 때 같은 진동수를 내기 시작한다.

현재를 알아차리는 두 가지 길이 있다. 하나는 현재를 직접 알아차리는 것이고, 또 하나는 현재가 아닌 것을 알아차리는 것이다. 즉, 이야기를 알아차려서 현재를 드러나게 한다. 어둠을 알아차려서 빛이 드러나게 한다. 현재를 알아차리면 우리는 선택할 수 있다. 현재와 하나가 되거나, 혹은 되지 않을 수도 있다. 현재와 하나가 된다는 것은 현재와 같은 진동수를 선택하는 것이다. '감사'와 '사랑'을 선택한다는 것이다. 현재와 하나가 되지 않는다는 것은 현재와 다른 진동수를 낸다는 것이다. '원망'과 '통제'를 선택한다는 것이다. 현재에 감사해하고 있는 그대로 내맡기는가 혹은 현재를 원망하고 통제하려고 하는가가 하나 됨을 결정한다.

현재를 직접 알아차리는 것은 신을 의식적으로 알아차리는 것이다. 신은 어디에 있는가? 지금 여기에 있다. '지금'은 언제일까? 내가 특정한 시간에 있을 수 있는가? 시계가 1시를 가리킨다고 해서 지금이 1시인가? 이미 1시는 지났다. 모든 물리적 시간은 시작하면서 끝난다. 여기는 어디일까? 이 장소는 지도상의 어디인가? 지구도 이 태양계도, 이 은하계도 끊임없이 움직인다. 이 순간과 이곳은 내가 아는 곳인가? 눈송이 하나하나가 모두 다른 것처럼 이 순간은 이전에도 없었고 이후에도 없을 새로운 순간이고 장소이다. 깨어 있음은 내가 지금 이 시각과 장소를 모른다는 것을 알아차린다는 것이다. 오직 하나만 알 수 있는데, 그것은 '지금 이 순간이 온전하고 완벽하며 새로운 창조의 순간'이라는 것이다. 현존은 신을 의식하는 것이다. 신은 이야기 바깥에 있으며, 생각 밖에 있으며, 시간 밖에 있다. 공간과 침묵은 무형이며 신에 가깝다. 이 순간 나무가 아닌 숲 전체를 보려 해도 신을 보려는 것과 유사한 효과가 있다. 부분을 보지 않고 전체를 보려고 의식하는 것도 신을 보는 것과 유사하다. 신은 모든 것이며 전체이기 때문이다. 따라서 무형의 공간, 예를 들어 두 눈 사이의 공간을 상상하거나, 무(無), 무한을 상상하면 뇌파는 느려지고 일관된다. 신을 의식한다는 것은 무형의 공간을 의식한다는 것이다. 이야기의 배경인 침묵을 의식한다는 것이다. 신의 특성인 무형, 무한함, 무, 침묵에 주목하면 뇌파는 느려지며 일관된다. 베타파에서 알파파로 넘어가고, 무형을 의식하는 힘이 충분하면 세타파로 넘어간다. 모든 소리의 배경인 침묵을 의식해도 뇌파는 느려지고 현존할 가능성이 높아진다. 신은 부분이 아니라 전체이기 때문에 이 순간 한 사물만 의식하지 않고 전체를 온전히 의식하려 한다면 역시 또 다른 존재 상태로 넘어간다. 나무만 본다면 이야기 속에 매몰되지만, 숲을 본다면 이야기 밖으로 솟아나온다.

신은 내가 생각하는 '나'에 국한된 존재가 아니기 때문에 나를 벗어나게 되면 만나게 된다. 여기에 있으라는 것은 '나'라는 테두리에서 벗어나라는 것이다. 나를 어떻게 벗어나는가? 나를 벗어나려고 하면 실패한다. 오히려 나라고 여기는 것을 바라보는 나를 찾아보자. 지금 책을 보고 있는 나는 누구인가? 이 문제에 대해서는 켄 윌버[5]가 탁월하게 통찰하였다. 책을 읽다가 거울을 보았다. 거울 속에는 나와 책이 있다. 나와 책을 바라보는 이는 어디에 있을까? 거울 속 풍경 어디에도 '그 풍경을 보는 자'는 없다. 매우 오묘한 순간이다. 바라보는 행위만 있을 뿐 나와 책을 보는 이는 찾을 수 없다. 어느새 나에게서 벗어나 있다. 꽃을 바라볼 때 꽃을 나에게서 정확하게 도려낼 수 없다. 꽃과 꽃을 보는 나의 몸은 통째로 나의 의식 속에 어우러져 있다. 꽃과 나의 몸과 그 사이의 공간은 부드럽게 이어져 있다. 그 풍경 전체를 보는 이는 어디에도 없다. 오로지 바라봄만이 있다.

이야기를 알아차리는 과정을 살펴보자. 이야기 속에는 과거와 미래가 있다. 과거와 미래에 있다는 것은 과거 혹은 미래에 대한 생각과 감정을 가지고 있으면서 알아차리지 못한다는 것이다. 현존한다는 것은 알아차린다는 것이다. 즉, 마음이 재잘거리는 이야기를 알아차린다는 것이다. 이야기를 곱씹고, 되새기며 다시 한번 내가 왜 피해자인지, 상대방이 왜 가해자인지 생각하고 악인이라는 것을 증명하는 단서를 찾는 것은 현존이 아니다. 그것은 이야기에 휘둘리는 것이다. 그 이야기는 과거에 이미 일어난 일이고 실재하지 않는 것이기 때문에 무시하라고 자신을 설득하는 것도 현존은 아니다. 이런 이야기를 재잘거리면 안 된다고 마음을 억누르고 통제하려는 것도 현존이 아니다. 통제, 억압, 회피, 무시는 낮은 에너지이다. 낮은 에너지는 이야기를 강화한다. 현존하기 위해 사람으로서 할 일은 알아차리는 것이다. 통제하는 것은 낮은 에너지이고, 알아차리는 것은 높은 에너지이다. 감정과 행동은 일종의 에너지이며 크게 긍정적인 에너지와 부정적인 에너지가 있다.

인간의 감정은 다양한 것처럼 보이지만 크게 두 가지이다. 사랑과 두려움이다. 사랑의 농도와 모양새에 따라 여러 긍정적인 감정이 있다. 기쁨, 평화, 희망, 영감, 경외, 받아들임, 자발성, 용기, 흥미 등이다. 그러한 감정이 있을 때 우리는 행복하고 포근하고 든든하고 뭉클하며 만족스럽고, 반갑고, 즐겁다고 느낀다. 두려움의 크기와 성격에 따라 여러 부정적인 감정이 있다. 죄책감, 수치심, 무력감, 우울, 불안, 분노, 욕망, 슬픔 등이다. 그러한 감정이 있을 때 우리는 쓸쓸하고, 허탈하고 창피하고 지루하고 무섭고 괘씸하고 서글프다고 느낀다.

아니 어쩌면 감정은 '사랑' 하나만 있을지 모르겠다. 두려움이란 감정은 실재하지 않으며 사랑이 없는 상태를 두려움이라고 부르는 것이 맞겠다. 사랑은 빛과 같아서 있음과 없음으로 나뉘고 있음은 꽃피움의 스위치를 켠다. 사랑의 없음은 꽃피움의 스위치를 끈다. 삶에는 잠금장치가 있는 것 같다. 사랑을 드러내면 잠금장치가 열리고 스위치가 켜지며 꽃피움이 시작된다. 사랑과 관련된 감정은 꽃을 피워낸다. 두려움과 관련된 감정은 꽃을 시들게 한다. 핵심 감정은 사랑 하나이지만, 사랑의 농도, 삶에 대한 믿음, 자신을 바라보는 태도, 과거에 대한 해석, 미래에 대한 전망, 타인에 대한 관점에 따라 여러 감정이 생긴다. 가장 중요한 것은 사랑의 농도이다. 그리고 삶과 자신을 바라보는 눈이 중요하다. 만일 사랑이 옅으며 삶은 우호적이지 않고 자신은 사랑스럽지 않아서 소중한 것을 가질 자격이 없다는 믿음을 가지고 있다면 슬픔이 배어 나온다. 정도가 심하면 절망과 무기력이 스며 나온다. 사랑이 짙으며 삶은 우호적이고 자신은 사랑스럽다는 믿음이 있다면 같은 일을 겪어도 내맡김, 용기가 생긴다. 정도가 더 강하면 평온이 우러나온다[6].

사랑이라는 등불을 가지고 있느냐 있지 않느냐는 너무나 중요하다. 사랑을 지니고 앞으로 나아간다면 모든 대상이 반짝일 것이다. 사랑 없이 더듬어 간다면 어둠 속에서 접시며 꽃병이며 많은 것들이 깨질 것이다. 사랑에 차 있을 때는, 기쁜 일은 더욱 감사하게 보인다. 고난 속에서도 숨은 보물을 찾아낸다. 두려움을 지니고 있을 때는, 기쁜 일도 불안하게 바라본다. 어려울 때에는 그럴 줄 알았다는 듯이 분노하고 절망한다. 따라서 눈앞에 어떤 대상을 놓느냐보다 내 가슴에 사랑의 등불이 있느냐가 훨씬 더 중요하다. 사랑을 지니는 방법은 감사하는 이가 되는 것이 가장 훌륭하다. 이에 대해서는 여러 방법으로 설명할 것이다.

두려움과 관련된 감정에서 시작한 행동은 부정적이다. 사랑과 관련된 감정에서 출발한 행동은 긍정적이다. 통제하고, 바꾸려 하고, 고치려 하는 행동은 부정적이다. 저항하고 무시하고 억압하는 것도 부정적이다. 반면에 있는 그대로 바라보고, 받아들이고 내맡기는 행동은 긍정적이다. 친절을 베풀고 축복하는 행동도 긍정적이다. 소망하는 것을 상상하는 것도 긍정적이다. 이야기와 엉겨 있는 감정을 알아차리되 통제하지 않으려고 한다면 그 자체로 이야기 밖으로 물러나게 한다. 이야기 밖으로 억지로 나가는 것이 아니라 이야기에서 저절로 풀려나게 된다. 이야기 밖으로 나가는 것은 내가 하는 일이 아니다. 신이 하는 일이다. 그저 관찰하는 것은 어떤 영향도 미치지 않는 것인가? 그렇지 않다. 사실 가장 강력한 영향을 미친다. 틱낫한 스님은 '알아차림' 자체가 붓다의 에너지라 하였다. 이야기를 알아차리고 이야기에 엉겨 있는 감정을 무시하지도 저항하지도 않고 그대로 알아차리면 이미 변화는 시작된다. 감정을 수용하여 느끼는 것도 이야기에서 사건과 감정을 떨어뜨려 놓아서 이야기의 힘을 소멸시킨다. 한 번 감정이 소멸되면 그 이야기가 떠올라도 객관적인 사실만 기억나며 이전에 엉겼던 분노, 두려움 등의 부정적인 감정은 따라오지 않는다. 현존하기 위해 내가 몇 시에 책을 보는지, 어떻게 밥을 먹고 있는지, 손가락 모양은 어떤지 등 모든 것을 알려고 하는 것은 현존이 아니다. 그것은 이 순간을 감시하는 것일 뿐이다. 감시는 낮은 에너지이며 현존에 도움이 안 된다. 이야기를 떠올릴수록 내가 지금 피해자라는 생각이 강해진다면 이야기 속에 있는 것이다. 이야기에 휘둘리는 것과 이야기를 알아차리고 수용하는 것은 매우 미묘하게 다르지만 그 결과는 커다란 차이를 보인다.

휘둘리지 않고 다시 회복하려면 어떻게 해야 할까? 이야기를 알아차리고 이야기에 감사함을 표시하는 것은 도움이 된다. 감사한다는 것 자체가 수용한다는 것이다. 이야기에 감사할 수 있다. 이야기는 나쁜 것이 아니다. 에고(ego)도 나쁜 것이 아니다. 없애야 할 무언가가 아니다. 이야기, 에고(ego) 덕분에 현존에서 멀어질 수 있었고 역설적으로 현존이 무엇인지 알 수 있었다. 이야기에 감사하고 이 이야기에서 악역을 맡아 준 상대방에게 감사할 수 있다면 이야기는 해체된다. 이야기를 내면의 아이로 생각하며 사랑을 보내도 도움이 된다. 충분히 의식적으로 살아가지 못한 어릴 때 받았던 상처로 화내는 아이, 질투하는 아이, 두려워하는 아이들이 생겼을 수 있으며 시시때때로 이 아이들은 내면을 휘저어 놓을 수 있다. 이 아이들은 통제할 수 없다. 야단칠수록 더 울어 댄다. 사랑으로 이해하려고 한다면 아이는 울음을 그치고 이야기에서 풀려난다.

'내가 지금 알아차려야 할 것은 무엇인가? 내가 어떤 감정을 무시하고 있는가? 여기에 어떤 보물이 묻혀 있는가?'라는 질문은 우리를 바른 방향으로 인도한다. 깨어 있음은 나의 생각과 감정을 알아차리는 일이다. 즉 내 안의 이야기를 알아차리는 것이다. 이야기를 알아차리고 이야기를 바라보는 것으로 이야기에게서 풀려 나올 수 있다.

과거를 돌아보지 말고
미래에 희망을 품지도 말라.
과거는 이미 지나갔고
미래는 아직 오지 않았다.
매 순간 현재 일어나는 것을
통찰력을 갖고 보라.
굳세게 흔들림 없이
이것을 알고 이것을 확신하라.
그러므로 부지런히, 끈질기게
매일 낮, 매일 밤을 이렇게 사는 이,
그는 지복한 하룻밤을 보내는
평화로운 성자라고 불린다.

- 붓다(석가모니: BC 6~5세기) 경전 '지복한 하룻밤(One Fortunate Attachment)'

현존을 목표로 사는 삶은 생각보다 쉽지 않다. 현존하려 할수록 현존에서 멀어진다. 마치 깨달음을 추구할수록 깨달음이 멀어지는 것과 같다. 현존하려고 애쓰지 말자. 이 순간에 존재하려고, 이 순간을 영원한 현재처럼 만들려고 하지 말자. 시간을 잘게 쪼개서 찰나를 경험하려고 하지 말자. 여기에 존재하기 위해 나를 없애려고 하지 말자. 자아가 없는 척하지 말자. 현존을 어떻게 대하는지에 따라 지옥과 천국처럼 다른 결과가 생긴다. 꽃을 피우려고 애쓰면 꽃을 만들게 된다. 그저 이야기를 알아차리자. 공간을 바라보자. 이야기를 알아차려서 이야기에서 놓여나자. 의식적으로 신을 알아차려서 현존하자. 문제와 고통은 항상 두 가지를 필요로 한다. '시간'과 '나'이다. 문제와 고통은 과거와 현재 그리고 미래로 이어지는 시간축과 그 시간축을 여행하는 나 자신을 필요로 한다. 따라서 시간과 나에게서 벗어나면 문제와 고통에서 벗어난다. 이야기에서 벗어나면 영원한 현재에, 무한한 여기에 도착해 있다. 꽃은 고요함 속에서 핀다. 침묵 속에서 핀다. 꽃피우는 삶은 현재, 이 순간 고요함이 생길 때 가능하다. 고요하다는 것은 마음이 재잘거림을 멈추었다는 것이고 자신이 텅 비워졌다는 것이다. 흐르는 물속에서 자신을 비우려면 어떻게 해야 할까? 물과 함께 흐르면 된다. 물과 하나가 되면 자신은 비워진다. 헤엄을 치며 그 자리에 있거나 반대 방향으로 가려 한다면 자신의 주변에는 물보라가 생길 것이다. 힘을 빼고 물과 함께 같은 방향으로 흘러가면 물보라는 사라진다. 물과 하나가 된다. 고요하다는 것, 자신을 비워낸다는 것은 이 순간과 하나가 되었다는 의미이다. 자신이 비워진다는 것은 있는 그대로 감사하고 사랑한다는 의미이다. 고요해지려고 하면 고요해지지 않고, 비우려고 하면 비워지지 않고, 하나가 되려고 하면 하나가 될 수 없다. 겨냥하면 빗나간다. 빗나감을 피하기 위해서는 감사함이 지름길이며 내맡김이 비결이다.

"어떤 것이 도(道)입니까?"
"평상심이 도다."
"그 도를 행하여 나아갈 길이 있습니까?"
"행하여 나아가려고 하면 벌써 도와는 어긋난다."

– 조주 스님과 남전 선사의 대화

무형의 공간을 바라보거나 전체를 한꺼번에 바라보면 기존의 이야기에서 벗어난다. 어떠한 서사나 줄거리, 이야기가 없다면 기존의 시간 감각은 없어질 것이다. 대신 생생한 현존감이 살아나 인식은 확장될 것이다. 느려지고 일관된 의식 상태에서 이야기에 휘둘리지도 않고 이야기를 무시하지도 않으며 알아차림, 감사함, 사랑이라는 높은 에너지를 가지고 매 순간 포용할 수 있다면 우리는 현존하여 지복을 느끼고 우리 가슴에는 평화가 가득 차 주변으로 흘러갈 것이다. 현존하게 되면 이 순간, 영원한 현재에서 창조할 수 있음을 알고 스스로 창조자가 됨을 알게 된다. 그럼 저절로 감사함은 더욱더 깊어진다. 신을 알아차리고 감사함을 고백하면 가슴에서는 노래가 흘러나온다. 이로써 예(藝, ART)를 행할 배경을 얻게 되었다. 꽃을 피울 수 있는 비옥한 땅을 일구었고, 노래를 할 수 있는 오선지를 얻었고, 그림을 그릴 수 있는 화실을 갖게 되었고, 춤을 출 수 있는 무대를 갖게 되었다.

"너희는 가만히 있어, 내가 하나님 됨을 알지어다."
"Be still, and know that I am God."

- 시편 46:10

현존은 신에게 맡기고 사람이 할 수 있는 일을 하는 것이 도움이 될 수 있다. 사람이 할 수 있는 일은 노래, 그림, 춤이다. 우리 삶이 세 가지 차원이 있는 것처럼 현존도 세 가지 차원이 있다. 노래를 부르는 상태, 그림을 그리는 상태, 그리고 춤을 추는 상태의 현존이 있다. 하지만 보통 이야기하는 현존은 노래를 부르는 상태를 말한다. 그래서 명상할 때는 평온해지지만 일상생활을 할 때는 다시 번뇌에 휩싸이며 미래를 그릴 때는 다시 두려워한다. 우리는 몸을 지니고 욕구와 소망을 가진 존재이다. 눈을 감고만 있지 않고, 눈을 뜨고 일을 하고 사람들을 만난다. 눈을 뜨고 삶을 살 때에도 현존할 수 있을까? 가능하다. 노래, 그림, 춤이라는 세 가지 차원을 통해서 현존에 다다를 수 있다. 예(藝, ART)는 현존이라는 다이아몬드의 세 가지 면이기도 하며 현존으로 가는 문이기도 하다. 현존은 일상생활에 실제로 적용하기에는 다소 막막할 수 있다. 노래 속의 현존만이 아닌 그림, 춤에 대해 살펴보는 것이 더 실질적이고 완전할 수 있다. 예(藝, ART)를 아는 것의 장점은 삶의 전 분야에 걸쳐 현존할 수 있다는 것이다. 명상할 때만 현존하고 명상이 끝나게 되면 다시 삶에 휩쓸리는 것이 아니라 명상할 때와 하지 않을 때 구분이 사라지고 삶 자체가 명상이 될 수 있다. 현존은 외부와 차단하고 내부에 침잠하며 모든 욕구를 끊고 얻을 수 있는 것이 아니다. 오히려 생생하게 살아서 생기 있게 노래하고 그림을 그리고 춤추면서 이루어진다.

예(藝, ART)를 살펴보자.

4

예藝 Art

예 藝 Art

꽃피우는 삶을 살기 위해서는 노래하고 그림을 그리고 춤을 추어야 한다. 한 식당에 대한 짧은 이야기로 시작하고 싶다.

내가 알고 있는 그 식당에는 없는 음식이 없지만 입장하고 주문하는 방법이 여느 식당과 다릅니다. 돈은 필요 없으나 세 가지를 해야 합니다.

첫 번째는 식당에 들어가기 위해서는 자신이 아는 가장 아름다운 노래를 한 곡 불러야 합니다. 나는 배가 고파서 어서 식당 안으로 들어가고 싶었지만 내가 아는 노래 중 가장 아름다운 노래를 조용히, 하지만 정성껏 불렀습니다. 감사와 사랑에 대한 노래였습니다. 웨이터는 흡족해하는 것 같았습니다. 나를 식당 안으로 들이고 테이블로 안내했습니다.

두 번째는 독특한 방법으로 주문을 해야 합니다. 냅킨과 색연필들을 받았습니다. 웨이터에게 음식 이름을 말해서는 소용이 없습니다. 냅킨에 색연필로 주문하려는 음식을 그려야 합니다. 주방장이 알 수 있도록 정성스럽게, 세세하게 그려야 합니다. 냅킨이 얇아서 조금만 대충 힘을 주면 냅킨은 찢어지기 쉽습니다. 그림을 다 그리면 냅킨을 웨이터에게 주면 됩니다. 웨이터는 냅킨을 주방장에게 건네줍니다. 나는 마음속으로 가장 먹고 싶은 음식을 정하고는 냅킨에 정성껏 조심스럽게 그렸습니다. 되도록 세세하게 그렸고 먹음직스럽게 그렸으며, 색연필로 색도 칠했습니다. 웨이터는 냅킨에 그린 그림이 무엇인지 알겠다는 표정으로 주방장에게 건네주러 주방으로 들어갔습니다. 아무도 주방장의 얼굴을 본 적은 없습니다. 매번 음식이 나오는 것으로 보아 주방장은 있는 것 같았습니다.

주방장이 만든 음식을 받으려면 세 번째 할 일이 있습니다. 웨이터가 소개해 주는 한 사람과 춤을 추면 됩니다. 웨이터는 한 사람을 내게 데려왔는데, 남루한 옷을 입고 있는 할머니였습니다. 얼굴과 손은 주름이 자글자글하였습니다. 나는 조금 당황했습니다. 조금은 기대를 했었는지도 모릅니다. 하지만 처음 약속을 기억하고 할머니가 내민 손을 잡았습니다. 할머니는 내 눈을 보더니 살짝 웃는 듯 마는 듯했습니다. 그리고 한 번 발을 옮겼습니다. 나는 춤

역시 잘 못 추지만 할머니를 따라서 발을 옮겼습니다. 그제야 할머니는 다른 손으로 내 어깨를 잡더니, 천천히 춤을 이끌었습니다. 나는 그저 그녀가 이끄는 대로 춤을 추었습니다. 춤의 속도는 빨라지기도 하고 또 어느 순간 고요해지기도 했습니다. 나는 잠시 음식도 잊고 나 자신도 잊었습니다. 다시 정신을 차려 보니 할머니는 미소짓고 있었고 내 눈을 또 한 번 바라보는 웨이터와 함께 주방 안으로 들어갔습니다. 어느새 나의 테이블에는 내가 주문한 음식이 놓여 김을 모락모락 내고 있었습니다.

하지만 그 식당에 있는 사람들이 모두 원하는 음식을 먹을 수 있는 것은 아니었습니다. 어떤 사람은 식당 앞에서 노래를 부르지 않고 막무가내로 안으로 들어오려고 합니다. 또 어떤 사람은 뭐가 불안한지 슬프고 어두운 노래를 부르는 것입니다. 그 사람들은 결국 식당 안에 들어오지 못했습니다.

식당에 들어온 어떤 사람은 웨이터에게 무례하게 음식을 가져오라고 소리치고 있었습니다. 다른 사람은 간절하게 음식을 달라고 사정하고 있었습니다. 하지만 웨이터는 아무것도 듣지 못했다는 듯이 지나쳐 버렸습니다. 어떤 사람은 냅킨에 그림을 그리다가 이내 다른 그림을 그리고 또 다른 그림을 그립니다. 어떤 음식인지 알아보기가 어려워졌습니다. 냅킨이 너무 부드럽고 얇아서 찢어지기도 했습니다. 그 사람들 역시 음식을 맛볼 수 없었습니다.

한 여성은 아름다운 노래를 부르고 들어와 냅킨도 건네고 잔뜩 기대한 표정으로 웨이터를 바라보고 있었습니다. 웨이터가 데리고 온 사람은 다리를 저는 키 작은 사내였습니다. 그 여성은 망설이며 웨이터와 그 사내를 번갈아 바라보다가 한숨을 쉬면서 식당을 나갔습니다.

　나는 사람들에게 이 식당의 주문법을 알려주고 싶었습니다. 그래서 사람들에게 큰 소리로 방법을 말했습니다. 하지만 아무도 귀를 기울이는 것 같지 않았습니다. 안타까운 사람들도 있었습니다. 어떤 사람들은 음식이 나오지 않자 너무나 화가 났는지 메뉴판과 테이블로 음식을 만들려고 했습니다. 메뉴판을 가위로 오리고 테이블을 톱으로 자르고 있었습니다. "겨우 성공을 해서 음식 모양이 나오더라도 그건 음식이 아니잖아요!" 하고 나는 소리쳤지만, 그 사람은 내 말을 듣고 오히려 내가 이상하다는 듯이 바라보았습니다. 한 남자는 음식을 주문해 놓고도 음식이 나오지 않을까 봐 테이블 위에 엎드려 눈을 감고 있었습니다. 한 여자는 춤도 추지 않고 식당에서 나오는 텔레비전만 하염없이 보고 있었습니다. 누구에게도 내 목소리는 들리지 않는 것 같았습니다. 나는 잠시 주위를 돌아보다가 자리에 앉아 음식을 맛있게 먹고 식당을 나왔습니다.

　이 이야기에 이 책의 정수가 담겨 있다. 꽃피우는 삶을 살기 위해서는 노래하고, 그림을 그리고, 춤을 추어야 한다.

　지금 이 순간에는 눈에 보이는 형상만 있는 것이 아니다. 세 가지 차원이 겹쳐져 있으며 서로 연결되어 있다. 세 가지 차원은 진동수가 서로 다르다. 진동수가 빠른 차원이 있는가 하면 진동수가 느린 차원도 있다. 그 차원들에 이름을 붙인다면 노래, 그림, 춤이 적절하다. 노래는 중간 정도의 진동수이며 그림과 춤을 이어주는 역할을 하며 만물의 배경이 된다. 감사와 사랑이 충분하면 가슴에서 노래가 흘러나온다. 마음속의 어두운 부분은 밝아지며 브레이크는 풀린다. 그림은 가장 빠른 진동수이다. 마음 깊은 속에 그림을 그려서 걸어 놓으면 내비게이션에 목적지를 입력하는 것처럼, 식당에서 주문을 하는 것처럼, 흙에 씨앗을 뿌리는 것처럼 소망하는 바를 잠재의식에 심을 수 있다. 우리가 되고 싶은 사람이 되고, 하고 싶은 일을 하고, 갖고 싶은 것을 가질 수 있다. 그림을 그리고 충분히 오래 간직하면 삶의 흐름은 그림을 향하게 되고, 접혀 있던 세상은 펼쳐져 그림을 드러내게 된다. 춤은 가장 느린 진동수이며 액셀을 밟는 것과 유사하다. 다양한 운동을 하고 악기를 연주하는 과정과 유사하다. 통제하려는 바람을 알아차려 흘려보내고 더 높은 무언가에 나를 내맡기게 되면 세상과 하나가 된다. 몰입하게 되어 마치 춤을 추듯이 다양한 운동을 하고 악기를 연주하게 된다. 신과 함께 움직이는 차원이다.

가장 아름다운 상태는 가슴에서는 감사와 사랑의 노래가 울려퍼지고, 하늘 높이 가장 고귀한 그림이 별처럼 빛나고, 몸은 이 순간이라는 강물과 하나가 되어 춤을 추는 상태이다. 이 순간은 만물에 스며 있는 신에게 감사라는 노래를 부르고 쉼 없이 하늘에 그림을 그리며 신과 함께 기쁨의 춤을 추는 상태이다.

범사에 감사하라

쉬지 말고 기도하라

항상 기뻐하라

Give thanks in all circumstances.

Pray continually.

Be joyful always.

- 데살로니가전서 5:16-18

    예수님께서 성경에서 말씀하셨듯이 범사에 감사하는 경지는 가장 아름다운 노래를 부르는 것이다. 쉬지 말고 기도하는 경지는 내밀한 소망을 온 마음을 다해 그리는 것이다. 항상 기뻐하는 경지는 매 순간 몰입하여 기쁨의 춤을 추는 것과 같다.

    꽃피우는 삶을 사는 사람은 꽃을 피우는 데 사람들의 인정이 필요 없음을 안다. 꽃을 피웠을 때 자신은 이미 알고 있다. 깊은 기쁨과 한없는 평화를 느끼기 때문이다. 꽃을 피우는 일은 자신이 혼자 할 수 있는 일이 아니며 신과 함께 해야 하는 일임을 안다. 노래를 부르고 그림을 그리고 춤을 춘다면 꽃이 핀다는 것을 알고 있다. 이는 자연의 섭리임을 알고 초조해하지 않는다. 신이 할 일을 넘보지 않고 사람이 해야 할 일을 게을리 하지도 않는다. 신이 할 일과 사람이 해야 할 일을 아는 것이 '지혜'이다.

5

지혜

지혜

신이시여, 내가 변화시킬 수 없는 것들은 받아들이는 평온함을 주시고, 변화시켜야 할 것들은 변화시키는 용기를 주시고, 이 두 가지를 구별할 줄 아는 지혜를 주소서.

God, give me grace to accept with serenity the things that cannot be changed,
Courage to change the things which should be changed,
And the wisdom to distinguish the one from the other.

- 평안의 기도(Serenity Prayer) 신학자 라인홀트 니버(Reinhold Niebuhr)

진인사대천명(盡人事待天命)
　사람이 할 수 있는 일을 다 하고서 하늘의 뜻을 기다린다.

　지혜란 사람, 사물, 상황을 깊게 바라보고 꿰뚫어 보아 내면에서 다시 하나로 만들 수 있는 능력이다. 혼란스러운 숲, 끊임없이 흐르는 시냇물, 의미 없어 보이는 밤하늘의 수많은 별들과 같은 자연을 고요하게 바라보며 지도를 알아채고, 안경을 찾을 수 있는 능력이다. 자신에게 입맞춤할 수 있는 힘이다.
　평안의 기도문에서 이야기하는 '지혜'에 대해, 그리고 진인사대천명에서 사람이 할 수 있는 일에 대해서 말하겠다. 이 책에서는 신과 하늘, 큰 자아를 같은 의미로 사용한다. 내가 할 수 있는 일과 할 수 없는 일을 구분할 수 있는 지혜를 안다면 살아가는 일이 더욱 명징해질 것이다. 액셀을 밟았다고 생각하지만 사실 브레이크를 밟고 있었다는 것을 알게 된다. 노력했다고 생각했지만 알고 보니 하늘이 하는 일을 방해했다는 것을 알게 된다. 신이 해 주시는 일이라 여겼지만 사실 사람인 자신이 해야 할 일이었음을 통찰하게 된다. 이 세상, 이 우주, 이 순간은 나 혼자 있는 것이 아니다. 나와 신이 함께 열어 가고 있다. 나는 신이 필요하고 신은 내가 필요하다. 내가 걸어가야 할 길이 있고 신이 걸어가야 할 길이 있으며, 신과 내가 손을 잡고 걸어야 할 길이 있다. 노래, 그림, 춤에서 내가 할 수 있는 일과 할 수 없는 일을 알아보자.
　노래를 부를 때 신을 부른다. 신을 바라본다. 신의 음성을 듣는다. 신은 무형이자 침묵이다. 신은 모든 만물의 배경이며 공간에 스며 있다. 공간을 의식하면 뇌 속의 신경 세포가 발산하는 파(波)는 느려지고 일관된다. 모든 소리의 배경이 되는 침묵을 의식하거나 무한한 공간 혹은 무(無)를 바라보아도 뇌세포는 모두 눈을 뜨고 같은 노래를 부른다. 의식적으로 신이 항상 여기에 있음을 온전히 알 수 있다면 감사함이 우러나오게 된다. 그 감사를 고백하면 사람이 낼 수 있는 가장 아름다운 노래가 흘러나온다. 내 생명을 유지시켜 주는 알 수 없는 어떤 힘, 내 몸의 생명이 시작된 후 잠시도 멈추지 않는 심장을 바라보며 감사해도 노래는 흘러나온다. 내가 지금껏 받았던 축복을 헤아려도 노래는 흘러나온다. 사람이 할 일은 신을 부르고 바라보며 감사함을 고백하는 것이다. 아름다운 노래를 부르려고 애쓰는 것은 통제하고 수고하는 것으로, 결국 실패하게 된다. 노래가 흘러나오는 일은 하늘이 하는 일이고 신이 할 일이다. 사람이 할 일은 공간에 주의를 주며 축복을 알아차리고 감사하는 일이다. 나머지는 신이 하는 일이다. 노래는 흘러나오고 우러나오는 것이지 만들어지는 것은 아니다.

그림은 마음의 눈으로 보는 것이다. 많은 사람들이 몸의 눈으로 본 세상을 마음속에 그린다. 지금의 삶이 가난하다면 마음의 눈으로도 가난한 자신을 그린다. 그래서 늘 가난이 유지된다. 현재 건강하지 못하다면 내일의 자신을 떠올릴 때에 아픈 자신을 그린다. 아니, 병이 더 악화된 상태를 그린다. 그래서 병은 깊어진다. 눈을 뜨고 바라본 자신이 가난하다면 눈을 감고 마음의 눈으로는 풍요로움을 그려야 한다. 아프다고 하면 눈을 감고 새로운 눈으로 온전한 건강을 그려야 한다. 새로운 그림을 그리면 마음은 재잘거린다. '지금 네 상태를 보렴. 매달 지불해야 할 것들에 힘겨워하며, 매일 통증으로 힘들어하잖니? 상황이 더 악화될 만한 일도 이렇게 많은데, 부자가 되고 건강해질 수 있겠니?' 이러한 상황에서도 풍요와 건강의 그림을 단단히 지켜 낼 수 있다면 이를 용기라고 한다. 충분히 오래 지켜 내어 이미 이루었을 때의 느낌이 가슴을 적신다면 믿음이라고 한다. 이때부터는 소망이 이미 이루어졌음을 느끼게 된다. 사람이 할 수 있는 일은 몸의 눈으로 본 모습에서 진실로 바라는 소망을 알아차리는 일, 그 소망을 마음의 눈으로 생생하게 그리고 지켜 내는 것이다. 하늘이 하는 일은 그 일을 실현하는 것이다. 그런 일이 어떻게 과연 가능한지 고민하는 것은 사람이 할 일이 아니다. 신이 할 일이다.

춤은 신과 함께 역동적으로 일하는 차원이다. 노래를 부르고 그림을 그렸다면 신은 가장 적절한 모습과 경로를 통해서 매 순간 찾아온다. 사람이 할 일은 이 순간 찾아온 영혼을 알아보고 춤을 추는 것이다. 신은 머릿속에 품은 특정한 형상이 아니다. 하얀 날개를 가진 어떤 존재가 아니며, 뿔이 달린 유니콘이 아니다. 지나가는 노파일 수 있고 우연히 본 책일 수 있으며 산책 중에 언뜻 떠오른 영감일 수도 있다. 신을, 그리고 그의 메시지를 알아보고, 그의 손을 잡고 지금 할 수 있을 일을 하자. 그다음 순간 신은 또 다른 모습을 하고 찾아올 것이다. 한 발 한 발 따라가면 아름다운 춤이 될 것이다. 매 순간 천사가 내미는 손을 정성 들여 최선을 다해 잡는 다면 지금 이 순간과 온전히 하나가 될 것이다.

내가 할 수도 없고 해서도 안 되는 일은 지금 이 순간 그림을 그리는 일이다. 이는 내가 하는 일이 아니라 신과 하늘이 하는 일이다. 우리가 하는 흔한 실수는 춤을 춰야 할 차원에서 그림을 그리면서, 열심히 노력하고 있다는 생각하는 것이다. 마음속에 부자를 그린 후 지금 부자처럼 보이려고 눈치를 보고 부자인 척하는 것은 도움이 되지 않는다. 부자인 척하느라 자신을 풍요로움으로 이끌어 주는 천사의 손길을 알아보지 못하게 된다. 예쁜 사람이 되고 싶다는 소망을 품고 예쁜 척을 하기도 한다. 다른 사람이 예쁘다고 하면 실제 모습을 들킬까 봐 불안해하고 자신의 예쁜 면을 못 알아보면 분노한다. 척하기는 성공해도 문제고 실패해도 문제다. 이 순간 사람으로서 할 수 있는 일은 '자신이 되는 것'이다. 지금 있는 그대로의 자신이 되는 것이 비밀이고 비결이다. 자신을 더 나은 사람으로 만들려는 욕망을 내려놓고, 통제하려는 마음도 내려놓고, 자신을 비하하거나 비난하지도 않고 있는 그대로를 감사하고 소중하게 여기고 축복한다면, 단 한 번이라도 진실 되게 앞서 말한 것을 실천한다면 모든 것이 달라질 것이다.

그림을 그릴 때 얼마나 진실하게 사람의 할 일을 해야 하는가? 춤을 출 때 신이 하는 부분에 어떻게 간섭하지 않고 사람이 해야 할 일만 하는가? 개업할 자리를 찾는 한 의사의 이야기를 들어보자.

● 　　　　시간이 더 지나기 전에 나만의 병원을 가지고 싶었어요. 다른 병원에서 월급을 받으며 일할 수도 있겠지만, 내가 진정으로 하고 싶은 나만의 의술을 펼치고 싶었어요. 이익만 추구하지 않고 환자를 진정으로 위하고 싶었습니다. 하지만 개업에는 많은 돈이 필요했고, 저는 부모님을 포함해서 누구의 도움도 없이 개업하고 싶었어요. 이미 병원들은 어디에나 많아서 개업할 곳을 찾기는 힘들었어요. 우선 수첩에 나만의 병원에 대해 적었어요. 어떻게 이룰 수 있을지는 모르겠지만, 소망하는 병원의 조건을 열거했어요. 현재 나의 능력으로 구입할 수 있는 상가여야 하고, 우리 가족이 가까이 살 수 있으며, 환자 분들이 주차할 수 있는 공간도 충분하면서 인심도 좋은 곳을 원했어요. 많은 병원들 속에서 경쟁하고 싶지 않았고, 내과 의사가 필요한 곳이지만 아직 내과 의사가 없는 곳을 소망했습니다. 지역 주민들이 병원이 있음에 고마워하는 병원이었으면 했어요. 현재 일하고 있는 병원에서 너무 가까워서 기존 병원에 폐를 끼치기는 싫었고, 또 너무 멀어서 저에게 진료받고 싶은 분이 오기 어려운 곳도 싫었어요. 싫은 점과 피하고 싶은 조건은 원하는 조건으로 바꾸어 적었어요. 수첩에는 '기존 병원과 최소한 30km는 떨어진 곳이면서 교통은 편리한 곳'이라고 적었어요. 이렇게 적어 놓고 병원에서 월급을 받으며 계속 일했어요. 바쁘게 진료하면서 개업할 곳을 찾지 못할까 봐 불안해하기도 했고,

새로운 곳을 원하는 마음이 간절해지기도 했어요. 그러한 마음이 생길 때마다 지금 감사한 일에 집중했어요. 결과와 상관없이 지금 나를 보살피는 어떤 힘을 알아차리고 감사를 표했어요. 그리고 감사한 마음이 가슴에 차면, 자신에게 어떤 경우라도 사랑한다고 말해 주었어요. 즉, 새로운 장소를 찾든, 찾지 못해 여기서 계속 일하든 찾지 못하든, 자신을 사랑하겠다고 선언했습니다. 그러한 작업을 며칠 동안 반복하자 마음이 편해졌어요. 수 주가 지나서 병원에서 함께 일하는 직원이 퇴근하고 드라이브를 가자고 했어요. 그는 제가 병원을 그만두고 싶어 한다는 것, 나만의 병원을 찾고 싶어 하는 것도 몰랐어요. 그 직원과 그 병원에서 일하는 동안 한 번도 가보지 않았던 길로 드라이브를 갔습니다. 어두운 시골길을 40분 정도 지나자 넓은 지역이 나타났는데, 신도시를 짓는 곳이었어요. 보자마자 이곳이 제가 찾는 그곳이라는 것을 알았어요. 저는 현재 원하는 모든 것을 갖춘 곳에서 병원을 열고 행복하게 진료하고 있습니다.[7]

그는 개인적이고 솔직하게 사람으로서 할 수 있는 일을 했다. 현실과 타협하지 않고 바라는 바를 모두 세세하게 실감 나게 적었다. 그리고 실제로 이루어지는 과정은 신이 할 일이므로 간섭하지 않았다. 마음을 깨끗이 비웠다. 원하는 것이 생겨도, 생기지 않아도 완전하게 만족하였다. 그리고 신이 춤을 청했을 때, 즉 영감을 보냈을 때 거부하지 않았다. 바로 행동했다.

내가 할 수 있는 일은 신을 의식적으로 알아차리고 감사하는 것이다. 나의 진실된 소망을 마음속에 생생하게 그리는 일이다. 눈을 뜨고 보이는 모든 것에 감사하고, 그들을 받아들이고 신에게 내맡기는 것이다. 이 일에 최선을 다하자.

내가 할 수 없는 일은 아름다운 노래를 흘러나오게 애를 쓰고 내 소망대로 꾸미려 하고 이 순간을 내 뜻대로 흘러가게 하는 것이다. 이 일은 체념하자.

이 둘을 구분할 수 있다면 당신은 가장 지혜로운 사람이 될 것이다. 그 사람은 사람이 할 수 없는 일은 애써 하지 않고 체념했기에 사는 것이 힘들지 않을 것이다. 내가 할 수 있는 부분은 게으르지 않고 부지런히 최선을 다할 것이다. 그리고 집착하지 않고 하늘의 뜻을 기다릴 것이다.

사람이 할 수 있는 네 가지 보물이 있다. 알아차림, 감사, 사랑, 상상이다. 하나씩 살펴보자.

6

알아차림

알아차림

알아차림이란 대상을 새롭게 바라보며 통찰을 얻는 과정이다.
대상을 어떻게 새롭게 본다는 것인가?
감사해야 할 대상, 사랑해야 하는 대상으로 보는 것이다.
다투어야 할 대상, 통제해야 할 대상이 아니라 감사하고 사랑할 대상으로 보는 것이다.
대상을 보면서 감사하고 사랑하면서 어떤 통찰을 얻게 된다는 것인가?
신은 없는 것 같았는데 존재한다는 것을 알아차리게 된다.
내 안에 힘든 상황을 바꿀 수 있는 힘이 있다는 것을 알아차리게 된다.
불완전해 보였던 순간이 온전하다는 것을 알아차리게 된다.

알아차림은 능동적인 주시이며 통제하지 않는 주시이다. 시선이 오랫동안 쉼 없이 대상을 향한다고 해서 모두가 알아차림을 경험하는 것은 아니다. 숨을 몇 시에 들이마시기 시작해서 다시 언제 날숨으로 바뀌어서 몇 초 동안 내쉬는지 설명할 수 있다면 알아차림 상태에 있는 것일까? 아니다. 숨은 내가 애쓰지 않아도 파도와 같이 밀려들어 오며, 나의 깊은 곳에 닿았다가 썰물이 나가듯이 다시 숨이 나간다. 내가 숨에 개입해서 숨을 길게도 짧게도 쉴 수 있지만, 숨을 그대로 놓아 두어도 자연스럽게 숨이 들어오고 나간다. 마치 신이 나에게 춤을 청하는 듯하다. 나는 신에게 보조를 맞춘다. 신이 들어올 때 함께 따라온다. 숨에 개입하지도, 숨을 무시하지도 않는다. 신이 나갈 때는 나도 함께 나간다. 그저 깨어 있으며 신을 따라갈 뿐이다. 이 과정에서 내 곁에 신이 존재함을 알게 된다면 진정한 알아차림이다. 숨에 대해 깨어 알아차린다면 경외심과 감사함이 우러나올 것이다.

알아차림 자체가 붓다의 에너지이다. 수행에서 호흡 방법 때문에 자신을 강제하지 마라.

– 틱낫한 스님

오늘 기분이 좋지 않았다. 그 이유는 오늘 만난 그 사람 때문이다. 그가 얼마나 배려가 없었으며 예의가 없었는지 세세히 설명할 수 있다. 나의 일을 어떻게 방해했는지도 자세히 설명할 수 있다.

이는 알아차림의 상태에 있다는 뜻일까? 아니다. 나를 힘들게 한 그 사람이 나의 어떤 면을 비추었는지 나의 내면을 바라본다. 나의 어떤 면이 희생자의 진동수를 내어서 그 사람과 같은 가해자가 끌려온 것일까? 나도 그와 비슷하게 행동할 때가 있을까? 나도 그처럼 원하는 것을 위해서 나보다 약한 자에게 배려 없이 행동할 때가 있을까? 나의 내면에서 비슷한 면을 알아차리고 사랑으로 감싸 안으면 나의 진동수가 변할 것이다. 그는 마음속에 어떤 두려움이 있어서 그러한 행동을 하는 것일까? 그의 내면에 있는 천진한 어린아이를 볼 수 있다면, 그 아이에게 사랑을 보낼 수 있다면 그 또한 이전과 다를 것이다. 이러한 과정이 있기 전에는 그와의 관계에서 나는 주도권이 없는 것 같았다. 나는 이 순간의 희생자 같았다. 그러나 알아차림과 하나 됨을 통해서 바꿀 수 있는 힘이 내 안에 있다는 것을 알게 되었다. 이것이 알아차림이다.

내가 가난하다는 사실을 마주해 보자. 나는 나보다 풍요로운 사람을 보면 질투심이 인다. 그리고 내 처지를 부끄러워한다. 내가 친구들보다 얼마나 더 가난하고, 앞으로도 부자가 되기보다 계속 가난할 가능성이 많다는 것을 알아 가는 것이 알아차림일까? 아니다. 알아차림의 상태에 있는 사람은 내가 가난함을 싫어하고 부자들에게 질투심이 있다는 것은 나에게 풍요롭고자 하는 욕구가 있기 때문이라는 것을 알아차린다. 풍요에 대한 욕구는 부자가 되기 위한 씨앗이다. 다이아몬드가 숨어 있는 원석이다. 자신의 욕구를 느끼고, 이를 무시하지도 않고 통계, 분석 등 여러 이유들을 대며 억누르지 않고 소중하게 다룬다면 알아차림의 단계에 있다고 볼 수 있다.

활 쏘는 이가 활을 통제하고 상황을 장악해서 자신이 원하는 상황을 만들기 위해 자신과 활과 과녁을 가늠한다면 알아차림일까? 아니다. 자신과 활과 과녁에서 이미 온전함을 본다면 자신이 해야 할 일은 없고, 다만 '그것'이 쏘기를 기다린다는 것을 안다면 알아차림의 상태에 있다. 우리가 하는 모든 일이 활 쏘는 이, 활, 과녁이 세 가지의 관계와 같다. 피아노를 연주한다면 연주자, 피아노, 완벽한 연주가 이 세 가지이다. 운동을 한다면 운동하는 사람, 운동 도구, 완벽한 운동이 이 세 가지이다. 요리를 한다면 요리사, 요리 재료, 완벽한 음식이 이 세 가지이다. 사람을 만난다면 나, 상대방, 완벽한 대화가 이 세 가지이다. 어느 활동이든지 이 세 가지를 불완전하다고 바라보고, 수정하고, 통제하고, 올바르게 바꾸어야 할 대상으로 본다면 빗나간다. 이 순간 이미 온전해서 그저 존재하기만 해도 충분하다는 것을 알아차린다면 춤이 일어난다. 춤을 추고자 하는 어떤 충동이 인다. 그 충동이 바로 '그것'이다. '그것'이 활을 쏘고, '그것'이 피아노를 치고, '그것'이 요리를 하며, '그것'이 대화를 한다.

알아차림은 모든 일에 감사할 거리를 찾는 과정이다. 알아차림의 상태에서는 문제라고 여긴 대상에서도 감사할 거리를 찾는다. 꽃을 피울 수 있는 기회를 찾고 숨은 보물을 찾는 과정이다. 문제 이면에 어떤 감정이 있는지를 알아차린다. 알아차린 감정에 감사하고 그 감정을 사랑으로 품는다. 온전히 받아들이고 경험한다. 그 감정을 바꾸려 하거나 그 감정의 옳고 그름을 따지지 않는다. 알아차림은 감정이 엉긴 이야기를 찾는 과정이기도 하다. 이야기를 알아차린 후 더 높은 에너지인 감사와 사랑으로 감싸 안는다. 바꿀 수 있다는 기대는 하지 않고 있는 그대로 받아들이는 것이 유일한 목적이어야 한다.

알아차림은 사람과의 관계에서 극적인 변화를 일으킨다. 우리는 누군가를 만난다. 그의 마음속에는 두려움과 욕구가 있다. 나도 그와 같다. 나도 두려움과 욕구가 있다. 내가 손해 볼까 봐, 내가 그보다 약한 사람이라는 것이 밝혀질까 봐, 좋은 기회를 놓쳐서 실패한 사람이 될까 봐 두렵다. 하지만 이번 만남을 통해 내가 가진 것과 그가 가진 것을 교환하고 싶은 욕구가 있다. 나도 그렇고 그도 그렇다. 우리 모두 같다. 두려움과 욕구를 숨기고 조건과 요구만을 가지고 대화한다면 옳고 그름을 따지게 된다. 이익과 손해를 따진다. 그를 이야기 속에서 바라본다면 그는 가해자이며 악인으로, 즉 이야기 속에서 통제해야 할 대상으로 전락한다. 만일 그가 두려움과 욕구를 가진 사람이라는 것을 알아차린다면, 그는 알아주기를 바라는 나의 친구가 될 것이다. 그렇다. 어떤 대상을 알아차리면,

그 대상은 알아주기를 기다리는 대상이 된다. 다투어야 할 대상이 아니라 알아주어야 할 대상이다. 알아차림으로 시작하고 알아주기로 마무리된다. 알아차림과 알아주기, 이것이 꽃피움으로 가는 비밀의 문이다. 깨어 있는 상태로 알아차리고 참모습을 알아주면 내면에서 외부를 향한 경이로운 힘이 움직인다. 안에서 밖으로 펼쳐지는 기쁨. 그것이 꽃피움이다.

협상을 할 때 두려움과 욕구가 가장 첨예하게 맞닥뜨린다. 협상 상대에게 "저희는 경쟁업체보다 늦게 진출했습니다. 저희 제품에 대한 인지도가 낮을까 염려되실 것 같습니다."라고 말하며 그의 두려움을 먼저 알아주자. 그의 두려움을 있는 그대로 알아준다면 그는 두려움이라는, 시야를 왜곡시키는 안경을 벗을 것이다. 그의 욕구도 알아주자. "저희가 제공하는 기술은 경제적인 해자(Economic Moat) 역할을 해서 경쟁자들의 진입 장벽을 높여 줍니다." 그의 욕구를 알아준다면 그는 새로운 미래를 바라보게 된다. 그는 나와 춤을 추기 위해 만났다. 나의 두려움과 욕구를 비추어 주기 위해 왔다. 이 순간이 불완전하게 느껴졌지만 이제는 온전하게 보인다. 나의 날카로운 부분, 그의 날카로운 부분이 딱 맞는 퍼즐과 같다. 두려움과 욕구를 알아차리고 알아준다면 마법이 일어난다. 결코 양보하지 않을 것 같은 요구 조건은 두려움과 욕구를 알아주면 부드럽게 변화한다. 요구 조건은 두려움과 욕구로부터 나왔다. 요구 조건을 포기하면 두려움이 커지고 욕구를 실현하지 못할 것이라 생각하기 때문에 서로 양보할 수 없었다. 만일 두려움과 욕구를 서로 알아준다면 두려움은 줄어들고 욕구를 만족시킬 수 있는 대안이 보이게 된다. 그리고 대화할 수 있다. 알아주기의 마법은 협상을 비롯해 어느 관계에서도 빛을 발한다. 어느 관계에서나 두려움과 욕구를 알아준다면 온전함을 회복할 수 있다. 두려움을 알아차리지 못한 채 상대방을 내 뜻대로 바꾸려 하면 실패한다. 욕구를 알아차리지 못하고 상대가 나로부터 무엇을 가로채려 한다고 생각한다면 방어하려고만 할 것이다. 부부 사이에서도 서로 고마운 부분을 알아주고 두려움과 욕구를 알아준다면 꽃은 피어난다. 배우자는 나에게 사랑을 확인받지 못할까 봐 두려워한다. 자신을 통제할까 봐 두려워한다. 배우자는 결혼하기 전처럼 매력적인 사람으로 확인받고자 하는 욕구가 있다. 더 이상 상대에게 매력적인 존재로 보이지 않을까 봐 염려한다. 이러한 두려움과 욕구를 알아차리지 못한다면 양말을 제자리에 두지 않거나 변기 뚜껑을 열어 두는 등 사소한 문제로 끝없이 다툴 것이다. 자신과의 관계에서도 알아차림은 소중하다. 자신이 현재 평온하지 않다면 보통 두 가지 상태이다. 두려운 상태 혹은 화난 상태이다. 자신을 살펴보고 자신에게 물어보자. "지금 나의 감정은 어떻지? 혹시 어떤 것에 화가 난 것일까? 혹은 어떤 일이 일어날까 봐 두려워하고 있을까?" 자신의 감정을 알아주기만 해도 뭉친 에너지가 풀어진다. 시야가 깨끗해진다. 알아주기의 마법은 자녀와의 관계, 친구 사이, 심지어 적과의 관계에서도 극적인 변화를 일으킨다. 다양한 변주가 있을 뿐 두려움과 욕구를 알아차린 후 알아주는 것이 열쇠이다.

알아차림은 신체적인 불편감을 호전시키기도 한다. 숨겨진 두려움과 분노는 통증의 원인이 되기도 한다. 루이스 헤이의 이야기를 들어보자. 그녀는 통증이 생겼을 때 마음을 들여다보았다. (『치유, 있는 그대로의 나를 사랑하라』에서 인용함. 미주 참조.)

- 나는 어깨 통증을 느꼈어요. 이틀 정도 지속되자 가만히 앉아서 스스로에게 물어보았어요. '무슨 일이 일어나고 있는 거지? 내가 어떤 감정을 느끼고 있는 것일까?' 나는 내 안에 있는 감정을 알아차렸어요. '마치 타들어 가는 듯한 이 감정은 분노야. 무엇 때문에 화가 났을까?' 나는 베개를 놓고 힘껏 치기 시작했어요. 열두 번쯤 내리쳤을 때 화가 난 이유를 알 수 있었어요. 분노의 감정이 몸속에서 빠져나가도록 했어요. 그 후 마음이 홀가분해졌고 어깨도 아프지 않았어요[8].

알아차림은 간절하게 바라는 일을 이루어주기도 한다. 아이를 기다리고 있는 남자의 이야기를 살펴보자.

- 저는 사랑하는 사람과 결혼했으나 5년이 되도록 아이가 생기지 않았습니다. 건강에도 신경 쓰고, 매일 저녁 아내와 기도도 했지만 임신의 기미는 보이지 않았습니다. 매달 기대하다

가 생리가 시작되면 실망하는 아내가 안쓰러웠어요. 아내는 늘 밝은 모습이었지만 아이가 어서 찾아왔으면 했어요. 어느 날 일을 마치고 늦은 밤이었습니다. 저는 그날 당직이었습니다. 어두운 당직실 책상 앞에 앉아서 스스로에게 물어봤습니다. '나는 아이를 정말 원하고 있는 것일까? 혹시 나는 아이가 생기는 것을 두려워하고 있는 것은 아닐까?' 확실하게 무엇이라 말하기는 어려웠습니다. 하지만 자신에게 다시 한번 물어보고 답이 떠오르기를 기다렸습니다. 이윽고 어렴풋했던 답이 떠올랐습니다. 저는 아이를 원하는 동시에 두려워하고도 있었습니다. 좋은 아빠가 될 자신이 없었고, 험한 세상에서 아이를 안전하게 지키고 행복하게 해 줄 자신도 없었습니다. 이 사실을 알아차리고 다소 놀랐습니다. 늘 아이를 강하게 원해 왔다고 생각했기 때문이었습니다. 이 응어리진 마음을 풀고 싶었습니다. 그날은 힘든 하루였기에 몹시 피곤했고 잠도 왔지만 책상에서 일어나지는 않았습니다. 마음을 차분하게 하고 자신을 최대한 부드럽게 바라보았습니다. 아빠가 되는 것을 두려워하는 자신을 용서하고 따뜻하게 보려고 했습니다. 크게 숨을 내쉬며 두려운 마음이 사라진다고 생각했습니다. 그리고 선언했습니다. "나는 아이를 진심으로 소망한다." 그날 밤이 지나고 한 달이 지난 후, 바쁘게 일을 하고 있던 중 점심시간에 아내가 전화를 했습니다. 아내는 떨리는 목소리로 임신했다는 소식을 전했습니다. 그것도 쌍둥이를 임신했다는 아내의 말에 저는 할 말을 잃었습니다[9].

우리는 보통 알아차리고 있지 않는가? 길을 갈 때 주변을 열심히 살피고 머릿속으로 여러 생각을 하고 있지 않는가? 사람들을 만날 때 집중해서 관찰하고 있지 않는가? 거울을 볼 때 자신을 세세하게 바라보고 있지 않는가? 이미 대상을 보고 있는데 왜 몰랐을까? 이야기 속에 있기 때문이다. 아무리 자세히 관찰을 하고 오래 바라보고 충분히 생각해도 이야기 속에서 대상을 바라보고 반응한다면 알아차림 속에 있는 것이 아니다. 알아차림의 반대는 '반응'이다. 같은 상황을 보더라도 대상을 기억 속 대상으로 치환하여 본다. 우리는 순식간에 이야기 속으로 들어가 그 이야기에 반응한다. 내 앞에 있는 의자는 의자가 아니고 이야기 속 의자이다. 그 사람은 그 사람이 아니고 이야기 속의 그 사람이다. 나는 영원한 현재 속의 내가 아니며, 이야기 속에서 내가 기억하는 나이다. 이 순간의 풍경도, 그 자체의 아름다움도 보지 못한다. 그저 수많은 이야기 속의 한 장면일 뿐이다. 의자를 보아도 내가 좋아했던 그녀가 앉은 '의자', 혹은 매일매일 변화가 없는 지루한 삶 속에서 아무 가치가 없는 '의자' 등 각자의 이야기 속의 '의자'로 바라본다. 의자는 사실 그 자체로 온전하고 완벽하며 반짝거리며 존재한다. 의자뿐만 아니라 내 앞에 있는 사람도 이야기의 맥락 속에서 바라본다. 그는 나의 친구일 수도, 평범한 동료일 수도, 나의 잠재적인 적일 수도 있다. 한 가지 분명한 점은 우리들 사이에 사랑은 없다는 것이다. 거울 속의 자신은 남에게 보이기 부끄러운 존재이거나 세상의 모든 부와 명예를 바쳐야 할, 숭앙해야 할 존재이다. 분명한 것은 거울 속의 나는 불완전하다. 남에게 있는 그대로 보이면 안 된다. 무언가 결핍되었고 무언가 필요하다. 내 자신을 문제가 없는 사람인 척 바꾸어야 한다. 내가 맞닥뜨린 상황도 한 덩어리로 인식하게 되고 호불호가 생긴다. 상황을 통제하거나 도망가거나 무시하려 한다. 이것이 우리가 평화롭지 않은 이유이다. 평화롭지 않은 사람은 사실 눈앞에 있는 사람과 상황을 과할 정도로 바라본다. 그리고 해석한다. 그 사람이 나에게 어떤 의미를 지니고, 이 상황이 어떤 의미를 지니는지, 생각하고 또 생각한다. 그가 나에게 예의를 갖추었는지, 나를 존중하는지, 나를 작게 만드는지, 나를 공격하려는 의도가 있는지, 내 삶에 도움이 될지 세심하게 살핀다. 그리고 이 상황이 내가 바라는 대로 흘러가는지, 어떤 위험한 징후가 있는지도 살펴본다. 이는 알아차림이 아니다. 이 경우에는 자신이 관찰한 것을 자신의 이야기의 재료로 사용하고 있다. 우리는 이 재료를 사용해서 드라마를 만든다. 그리고 자신이 만든 드라마에 시청자로서도 몰입하고 있다. 많은 천사가 반짝거리는 빛을 내며 우리를 만나기 위해 왔다. 마음은 각각의 천사들에 선인, 악인, 가해자, 피해자의 역할을 맡기고 드라마를 연출한다. 천사들은 드라마를 촬영하기 위해 온 것이 아니다. 천사들은 이 순간 나를 비추기 위해, 나와 춤을 추기 위해 왔다. 알아차림은 천사들의 진면목을 알아 가는 과정이다. 마음이 이야기를 만드는 과정을 알아차리는 과정이기도 하다. 다만, 이 과정에서 조심해야 할 것이 두 가지가 있다. 하나는 이야기를 없애거나 바꾸려고 하면 안 된다. 이야기를 알아차리면 영향을 미치고 싶은 유혹이 생긴다. 영향을 미치려 하면 다시 이야기 속에 휩쓸리게 되고 드라마는 지속된다. 통제는 낮은 에너지이다. 두 번째는 이야기의 옳고 그름을 따지지 않는 것이다. 진실 여부를 따지지 않는 것이다. 옳고 그름과 진실 여부를 따지는 순간, 다시 이야기 속으로 빠져든다. 이야기가 진실이 아니라는 것을 증명하기 위해 수많은 증거를 찾아내도 마음은 또 다른 반대 증거들을 찾아낼 것이다. 이야기 자체를 바라보고 이야기가 어디에서부터 흘러나오는지만 바라보자. 이 이야기가 언제부터 시작되었는지만 바라보자. 이 이야기를 하는 목소리가 누구의 것인지 살펴보자. 이야기에 엉겨 있는 감정을 바라보고 기꺼이 느끼자. 그렇게 한다면 통찰을 얻을 것이다. 알아차리는 사람은 대상을 보되 이야기 속에 매몰되지 않고 완벽함으로 본다. 천진함으로 본다. 보고 있되 통제하지도 않고, 거기서 도망치지도 않고, 못 본 척하지도 않는다. 이 순간이 완전히 새롭고 완벽한 순간이며 은혜로운 순간임을 안다. 어떤 것도 통제할 필요가 없음을 알고, 그저 어린아이처럼 전체를 받아들인다. 좀 더 쉽게 공간을 인지하는 것으로부터 출발할 수 있다. 대상에만 시선이 묶여 있다면 이야기에서 벗어나기 힘들다. 나와 대상 사이의 공간도 함께 바라본다면 마음은 이야기를 지어내기 어려워진다.

알아차리면서 통제하지도, 거기서 도망치지도, 못 본 척하지도, 억누르지도, 옳고 그름을 따지거나 변화시키려 하지도 않을 수 있을까? 쉽지 않다. 하지만 방법은 있다. 그 좁은 문으로 향하는 지름길이 감사이다. 이 순간은 완벽하며, 지금이 바로 열쇠가 되는 순간이라는 것을 알아차리게 된다. 감사할 만큼 아름답게 보이지 않는 순간에도 나지막하게 '감사합니다!'라고 속으로 읊조린다면 마음은 이야기를 만들 동력을 잃는다. 대신 숨겨진 다른 동력이 켜진다. 대상을 알아차리고 높은 에너지인 감사로 감싸 안는다면 지금 있는 곳이 천국이 된다.

감사란 무엇인가?

7

감사

감사

　감사란 내가 지금 은총을 받고 있음을 알아차릴 때 느끼는 감정이다.
　어떤 은총을 알아차리는 것일까?
　노래의 차원에서는 신 혹은 상위 존재가 지금 자신과 함께 있음을 알게 될 때 느껴지는 감정이다. 신이 항상 내 곁에, 내가 비참할 때에도 곁에 있으며 내가 요청하지 않아도 조건 없는 사랑을 주고 있음을, 내게 선택의 자유를 주고 있음을 알아차릴 때 느끼는 감정이다.
　그림을 그리는 차원에서는 내가 소망하는 바가 이미 이루어졌음을 알아차릴 때 느끼는 감정이다.

춤을 추는 차원에서는 지금 이 순간 모든 것이 온전해 내가 다른 사람이 될 필요가 전혀 없으며, 다른 사람 또한 변화시키지 않아도 되고 그저 각자 자신으로 존재하고 있으면 기적이 일어남을 알아차릴 때 느끼는 감정이다.

감사는 신비로운 것이어서, 내가 감사하기로 선택할 수 있다. 즉, 감사는 사람이 할 수 있는 것과 할 수 없는 것 중 사람이 할 수 있는 영역이다. 사람이 할 수 있는 선택 중 가장 지혜로운 선택이 바로 감사이다. 감사하기로 내가 선택할 수 있다는 것은 매우 경이로운 일이다. 모든 상황을 바꿀 수 있고 기적을 일으킬 수 있는 버튼을 내가 가지고 있다는 것이다. 어떤 상황에서도 감사할 수 있다는 말은, 내가 항상 열쇠를 가지고 있다는 의미이다. 세상이 아무리 나를 속이고, 조롱하고, 방해하는 것 같아도, 숨을 한 번 들이쉬고 내뱉으며 나지막이 "하느님, 감사합니다."라고 말할 수 있다면, 삶의 모든 맥락은 뒤집힌다. 지옥은 순식간에 천국으로 변해 버린다.

감사는 다른 사람과 비교하여 타인보다 더 좋은 조건을 찾아내는 것이 아니다. "팔이 없는 사람도 있는데 나는 팔이 있어서 감사합니다."라고 말하는 것은 감사가 아니다. "노숙자도 있는데 나는 그보다 상황이 나으니 감사하자."라고 말하는 것도 감사가 아니다. 이들은 잠시 '안도'하기 위한 마음의 재잘거림에 지나지 않는다. 비교를 통해 안도했다면 그 비교하는 마음은 어느새 자신보다 더 조건이 좋은 사람을 찾아내서 질투와 분노와 절망을 일으킨다.

감사에는 조건이 없다. 어떤 순간에도 어떤 상황에도 감사하기 위해서는 감사에 대해 깊이 이해해야 한다. 자신의 팔에 대해서 어떻게 감사를 표현할 수 있을까? 비결은 비교를 통한 감사가 아니라, 지금 팔을 움직일 수 있는 사실에 감사하는 것이다. 팔을 움직이게 해 주는 생명력에 감사하는 것이다. 노숙자보다 조금 더 나은 경제 사정이 아니라 나를 이만큼 풍요롭게 하는 어떤 힘, 어떤 은혜에 대해 감사하는 것이다. 지금 내가 할 수 있는 일, 지금 내가 누리는 축복에 감사하는 것이다. 비교를 통한 감사는 내가 만든 이야기 속에서 안도하려는 것이다. 지금 팔을 움직일 수 있어서 감사하지만, 팔을 움직일 수 없어도 감사할 수 있다면 진정한 감사이다. 지금 있는 팔에 감사하지만, 팔에 문제가 생길까 하는 두려움이 있다면 그것은 진정한 감사함이 아니라 안도하려고 집착하는 것이다. 팔을 움직이게 하는 근원적인 힘에 초점을 맞추고 그 힘에 감사하자. 팔을 움직이는 것, 심장을 뛰게 하는 것, 생각하고 스스로 누구인지 인식하려는 것은 너무나 오묘하고 경이롭다. 그 자체가 기적이다. 그 기적을 일으키는 근원인 신을 묵상한다면 감사함이 저절로 흘러나올 것이다. 그러한 사람은 혹시나 팔을 하나 잃는다고 해도 지금 신이 나에게 주는 은혜를 알아차리고 감사할 것이다. 다른 쪽 팔을 움직일 수 있음에 감사할 것이다. 그는 팔 한 쪽을 잃어버린 사고에 지금은 알 수 없는 어떤 보물이 묻혀 있음을 알 것이다. 세상에 어떤 우연도 없다는 것을 알기 때문이다. 그 숨겨진 보물에 미리 감사할 것이다. "하느님, 감사합니다." 이 말을 먼저 하기로 선택하면 많은 일이 스트레스가 아니라 은혜가 되는 기적이 일어난다. 그는 나중에 팔이 없는 사람들을 위해 인공팔을 만드는 회사의 CEO가 되어 많은 사람들을 도울지도 모른다. 혹은 의사가 되어 다른 이들을 보살필지도 모른다.

캘리포니아 대학교의 완화치료 전문의인 BJ 밀러 (BJ Miller)는 젠 호스피스 프로젝트의 자문 위원이다. 그는 삶이 얼마 남지 않은 말기 환자들이 사람으로서 존엄을 지키며 품위 있게 생을 마감할 수 있도록 도와주고 있다. 밀러는 대학생 시절 감전 사고로 화상을 입었다. 그 사고로 두 다리와 한 팔을 잃었다. 그는 신을 원망하거나 자신을 희생자로 생각하고 평생을 연민과 비탄에 잠겨 있을 수도 있었다. 그러나 사고가 일어난 후 밀러는 삶에 대한 감사를 잃지 않았다. 삶에 대한 사랑을 간직했다. 감사와 사랑을 통해 또 다른 문이 열리는 모습을 알아차릴 수 있었고 새로운 세상으로 들어섰다. 두 다리와 한 팔이 절단된 사람이 의사가 되어 생의 마지막을 맞이하는 환자들을 돕는 모습은 감동적이다. 밀러의 말을 들어 보자.

살아 있다는 사실 자체만으로 우리는 충분히 보상받고 있습니다. 상황이 어려울수록, 두려움에 휩싸일수록, 앞이 보이지 않을수록 우리는 매 순간 살아 있음에 감사해야 합니다. 매 순간 구두끈을 고쳐 매고 배낭을 짊어진 채 삶에 집중해야 합니다. 지금 뭔가 마음에 들지 않고 좌절하기 쉬운 곳에 있나요? 그렇다면 그건 아름다운 희망으로 가득 찬 곳으로 갈 날이 머지않았다는 뜻입니다[10].

모든 일에 감사한다는 것은 작은 것에도 감사한다는 뜻이다. 내가 가진 돈이 적어도, 내가 가진 재능이 작아도 감사한다는 것이다. 작은 것에도 감사한다는 것은 작은 것에 만족하며 더 큰 것을 넘보지 않겠다는 패배의 선언이 아니다. 작은 것에도 숨어 있는 선물, 이 경이로움을 가능하게 하는 신을 알아차렸다는 선언이다. "하느님, 감사합니다."라는 말은 나는 신과 함께 존재한다는 선언이다. 신과 함께 일한다는 표식이다. "부처님, 감사합니다."라는 고백은 바로 지금 깨달음의 화신인 부처님과 함께하며 지금이 깨달음의 기회임을 천명하는 일이다. 감사는 비교를 통해 일어나는 것이 아니기 때문에 이야기 속에서 일어나는 것이 아니다. 감사는 이야기 밖에 있으며, 시간 밖에 있으며, 마음 밖에서 일어난다. 지금 여기에 존재하면 진정한 감사를 할 수 있다. 반대로 감사를 제대로 하게 되면 지금 여기에 존재할 수 있다. 감사하는 순간 마음은 재잘거림을 멈춘다. 마음은 불평하는 순간, 누군가와 비교하는 순간 재잘거림을 시작한다. 그러기 전에 지금 이 순간 온전히 감사한다면 마음이 움직일 동력은 사라진다.

감사를 선택할 수 있다는 것은 신비롭고 경이로운 일이다. 지금 이 순간 사람으로 선택할 수 있는 일은 많지 않다. 내가 다른 사람인 척할 수는 있어도 속까지 다른 사람이 될 수는 없다. 그저 자신이 될 수 있을 뿐이다. 다른 사람을 조정해서 원하는 대로 통제할 수도 없다. 그저 '그의 뜻대로' 내려놓을 수 있을 뿐이다. 그런데 '감사'는 선택할 수 있다. 지금 상황이 어떠할지라도 '감사'를 할 수 있다. 이 점을 깊이 생각해 본다면 숨이 막힐 정도로 경이로움을 느끼게 된다.

감사는 경이로운 일들을 한다.

첫째, 감사하면 감사할 일이 더 많아진다. 공명의 원리이다. 어떤 일에 감사하면 그 일과 성격이 비슷한 일들이 자주 생긴다. 내가 가진 것들이 작든 크든 이미 가지고 있고 누리고 있는 일들에 감사하면 유사한 풍요가 더 많이 찾아온다.

둘째, 감사하면 어둠이 사라진다. 두려움과 분노가 녹아 버린다. 상쇄의 원리이다. 어둠은 도려낼 수 없다. 두려움과 분노도 파괴할 수 없다. 두려움을 두려워하면 두려움이 커지고, 분노에 대해 분노하면 분노는 더 커진다. 어둠은 빛으로 비출 수 있을 뿐이다. 두려움과 분노는 감사로 회복시킬 수 있다. 두려움과 분노의 파동은 감사의 파동과 정반대이기 때문에 만나는 순간 사라진다.

셋째, 신에게 은총을 받고 있음을 알아차리게 된다. 이 부분은 특히 중요하고 경이로운데, 신에게 은총을 받고 있음을 알고 있는 상태는 모든 평화와 행복의 처음이자 마지막이기 때문이다. 신에게 은총을 받고 있는 상태는 곧 신과 연결되어 이미 천국에 도착한 상태이기 때문에 이 상태에서 시작한 일은 꽃피움으로 마무리된다. 감사에서 벗어난 상태에서 시작한 일은 꽃피움이 아닌 꽃을 만드는 일로 끝나 버린다.

넷째, 자신이 사랑스러운 존재임을 알게 된다. 이 부분도 무척 중요한데, 모든 불행과 사고의 첫 밑받침 생각은 '나는 사랑스럽지 않다. 나는 부족하고 수치스러운 존재이고 잘못된 부분이 있다.'이기 때문이다. 이 상태에서는 두려움과 수치심, 죄책감이 주요 감정이며 이 상태에서 행하는 일은 도망치거나 싸우는 형태로 이루어진다. 정성껏 진심을 다해 감사를 하게 되면 다음과 같은 생각을 의식적이든 무의식적이든 하게 된다. '내가 얼마나 사랑스러운 존재이길래 신은 쉼 없이 은총을 내려 주는 것일까?' 신이 은총을 내려 주고 있다는 것은 신이 나를 사랑한다는 것이다. 내가 얼마나 사랑스럽길래 그런 것일까? '나는 사랑스럽다.'라는 첫 생각은 모든 기적과 행운을 일으킨다.

다섯째, 감사하면 새로운 동력이 커진다. 진동수가 올라가면서 이전과 질적으로 다른 힘이 생긴다. 신과 함께 있게 되어 신과 연결된 상태로 일을 행하게 된다. 감사하는 마음이 가득 찬 상태로 무언가를 하면 질적으로 다르게 하게 된다. 더 수월하게, 더 확실하게 노래하고, 그림을 그리고, 춤을 출 수 있다. 더 수월하게, 더 확실하게 진실을 알 수 있고, 치유할 수 있다.

감사는 약이나 주사로 할 수 없는 일을 한다. 나이, 성별, 인종, 재정 상태, 학력과 관계없이 경이로운 효과를 낸다. 감사는 가슴에서 노래가 흘러나오도록 한다. 현존이라는 오선지에 그려진 음표와 같다. 감사는 마음 속 그림을 이미 이루어진 것으로 잠재의식 속에 각인시킨다. 마치 램프 속 지니에게 승인 도장을 받는 것과 같다. 감사는 이 순간 모두 온전한 상태임을 표현하는 일이다. 춤을 추기 가장 좋은 상태로 이끈다. 감사는 의식 수준을 높이고, 존재 상태를 상승시키고, 상위 자아와 연결시켜 준다. 감사는 감사하는 대상의 최상의 모습을 드러내 준다. 사람과 물건, 만물의 숨은 최상의 덕(德)을 드러나게 해 준다. 감사는 면역력을 높여 준다. 타액에서 IgA[11]를 증가시킨다[12]. 우리 몸이 회복하기 시작한다. 상처가 아물고 새살이 돋는다. 감사는 스트레스를 말 그대로 녹이며 자율신경의 균형을 바로 잡아 준다. 브레이크는 풀리고 액셀이 부드럽게 가동한다. 감사는 심장의 심박변이도(HRV)를 이상적인 상태로 유지시킨다[13]. 심박동수는 건강하게 불규칙하다. 건강한 심장은 심박 사이가 매번 다르다. 감사는 DHEA 호르몬 농도를 높여 주고 코르티솔 농도는 낮춰 준다[14]. DHEA는 성장과 노화와 관련이 있다. 코르티솔은 만성스트레스 시 증가한다. 호르몬의 균형이 회복된다. 감사는 마음속의 시한폭탄을 제거해 준다. 언제 폭발할지 모르는 숨겨진 분노와 언제 스스로 벌을 내릴지 모르는 죄책감과 수치심을 치유해 준다. 조건 없는 감사, 근원적인 감사는 실제로 어떤 것일까? 다음은 감사의 예들이다.

- 내가 누군지 알게 해 주어 감사합니다.
- 내 감정과 생각에 끌려 와서 이 역할을 해 주어 당신에게 감사합니다.

- 하느님(부처님), 지금 내 곁에 계셔 주어 감사합니다.
- 이 순간이 완벽히 새로운 순간이어서 감사합니다.
- 지금 나의 소망이 이미 이루어져 감사합니다.
- 오직 내 자신이 되기만 해도 충분해서 감사합니다.
- 내 소망이 무엇인지 알게 해 주어 감사합니다.
- 바로 지금 창조를 선택할 수 있어 감사합니다.
- 지금 이 순간 숨어 있는 보물이 있음에 감사합니다.
- 이 순간에도 최선을 다해 뛰고 있는 심장에게 감사합니다.
- 이 순간 생명을 유지하게 해 주는 근원에게 감사합니다.

자신의 몸을 바라본다면 감사할 수 있다. 가장 먼저 호흡을 살펴보자. 호흡은 경이롭다. 파도와 같이 호흡은 끊임없이 흘러들어 오고 흘러나간다. 신은 항상 내 곁에서 깨어 있으며, 내 생명을 유지하도록 숨을 불어넣어 주고 있다. 들숨과 날숨은 신이 내게 청하는 춤과 같다. 나는 깨어서 매번 알아차릴 수 있다. 숨이 들어올 때 받아들이고 숨이 나갈 때 함께 나갈 수 있다. 숨이 들어올 때 코 뒤쪽이 시원해짐을 느끼고 숨이 나갈 때 코 앞이 따뜻해지는 것을 느낀다. 숨은 의도하지 않아도 쉴 수 있고 일부러 호흡에 개입할 수도 있다. 의식과 무의식의 경계에 있다. 그 경계에 서서 감사를 선택한다면 지옥에서 천국으로 넘어간다. 숨을 통제하지 않고 무시하지도 않고 그저 함께한다면 감사함과 평온을 느낄 수 있다. 한편, 심장을 살펴보자. 심장을 생각한다면 감사함을 느끼지 않기 어렵다. 수정란에서 가장 먼저 형성된 심장은 형성된 이후부터 단 한순간도 쉬지 않고 뛰고 있다. 오로지 내가 이 생에서 내 자유의지로, 사람이라는 몸으로 생의 목적을 달성할 수 있도록 묵묵히 박동하고 있다. 심장의 수고를 생각하지 않아도 심장은 쉼 없이 뛴다. 심장에 해로운 음식을 먹어도 심장은 말없이 뛴다. 생에 대한 의지가 없이 무기력하게 있어도 심장은 일한다. 심장을 생각하면 한 대상에 대한 사랑이 이토록 깊을 수 있다는 것에 경외심을 느낀다. 매 순간 전체를 위해 아무런 고민도 없이 일하며, 필요한 순간에 아무런 미련 없이 생을 마감하는 100조 개의 세포들을 생각한다면 우리 몸의 세포들이 부처님이고 예수님일 것이다.

감사하기 어려운 상황에서 어떻게 감사하는가? 내가 아플 때 어떻게 감사할 수 있는가? 내가 금전적으로 손해를 보았는데 어떻게 감사할 수 있는가? 어떤 이와 갈등하고 있는데 어떻게 감사할 수 있는가? 창조의 과정을 이해하면 감사할 수 있다. 우리는 매 순간 우리가 누구인지 경험하기 위해 여기에 있다. 여기에서 이 사람과 이 일을 하는 데에는 많은 이유가 있겠지만 가장 근원적인 이유는 '나는 누구인가'라는 질문에 답하기 위해서이다. 내 주위의 사람들이 내가 누구인지를 알려주고 내 마음을 비추어 주는 거울 역할을 한다. 지금 내 앞에 있는 사람은 수십억 년 전 우주가 탄생했을 때의 우주의 입자들로 이루어졌으며, 나를 만나기 위해 여러 무기물과 생명체를 거쳐 지금 나의 나의 상대역으로 만났다. 그는 나의 감정과 생각에 공명하여 내 앞에 왔다. 그가 나를 힘들게 한다면 그 역할을 해 주어 감사하다고 해 보자. 그는 어쩌면 악인이나 상처를 주는 역할을 맡고 싶지 않았을지도 모른다. 당신이 희생자 역할을 원하지 않았듯이 그도 상처 주는 역할을 원하지 않았을 것이다. 그는 당신 안에 어떤 면에 동조되어 이끌려 왔을 수도 있다. 당신 안의 그러한 면을 드러내기 위해 상대역을 했을 수도 있다. 그러한 전체 과정을 볼 수 있다면 감사할 수 있을 것이다. 이는 그가 상처를 준 것이 당신 탓이라는 의미가 아니다. 당신에게 상처를 준 그에게 잘못이 없다는 것도 아니다. 다만, 당신 안에 상황을 바꿀 수 있는 힘이 있다는 것이다. 이것이 핵심이다. 모두 당신의 책임이라는 말은 당신이 원흉이니 오직 자신을 탓하라는 의미가 아니다. 모든 문제의 해결책이 내 안에 있다는 의미이다. 거울 앞에서 검은 옷을 입고 있으면 검은 옷이 비치고 흰 옷을 입으면 흰 옷이 비치는 이 과정에 감사하자. 검은 옷이 마음에 들지 않으면 거울에 비친 검은 옷을 지우려 검은색 위에 다른 색을 덧칠하는 것이 아니라, 그저 흰 옷을 입고 다시 거울 앞에 서면 된다. 내 안의 어떤 부분이 바뀐다면 내가 원치 않은 상황을 또다시 만나지 않을 것이다. 다시 창조할 수 있는 이 과정을 이해한다면 감사할 수 있다.

내가 몸이 아플 때는 나의 반복된 어떤 생각, 반복적으로 느끼는 두려움, 분노, 죄책감으로 나의 몸이 병을 만들어 냈을 수 있다. 이때에도 '왜 나는 이런 시련을 겪어야 하는가? 누구 때문인가?'라는 마음의 속삭임에 휘둘릴 수도 있고, 깨어 있는 상태로 '지금 여기에, 내 안에 무언가 들여다볼 것이 있다는 신호'라고 생각하고 "감사합니다."라고 말할 수도 있다. 깨어 있지 않다면 마음은 이 순간을 '그림'으로 본다. 흙 속에 씨앗을 묻고 물을 주고 햇볕을 비추어 준다면, 씨앗은 싹을 틔우는 과정으로 들어간다. 하지만 마음은 그 과정을 춤으로 보지 못하고 그림으로 본다. 어제와 같고 일주일 전과 같은 씨앗을 보고 재잘거린다. "실패했나 봐, 그 사람 말이 틀렸나 봐, 이번에도 속았어. 나는 왜 이러지? 세상은 왜 이렇지?" 그림으로 보면 마음의 이야기가 시작되고 자기 비난과 탓하기가 시작된다. 하지만 이 순간을 춤으로 본다면 씨앗은 흙과 물과 햇볕과 공기와 춤을 추고 있고, 이 순간은 더없이 완벽하고 온전하다. 완벽하고 온전하기 때문에 마음은 할 말을 잃는다. 이 순간을 그림으로 본다면 못마땅할 수도 있지만, 춤으로 본다면 완벽하고 새롭다. 진심으로 감사한다면 100% 만족하게 된다. 깊은 평화가 흐르게 된다. 그리고 어느 순간 새싹을 발견할 것이다. 또 어느 순간에는 활짝 핀 꽃을 볼 것이다. 이 과정을 이해한다면 미리 감사할 수 있다. 씨앗 안에 이미 꽃이 있음을 알고 감사할 수 있으며, 당신의 소망 안에 이미 결실이 들어 있음을 알고, 이미 이루었음을 느낀다. 자연스레 감사는 흘러나온다. 항상 신이 곁에 있으며 이 순간 보물이 있고 완벽성이 있다는 것을 깊이 의식한다면 내가 원하지 않는 그림이 보여도 "감사합니다."라고 먼저 말할 수 있다. 먼저 "감사합니다."라고 말한다면 마음은 잠잠해진다. 이미 이루어졌음을 이해한다면 어떤 일이 벌어지는가? 마음은 재잘거림을 멈춘다. 이 순간은 이미 완벽하다는 것을 안다면 어떤 일이 벌어지는가? 마음은 수다를 멈춘다. 감사를 통해 소망은 이미 이루어졌음을 느끼고, 지금 여기는 온전하다는 앎에 머무른다면 마음은 들어설 자리를 잃는다.

내가 누리는 축복을 헤아려 보자. 안도하기 위해 다른 사람의 불행을 헤아리지 말자. 다른 사람의 불행을 찾아서 안도를 느끼려는 충동이 들면 그러한 생각이 어디에서 나오는지 마음을 들여다보자. 그럼 마음은 재잘거림을 멈출 것이다. 내가 받은 축복을 헤아리면 이미 받은 축복이 더 커지고 비슷한 축복들이 연이어 따라온다.

감사에는 받아들임, 내맡김이 포함되어 있다. 어떤 것에 감사한다는 것은 받아들인다는 것이다. 기꺼이 수용한다는 것이다. 이 순간의 온전함을 인정한다는 것이다. 충분히 감사하면 이 순간에 내맡긴다는 것이고 작은 자아는 사라진다. 이 순간과 하나가 된다.

감사에는 용서도 포함되어 있다. 용서란 당신이 악인이고 가해자이며, 나는 선인이고 피해자이고 희생자이지만 그럼에도 당신에게 복수를 하지 않고 참겠다는 의미가 아니다. 오래전 그 일을 매일 마음속에서 되새기고 아직 분노가 있지만 적어도 겉으로는 티를 내지 않겠다는 의미가 아니다. 용서란 이 일이 일어난 배후에 신의 뜻이 있고 신의 과정이 있음을 알아차리고 감사한다는 것이다. 나도 상대방도 깨어 있지 않은 상태에서 마음의 이야기에 휘둘렸다는 것을 이해한다는 것이고, 이 과정에 어떤 보물이 있다는 것을 이해했다는 의미이다. 이러한 감사가 용서이고, 이러한 감사가 일어났다는 것의 징표는 바로 평화이다. 분노와 증오는 녹고 마음의 재잘거림이 멈추고 평화가 흐른다면 감사했다는 것을 알게 된다. 용서가 이루어진 것이다.

"다른 사람들은 5년만 감옥에서 지내도 건강을 잃는데, 어떻게 27년 동안 감옥살이를 하고서도 이렇게 건강할 수 있습니까?" 누군가 질문을 던지자 나는 이렇게 대답했습니다.
"나는 감옥에서 늘 감사했습니다. 하늘을 보고 감사했고, 땅을 보고 감사했고, 물을 마시며 감사했고, 음식을 먹으며 감사했고, 강제노동을 할 때도 감사했습니다. 늘 그렇게 감사했기 때문에 건강을 지킬 수 있었습니다."

― 넬슨 만델라

어떤 사람은 물 반 잔에 감사하고, 어떤 사람은 반 잔밖에 없다며 불평한다. 여기에 커다란 삶의 비밀이 있다. '물 반 잔에 감사하라.' 식상한 격언 같지만 여기에 담긴 비밀의 깊이는 엄청나다. 이 비밀을 제대로 깨달은 이는 어떤 상황에서도 우주를 움직일 수 있는 버튼을 가지고 있다. 어떤 상황에서 감사를 선택할 수도 있고 감사하지 않기를 선택할 수 있다. 그 선택이 모든 것을 바꾸어 놓는다. 모든 상황에서 한쪽은 지옥을 경험하고 다른 한쪽은 천국을 경험한다. 물이 반 잔밖에 없다고 불평하는 사람은 돈을 많이 벌어 부자가 되어도 비싼 지옥에서 살게 될 것이다. 물이 반 잔이나 있다고 감사하는 사람은 어느 상황에서나 천국에 살 것이다. 감사를 모르는 사람은 넓은 저택에서 살아도 마음이 갑갑하고 불안하겠지만, 감사하는 사람은 감옥에 있어도 철창을 통해 들어오는 햇살과 맑은 공기에 감사할 것이다.

미국의 앵커 데보라 노빌은 감사의 경험을 다음처럼 풀어내었다. (『감사의 힘: 0.3초의 기적』에서 인용함. 미주 참조.)

●   내가 '그 힘'을 경험한 것은 멀리 웨스트버지니아 산맥이 보이는 피츠버그 공항에서였어요. 초청을 받아 그곳에 갔다가 뉴욕으로 돌아오는 비행기를 타려던 참이었어요. 여행은 더할 나위 없이 즐거웠죠. 그런데 나에게 징크스가 있었어요. 좋은 일이 있으면 나쁜 일이 뒤따르곤 했어요. 징크스는 이번에도 피해 가지 않았습니다. 내가 비행기에 탑승하려는 바로 그 순간, 방송이 흘러나왔어요.

"승객 여러분. 뉴욕행 비행기의 출발이 취소됐습니다."

승무원들이 승객들을 비행기 밖으로 내리게 했어요. 승객들의 사나운 본성이 드러났어요. 게이트에 있던 직원을 에워싸고는 따지기 시작했어요. 게이트의 직원으로선 대답할 수 없는 질문들이었지요.

"대체 비행기는 언제 이륙하죠?"

"뉴욕행이 안 된다면, 워싱턴에라도 보내줄 수 없나요? 난 급하단 말이에요."

나는 쓸모없어진 비행기 표를 환불하려고 몰려든 사람들의 북새통에서 이리저리 떠밀렸어요. 누군가의 커다란 여행 가방에 등이 떠밀렸고, 팔은 무엇인가에 부딪혀 멍이 들었어요. 화가 나서 미칠 것만 같았어요. 왜 나에게는 이런 징크스가 그치지 않고 생기는 것일까요? 그때 누군가가 들릴락 말락 한 목소리로 속삭이는 것 같았어요. 하지만 잘 들리지 않았어요. 공항 직원들이 대거 나선 결과, 질서가 잡혔지만 길게 늘어선 줄은 조금도 줄어들지 않았어요. 스피커에서는 똑같은 내용의 방송이 수백 번 반복되고 있었죠. 소리라도 지르고 싶은 심정이었어요.

'당장 출발하지 않으면 방송 사고가 난단 말이야!'

안타까워 발을 동동 굴렀어요. 그때 목소리가 다시 들려왔어요. 이번에는 제대로 들렸습니다.

'데비야. 감사하다고 해야지.'

체념한 채, 그 목소리를 따르기로 결심했어요. 심호흡을 하면서 마음을 가라앉혔습니다. 그러고는 속으로 '감사합니다.'를 되뇌었어요. 우선 갈아탈 수 있는 항공편이라도 있는지 전화로 알아보았어요. 앞에는 회사원들로 보이는 사람들이 있었어요. 그들은 이런 일을 종종 겪은 것 같았습니다. 눈이 마주치자 웃으며 이렇게 말했어요.

"오늘 고생 좀 하겠네요."

하지만 과장해서 말한다면, 줄은 1인치씩 줄어들 뿐이었어요. 비행기 표 환불은 진척이 없었어요. 여기저기서 화난 승객들이 고함을 쳐 댔습니다. 나는 심호흡을 하며 속으로 외쳤어요.

'그래요, 고맙습니다.'

그러나 다시 '대체 무엇이 감사하단 말인가?' 하는 생각이 들었어요. 입술이 파르르 떨렸고, '대체 이런 상황에서 감사라는 것이 가당키나 하단 말인가?' 하는 생각까지 들었죠. 열심히 생각한 끝에 나는 무엇에 감사해야 할지, 한 가지 핑계를 만들어 내는 데 성공했어요.

'좋아요, 감사합니다. 살려 주셔서 고마워요.'

내 차례가 되었습니다. 비행기 표를 환불해 주는 직원들은 험상궂게 몰아세우는 승객들에게 시달려 녹초가 되어 있었어요. 그들이 불쌍해서 한마디 건네지 않을 수 없었죠.

"고마워요. 신속하게 대처해 주셔서. 비행기에 문제가 있는 모양인데 이륙했다가 사고라도 났다면 끔찍했겠지요."

그러자 직원이 반짝 웃어 보이며 말했어요.

"운행이 빨리 정상화되었으면 좋겠네요."

나는 희망을 포기하지 않은 채 다음 비행기를 일단 예약했습니다. 하지만 그 비행기가 제 시각에 뜬다고 해도, 뉴욕의 교통지옥을 감안하면 생방송 시간에 맞출 수 있을지는 미지수였어요. 다음 비행기를 기다리기 위해 이동하는데, 좀 전에 만난 회사원들이 카

페테리아에서 햄버거를 먹고 있는 것이 보였어요. 그들 중 한 명이 친절한 미소를 띠며 말했습니다.

"우리는 지금 막 뉴욕 외곽의 개인 비행장으로 가는 개인 제트기를 예약했어요. 저희랑 같이 가시죠."

나는 당황했어요. 개인 비행기를 태워 주겠다는 제안을 받는 게 결코 흔한 일이 아니니까요.

"세상에, 정말로 친절하신 분이군요. 그렇지만 아마 제 회사에서 좋아하지 않을 것 같아요."

나는 방송국 일로 피츠버그에 간 것이 아니었어요. 그런 상황에서 개인 비행기를 얻어 탄다는 것은 회사의 윤리 규정에 어긋나는 행동이었어요. 만일 방송국 일이었다고 하더라도 회사는 개인 비행기 신세를 지는 것을 용납하지 않을 것 같았어요. 잠시 망설이며 생각했어요. 그들의 호의를 받아들여 개인 비행기를 얻어 탄다면 생방송 시간에 맞춰 도착할 수 있을 것 같았습니다. 그러나 그것은 규정을 어기는 행동이었어요. 규정 위반과 방송 펑크 중에서 어떤 것이 더 큰 잘못인지 따져 보았어요. 그때 갑자기 생각 하나가 스쳐갔어요.

'이런 굉장한 제안은, 혹시 내가 이런 혼란 속에서 감사하는 태도를 가진 것과 무슨 관계가 있는 것은 아닐까? 감사의 힘이라는 게 정말 있단 말인가?'

결국 제안을 절반만 받아들였어요.

"정말 그러고 싶군요. 그런데 마침 뉴욕 근처로 향하는 비행기가 있다는 소식이 있어서요. 그걸 확인하러 가는 중입니다."

그들 중 상사로 보이는 한 명이 걱정스러운 표정으로 말했어요.

"만약 그쪽 비행기가 여의치 않다면 전화를 주세요."

나는 그의 명함을 손에 쥔 채 복도를 뛰듯 걸었어요. 무거운 가방을 끌면서도 발걸음은 무척 가벼웠어요. 생전 처음 보는 사람들이 아무런 대가도 바라지 않고, 도와주겠다고 했지요. 이럴 때 내가 할 수 있는 일은 조금 더 기뻐하는 것이라 생각했어요. 한 번 더 감사할 일이 생긴 셈이죠.

"정말 고마워요. 어쨌든 시간에 맞춰 뉴욕에 갈 수 있을 것 같아요."

나도 모르게 큰 소리로 외쳤어요. 게이트에 도착했을 때에는 완전히 지쳐버렸어요. 게이트가 생각보다 훨씬 멀었어요. 더욱 큰 문제는 비행기에 빈 좌석이 단 하나도 없다는 사실이었습니다. 하지만 이번에는 화가 나지 않았어요. 감사하는 마음을 갖게 된 착한 데보라는 이렇게 생각했습니다.

'그래도 여기까지 와서 좌석이 없다는 것을 알게 되었잖아. 운동도 충분히 했고.'

나는 저린 발을 주무르다 짐을 챙겨 떠나려고 했습니다.

"저 손님, 잠깐만요."

그때 한 승무원이 내게 소리쳤어요.

"공고는 하지 않았지만 곧 뉴욕 인근의 공항으로 가는 또 다른 비행기가 출발할 거예요. 딱 한 자리가 남았다고 하네요."

이런 종류의 일은 결코 내게 일어난 적이 없었어요. 공항의 대혼란 속에서 깜짝 선물을 두 번이나 받다니요. 나는 흥분하기 시작했습니다.

"혹시 지금 장난하는 거 아니죠?"

"아닙니다. 서두르신다면 탑승하실 수 있을 것 같은데요. 제가 전화해서 손님 한 분이 맹렬하게 뛰어가는 중이라고 전할게요. 비행기 문을 닫지 못하게요."

서둘러서 해당 게이트로 이동했습니다. 정말로 비행기 한 대가 이륙하기 직전이었고 빈자리는 딱 한 군데였어요. 다시 한번 '고마워요.'를 외쳤어요. 내 자리는 33D였어요. 통로 가장 끝줄에 있는 자리 말이죠. 그래요. 화장실 옆의 바로 그 자리였어요. 하지만 무슨 상관인가요? 그저 돌아갈 수 있다는 사실에 만족할 따름이었어요. 머리 위 짐칸에 가방을 넣고 있을 때 승무원 한 명이 다가와 말을 건넸어요.

"이런 좌석을 배정해 드려서 죄송해요."

진심으로 미안해하는 그녀의 마음이 느껴졌어요. 그 역시 대혼란의 와중에서 승객들의 거친 항의에 시달렸을 게 틀림없었어요. 그럼에도 고객을 세심하게 배려하는 자세를 잃지 않는 모습이 너무나 아름다웠어요.

"아니에요. 고마워요. 만약 화장실에 안전벨트가 있었다면 화장실에라도 탔을 거에요. 어딜 가든 뉴욕 근처에만 도착하면 상관없어요."

나는 자리에 편안하게 앉아 비로소 길게 한숨을 내쉬었어요. 그리고 그날 있었던 거듭된 행운을 되새겨 보았어요. 호의를 베푼 회사 사원들, 비행기 출발을 지연시켜 준 공항 직원, 친절한 비행기 승무원까지 너무나도 고마운 사람들을 연이어 만난 것이죠. 끔찍할 뻔했던 하루가 극적인 행운으로 반전됐어요. 결론적으로 고마운 사람들이 차례로 등장해 나의 하루를 바꿔 놓은 셈이었어요.

'그런데 이런 행운의 연속을 어떻게 해석해야 할까? 그냥 운이 억세게 좋았기 때문일까? 아니면 감사의 힘이 내게 보답을 한 것일까?'

그런 생각에 빠져 있을 때 불편한 좌석에 대해 정중하게 사과했던 승무원이 다가왔어요.

"손님, 짐을 가지고 저를 따라오세요."

그러더니 나지막한 목소리로 덧붙였다.

"저 앞 일등석에 빈 좌석이 있거든요."

나는 그녀를 따르며 비로소 확신했어요. 이 모든 것들이 단순한 한마디에서 시작됐다는 것을요.

'고마워요[15].'

기도가 신과 사람을 이어주는 도구라면, 감사는 가장 좋은 도구이다. 사실 감사 자체가 가장 훌륭한 기도이다. 어떤 상황에서나 신이 함께한다고 생각하자. 좁은 시야로 사물들만 보지 말고 사물들 사이의 공간도 함께 주시하자. 전체를 보려고 하고 무한한 공간을 의식하면 뇌는 잠잠해지고 깨어날 것이다. 눈에 보이는 것을 그림으로 보지 말고 춤으로 보기를 선택하자. 보는 범위를 넓혀 전체를 보자. 모든 대상을 둘러싸고 있는 공간, 정해지지 않는 무형의 그것이 신일 것이다. 신이 여기에 있다. 존재한다. 느껴 보자. 알아차리자. 그리고 나지막하게 말하자. "하느님, 감사합니다." 그리고 여운과 함께 있자. 그리고 당신 안에서 어떤 일이 일어나는지 느껴 보자. 고요해지고, 감사함이 차오르고, 평화가 느껴진다. 그리고 가슴에서 노래가 흘러나온다. 만물이 당신의 노래를 들을 것이다. 그 노래를 듣고 당신이 바로 신과 함께 있는 사람이라는 것을 알아볼 것이다. 어딜 가나 당신을 알아보고, 당신에게 미소 지을 것이다.

그저 감사한 생각을 하늘로 올려 보내는 것이야말로 가장 완벽한 기도이다.

— 갓필드 에프레임 레싱

지금 이 순간 진정한 감사를 한다면 뇌파는 느려지고 심장은 일관성 있는 심박을 보인다[16]. 사람이 낼 수 있는 가장 아름다운 노래가 흘러나온다. 이 상태가 자신을 사랑하기에 가장 이상적인 상태이다. 감사와 함께 가슴으로부터 노래를 흘러나오게 하는 것은 바로 사랑이다.

사랑은 무엇인가?

8

사랑

사랑

사랑만큼 오해가 많은 단어가 있을까?

사랑은 대상과 자신이 하나임을 알아차릴 때 생기는 느낌이다. 서로 분리된 것이 아니라 나와 같은 속성이 있고, 나와 연결되어 있어서 나의 중심이 대상과 나 사이로 옮겨 갈 때 느낄 수 있는 기쁨이다. 작은 나를 벗어나 더 큰 나로 들어갈 때 느끼는 즐거움이다. 사랑을 느낄 때 나는 대상과 하나이기 때문에 나를 대하듯이 상대방을 정성을 다해 축복할 수 있다. 사랑은 동질감과는 조금 다르다. 같은 입장 같은 처지일 때 동질감을 느낀다. 사랑은 내가 그녀와 하나여서 내가 사라질 때 느끼는 감정이다.

어떻게 하면 대상과 하나라는 인식이 생길까? 있는 그대로 모든 것을 받아들이면 된다. 밝은 면과 어두운 면을 그대로 받아들이면 된다. 나 자신과 상대방을 있는 그대로 받아들인다. 있는 그대로 받아들이면 마음은 이야기를 멈추고 이야기 속의 나는 사라지고 나는 투명해진다. 내 앞의 대상을 있는 그대로 받아들인다면 열쇠와 자물쇠처럼 아귀가 딱 맞게 된다. 딱 맞는 퍼즐처럼 맞물리고, 경계는 사라지고 나도 사라지고 상대방도 사라진다. 그때 나는 그 대상과 같은 진동수로 진동하게 된다. 높고 동일한 진동수로 하나가 되면서 사랑의 상태로 옮겨 간다.

대상과 내가 분리되어 있다는 착각을 깊이 바라보자. 대상은 내가 인식할 때 존재한다. 대상은 내 의식 안에 있다. 대상이 나와 완전히 분리되어 있다면 그 대상을 인식할 수 없다. 불가능하다. 대상은 나와 분리된 존재가 아니라 내 의식 안에 있는 것으로, 내 마음의 한 부분을 비추어 준다. 대상은 내가 인식한다. 나는 누가 인식하는가? 나는 나를 인식할 수 있는가? 나를 포함하는 무언가가 나를 인식한다. 그것은 마음보다 큰 무언가이다. 그 무언가 안에 '내'가 있고 '대상'이 있다. 그 무언가는 또 누가 인식하는가? 이러한 질문은 나를 이야기에서 물러나게 한다. 내가 바라보는 대상, 그리고 나라고 생각했던 이미지는 더 큰 마음의 한 부분이 비친 또 다른 자신이다. 이를 깊이 바라보면 나는 나의 의식 안에서 나의 마음들과 살아간다는 것을 알아차릴 수 있다.

이렇듯 나와 대상은 사실 하나인데, 왜 분리되어 있다고 생각할까? 이야기 속에 있기 때문이다. 이야기에서 벗어나는 것이 왜 어려울까? 이야기 속에 감정이 엉겨 있기 때문이다. 예를 들어 보자. 나의 약점을 건드리며 나에게 모진 말을 한 사람이 있다면 이야기 속에서는 그는 공격자이고 악인이다. 나는 선한 사람이며 희생자이다. 내가 그를 이길 수 있다고 생각하면 분노가 생기고, 그를 이길 수 없다고 생각하면 두려움이 생긴다. 이러한 부정적인 감정이 이야기와 엉겨 붙으면 이야기에서 벗어나기 힘들다. 이야기에서 벗어나려 할수록 감정은 강렬해지고 이야기는 여러 번 재생된다. 이러한 이야기들은 비슷한 이야기들을 끌어당긴다. 이야기에서 벗어나려면 현존하여 감사하는 마음을 회복해야 한다. 감사의 에너지는 엉겨 있는 에너지와 반대의 에너지이다. 두 에너지가 서로 만나 상쇄된다. 어둠이 빛을 만나는 순간 사라지듯이 부정적인 감정은 감사를 만나면 생존할 수 없다. 감사하는 마음으로 나와 대상의 모든 면을 껴안을 수 있을 때 가슴은 사랑을 내뿜기 시작한다.

자기 자신을 사랑하고 존경하라.
자기 자신을 하찮은 사람으로 취급하지 마라.
그런 태도는 자신의 행동과
사고를 옭아매게 한다.
어떤 일을 하더라도 자기 자신을
사랑하는 것에서 시작하라.

지금까지 살아오면서 아직
아무것도 이루지 못하였더라도
자신을 항상 존엄한 인간으로
사랑하고 존경해야 한다.
자기 자신을 사랑하면
결코 악행을 저지르지 않게 되고
타인으로부터 지탄받을
일도 저지르지 않게 된다.
그런 태도가 미래를 꿈꾸는 데 있어
강력한 힘이 된다는 점을 잊지 마라.

― 프리드리히 니체

사랑은 자신을 사랑하는 것부터 시작되어야 한다. 자신을 사랑하지 못하면서 남을 사랑하는 것은 불가능하다. 자신을 사랑하지 못하는 사람은 자신을 있는 그대로 놔둘 수 없다. 오히려 자신을 미워하거나 떠받들게 된다. 자신은 사랑받기에 부족하다고 생각하며 자신을 수치스럽게 여긴다. 부족한 자신을 미워하는 마음이 있다. 자신을 어떻게 해서든 바꾸려고 하거나 숨기려 한다. 이런 상태에서는 남을 사랑할 수 없다. 혹은 자신은 너무나 소중하기에 모든 사람들이 자신을 인정해야 한다고 생각한다. 주변 사람들에게 드러나게 혹은 드러나지 않게 자신을 인정하도록 힘을 행사한다. 사람들을 있는 그대로 받아들이지 못하고 그들에게 압력을 가한다.

이런 상태에서도 남을 사랑하는 것은 불가능하다. 자신을 사랑한다는 것은 자신을 사랑할 수 있는 존재가 된다는 것이다. 자신을 사랑하는 사람은 자신에서 벗어나 있다. 왜냐하면 자신보다 더 큰 존재가 되어야 자신을 사랑할 수 있기 때문이다. 자신보다 더 큰 존재가 된다면 나를 사랑할 수 있고 다른 사람도 사랑할 수 있다.

자신을 그릇된 방법으로 사랑하는 사람은 다른 사람도 뒤틀린 방법으로 사랑한다. 감사에 조건이 없듯, 사랑에도 조건이 없다. 자신의 어떤 부분은 사랑하고 어떤 부분은 사랑하지 않을 수 있을까? 이는 방송 기자들이 우리 집에 왔을 때 예쁜 아이들은 인사시키고 못생긴 아이들은 지하실에 가두는 것과 같다. 이는 꽃을 만드는 일에 성공할 수 있도록 영리한 선택을 하는 것이지 사랑은 아니다. 하지만 많은 사람들이 영리한 것을 사랑이라 생각한다. 예쁜 아이들은 더 예쁘게 꾸며서 사람들에게 자랑하려 하고, 못생긴 아이들은 울음소리가 들리지 않는 깊은 지하실에 가두는 것이 사랑이라고 생각한다. 그래야 기자들이 촬영한 사진에는 밝고 예쁜 모습만 남기 때문이다. 이 사진들은 만들어졌고 조작되었으며 기만되었다. 지하실에는 여전히 울고 있는 아이들이 있다.

이렇게 자신을 대하는 사람은 다른 사람과 사랑을 할 수 없다. 사랑이 아니면서 사랑이라 속이거나 자신도 사랑이라고 잘못 믿으면서 사랑한다. 자신의 행복과 성공에 도움이 되는 무언가를 가진 사람을 만족시키는 것이 사랑이라고 믿는다. 이는 사랑이 아니라 거래이다. 나와 상대방이 함께 꽃을 피우는 것이 아니라 꽃을 만드는 것이다. 시간이 흘러 겉모양만 꽃이었으며 속은 플라스틱과 철사만 있다는 것을 알게 되면 사랑이 변했다고 한다. 예쁜 아이들만 있는 줄 알았는데 지하실 문을 여니 우는 아이들을 발견하고 속았다고 생각한다. 사랑이 변했다고 하지만 처음부터 사랑이 아니었을 것이다. 배신당했다고 하지만 그저 거래가 끝난 것이다.

"자기 자신은, 온 우주의 그 누구만큼, 당신의 사랑과 애정을 받을 자격이 있다."

- 붓다

사랑은 자신부터 사랑할 때 결실을 맺는다. 자신 안에 사랑이 가득 찼을 때, 사랑은 다른 이에게 흘러간다. 자신에 대한 사랑이 없다면 다른 이에 대한 사랑은 쉽게 왜곡된다. 자신에 대한 사랑이 부족하다면 세상을 보는 렌즈는 쉽게 일그러진다. 쉽게 '그림'으로 판단하고 이야기 속에서 갈망할 대상이나 통제할 대상으로 바라보게 된다. 다른 이가 자신을 사랑해 주기를 기다리지 말자. 먼저 자신을 사랑하자. 나 자신은 내가 가장 잘 알고 있다. 자신을 사랑한다는 것은 어두운 면과 밝은 면을 모두 사랑한다는 것이다. 어둠과 밝음을 모두 수용하는 것이다. 나의 어두운 면을 사랑한다는 것은 무엇인가? 순수하고 온전한 아이들은 그 자체가 밝음이다. 어른으로 자라면서 반복된 생각들과 어두운 감정들이 엉기면서 이야기들이 생기고 내면에 자리 잡게 된다. 어린 시절 누군가 아이의 어떤 면을 부끄럽게 여기면 아이는 수치심을 배우게 되고 그 일이 반복된다면 자신의 어떤 면을 부끄럽거나 죄스러운 것으로 여기게 된다. 아이에게 영향을 준 어른은 이제 곁에 없지만, 특정 생각과 수치심이 엉겨 붙은 이야기는 스스로 움직이게 되고 작은 계기에도 이야기는 재생된다. 유사한 방식으로 두려움을 품은 이야기, 분노를 품은 이야기, 질투를 품은 이야기들이 몇 개씩 혹은 수십 개씩 생긴다. 이러한 이야기는 마치 태엽이 감긴 장난감 같기 때문에 '태엽'이라 부르자. '태엽'은 반복된 이야기와 특정 감정이 엉겨 있는 것을 말한다. 이 태엽은 각각의 고유한 생명력이 있는 것 같다. 자아도 있는 것 같다. 어떤 저자들은 이를 '내면의 아이', '그림자'라고 표현한다. 어떤 태엽은 단지 성가시게 하는 장난감 같지만, 어떤 태엽은 시한폭탄과 같이 무서운 것도 있다. 이 시한폭탄이 어떤 계기로 태엽이 풀리면서 움직이게 되면 여기에 휘둘려 돌이킬 수 없는 사고가 생기기도 한다. 이 시한폭탄과 같은 태엽이 인간관계를 파괴하고 결혼생활을 파탄 낸다. 피할 수 있었던 사고를 피하지 못해 몸을 다치게 하고, 면역계를 약하게 하고, 내분비계와 신경계를 교란시켜 건강을 잃게 한다. 이 태엽을 알아차리지 못하면 이 태엽에 휘둘리게 되고, 결국 그것이 일으키는 감정에 반응하게 된다. 만약 그 감정이 수치심이라면 지금 다시 수치스러워하며 자신을 숨기려 한다. 분노라면 지금 분노를 풀 사람을 찾게 된다. 만일 이 태엽을 알아차린다고 하여도 이를 제대로 다룰 수 있는 사람은 많지 않다.

많은 사람들이 사용하는 방법은 억누르거나 무시하거나 다른 사람 탓으로 돌리는 것이다. 이는 모두 사랑이 아니라 통제하는 것이다.

나의 어두운 면을 사랑한다는 것은 어두운 부분을 억압하는 것도, 회피하는 것도, 모른 척하는 것도, 남 탓을 하는 것도 아니다. 그저 있는 그대로 바라보는 것이다. 오히려 환영하고 받아들이고 온전히 느껴 주는 것을 말한다. 나를 사랑한다는 것은 나를 온전히 바라보는 것이다. 모든 면을 받아들인다는 것이다. 이는 나를 알아가는 과정이기도 하다. 내가 어떤 사람이 될까 두려워하는지, 어떤 사람인 척하는지도 알아챈다는 것이다. 그리고 문제 아래에 숨겨진 두려움과 분노도 가만히 지켜본다는 것이다. 자신 안에 우는 아이를 알아차리면 무시하지 말자. 지하실에 가두지 말자. 우는 아이는 울게 내버려 두면서 그 원인을 다른 사람 때문이라고, 그 상황 탓이라고 분노하지 말자. 우는 아이를 알아차리고 그 아이를 이루고 있는 이야기와 감정을 바라보고, 이해해 주고, 감정을 느끼자. 그럼 그 아이는 울음을 그치고 예상 못한 선물을 줄 것이다. 우는 아이를 가두지 않고 다그치지 않고 변화하기를 바라지 않고 그대로 인정하고 사랑한다면 그 아이는 본 보습을 드러낼 것이다. 그 아이가 보석임을 알게 될 것이다. 그 아이가 소망을 이루어주는 열쇠를 가지고 있다.

많은 문제의 근원은 다른 사람인 척하는 것이다. 평화롭지 않을 때 다음과 같이 물어보자. "나는 지금 누구인 척하는 거지?" 그 질문은 많은 경우에 홀가분함을 준다. 내가 다른 사람인 척하는 것을 알아차리면 자유로워진다. 다음과 같은 질문도 큰 도움이 된다. "나는 내가 어떤 사람으로 밝혀질까 봐 두려워하는 것일까?"

나를 사랑한다는 것은 온전히 나 자신이 된다는 것이다. 그녀를 사랑한다는 것은 그녀가 온전히 그녀 자신이 될 수 있도록 해 주는 것이다. 나를 사랑하는 것은 더 나은 내가 된 척하는 것이 아니다. 그녀를 사랑하는 것은 내가 그녀처럼 되는 것을 말하는 것도 아니고, 그녀를 나처럼 만들려고 하는 것도 아니다. 이미 서로가 온전하다는 것을 깨달으면 다른 사람이 되려 하지 않는다. 다른 사람이 되려고 하면 어긋난다. 각자가 모두 고유하고 완벽한 퍼즐 조각이다. 온전히 자기 자신이 된다면 모든 퍼즐이 다 맞게 되어 경계는 사라지고 완전한 하나가 될 것이다.

사랑이란 주의를 열고 경험 속에서 자신을 잃어버리는 것이다.
- 『오픈포커스 브레인』

자신을 제대로 사랑하면 역설적으로 자신은 사라진다. 자신의 어두운 면과 밝은 면을 모두 사랑하면 자신은 투명해지고 경계는 확장된다. 자신이라고 생각하는 어떤 이야기 속의 '나', 에너지 집합체(ego, 작은 자아)의 생존에 집착하는 것은 사랑이 아니다. 어두운 면은 감추고 소망을 이룰 수 있도록 주위를 통제하면서 힘을 행사하는 것은 사랑이 아니다. 통제하면 자신과 남의 경계는 더 공고해지고 에고는 커진다.

세수할 때, 샤워할 때, 길을 걷다가 거울을 볼 때도 자신의 눈을 보고 이야기하자.

"나는 나를 있는 그대로 사랑한다. 무조건 사랑한다. 항상 사랑한다."

나를 사랑한다는 것은 나의 온전함을 믿지만, 이 순간 특정 결과를 기대하는 것은 아니다. 내가 영혼이며 이미 온전하다는 것을 믿지만 이 순간 특정 결과를 의도하는 것은 아니다. 어떤 결과에 대해서도 비난하지 않는다는 의미이다. 조건을 보고 사랑을 거두어 들이지 않는다. 드라마 속의 역할로 낙인찍지 않는다. 자신을 비난하지 않는다는 것이 자신이 항상 옳다는 뜻은 아니다. 사랑의 상태에서 온전히 책임을 진다는 것이다. 이 경험과 관련하여 자신에게 책임이 있음을 인정하고 지금 할 수 있는 일을 한다는 의미이다. 자신을 비난하는 것은 많은 질병과 사건의 원인이다. 자신을 살펴보고 높은 에너지로 감싸 안는 것은 많은 문제의 해결책이다.

꽃이 잘 만들어져 아주 성공한 것처럼 보여도 꽃피움을 통한 것이 아니면 공허하다. 누구보다 강하고 남을 통제할 수 있는 능력이 있다고 하여도 사랑이 없다면 정교하고 튼튼한 감옥을 만든 것과 다르지 않다. 금으로 만든 넓은 감옥 안에서 그는 자가용 비행기를 타고 다니고 많은 힘을 행사하겠지만, 표정은 무표정하고 가슴에서는 어떤 노래도 흘러나오지 않는다. 이야기 속에서 승리자, 권력가, 재력가가 되어 사회의 모든 방면에 영향력을 미쳐도 꽃피움은 아니다. 그곳에는 사랑이 없다.

내가 예언하는 능력이 있고 모든 신비와 모든 지식을 깨닫고 산을 옮길 수 있는 큰 믿음이 있다 하여도 나에게 사랑이 없으면 나는 아무것도 아닙니다.

– 고린도전서 13:2

사랑이 가슴에서 흘러나오게 하려면 사랑하는 척하는 것을 경계해야 한다. 사랑에 반하는 낮은 에너지와 통제하려는 의도를 알아차리기만 하고, 변화시키려 하지 않고 함께 머문다면 저절로 자유로워질 것이다. 사랑은 대상과 내가 하나라고 느낄 때 흘러나오는 감정이다. 아무리 좋은 일을 한다고 하여도 상대방을 나와 다른 낙오자나 실패자라고 여기고 자신을 구원자로 여긴 상태에서 봉사를 한다면 그것은 사랑과 관계없는 행동이다. 자신을 우월하거나 더 성공한 사람으로 보이고 싶어 하는 사람은 도움을 받을 낙오자나 실패자가 필요하다. 이는 상대방을 자신의 목적을 위해 이용한 것이지 사랑과는 관계없다. 내가 만일 먼 미래에서 다시 이곳에 왔다고 생각해 보자. 지금 내 앞에 과거의 내가 있다. 나는 그에게 어떻게 할 것인가? 나는 그에게 내가 알고 있는 최고의 지혜를 줄 것이고, 내가 아는 최선의 도움을 줄 것이다. 그를 바로 나라고 여길 때 사랑으로 행하게 된다. 부처는 모든 중생이 부처임을 알기에 사랑으로 대한다. 모두 각자가 그 순간의 자신의 처지와 지혜에 따라 최선을 다해 제 역할을 하고 있음을 알아차릴 때 사랑의 상태에 있게 된다. 말 그대로 하나인 것을 알고 거기에 맞게 영감에 따라 가장 도움이 되는 일을 자연스럽게 행하게 될 것이다. 어제의 당신은 당신이 아니다. 지금 바로 당신 앞에 있는 사람이 바로 당신이다.

사랑을 하기 위해, 득도를 하기 위해 홀로 산속에 갈 필요 없다. 우리는 살면서 언뜻언뜻 서로 하나임을 느낀다. 같은 풍경을 보고 같은 감정을 느낄 때 하나임을 느낀다. 아무도 보는 사람이 없지만, 그리고 나에게 아무런 이익도 없지만 남모르는 친절을 베풀기도 한다. 사랑은 친절과 항상 같이 다닌다. 보살핌, 정성과 함께 다닌다. 무거운 짐을 들고 가는 사람을 볼 때 마음이 재잘거리기 전 잠깐의 찰나 도와주고 싶은 마음이 일어난다. 내가 그 짐을 들어줄 수 있다는 것을 알고, 내가 짐을 나누어 들면 그 사람이 한결 수월하다는 것을 안다. 도와주고 싶은 마음이 들 때 바로 친절을 베풀자. 그 잠깐의 시간이 지나가면 마음은 여러 말을 한다. "지금은 바빠. 그 사람을 도울 시간에 다른 무언가를 하는 것이 나아. 그 사람을 돕는다고 해서 어떤 이득이 있을 것 같지는 않아."

다른 사람을 볼 때 그를 나 자신이라고 생각하자. 나는 미래에서 온 사람이고, 앞에 있는 사람은 바로 나 자신이라고 생각하자. 혹은 내 마음의 어떤 부분이 드러나면서 보인 사람이라고 생각하자. 그를 나를 비추는 거울이라고 생각하자. 이렇게 생각했을 때 어떤 친절을 베풀고자 하는 충동이 들면 그 충동에 따르자. 자신은 희생하면서 다른 사람에게 이익을 주는 것은 사랑이 아니다. 나와 내 앞에 있는 그녀를 똑같이 보고 공정하게 대할 때 지혜로우면서도 사랑의 상태에 있게 된다. 그녀를 소중하게 여기고 고마운 마음이 생긴다. 그녀가 내 이익에 도움이 되기 때문이 아니라 바로 나 자신이기 때문에 축복하는 것이다. 그 대상과 내가 하나임을 알아주는 것이다. 그 대상의 어두운 면과 밝은 면을 있는 그대로 수용하는 것이다. 비(非)사랑 감정은 안아 주고, 소망은 이룰 수 있다고 믿어 주는 것이다. 기대하지 않는 것이다. 이미 온전함을 믿어 주는 것이다. 정성을 더할 뿐이다.

사랑은 어떻게 사람을 변화시키는가? 직장 상사와 갈등을 겪었던 한 남자의 이야기를 들어보자.

● 제 상사는 엄격한 분이었습니다. 그분은 저에게 많은 일을 맡겼습니다. 당시 저는 성실하다고 자부했지만, 그 많은 일을 다 하기에는 역부족이었습니다. 업무를 보고하면 늘 혼나곤 했습니다. 저를 싫어하신다고 생각했습니다. 어떤 일을 맡았을 때 결코 포기하거나 그만둔 적이 없었는데, 직장을 그만두고 싶다는 생각을 처음 했습니다. 아내와 상의하니 그렇게 힘들면 그만두라고 했습니다. 동료들에게도 그만두겠다고 했습니다. 다른 파트의 상사 분들에게도 너무 힘들어서 그만두고 싶다고 이야기했습니다. 사표를 내기 며칠 전, 힘들 때마다 보았던 책을 다시 보았습니다. 그 책에는 모든 사람들은 마음속 깊은 곳에서 서로 연결되어 있으며 마음속에서 상대방을 용서하거나 축복하면 관계에 변화가 생긴다고 했습니다. 저는 눈을 감고 상사의 마음속에 어린아이가 있다

고 생각했습니다. 그분도 기쁨을 원하고 고통을 피하고 싶어 하는 어느 사람과 같았습니다. 상사를 축복했습니다. 그 사람이 행복하기를 바랐습니다. 관계에 대해 돌아볼 수 있는 이 기회에 감사했습니다. 다음 날 상사는 저를 불렀습니다. 그리고 웃는 얼굴로 이번 출장으로 스페인에 가게 되었는데, 함께 가지 않겠느냐고 제안하셨습니다. 스페인으로의 출장은 정말 좋았습니다. 바쁘기만 했던 직장에서 벗어나 삶을 새로운 맥락으로 바라볼 수 있었습니다. 힘든 이 시기는 삶의 전체를 놓고 보았을 때 필요한 부분이었습니다. 상처받았던 마음도 치유되었습니다. 스페인에서 돌아온 후 평온한 마음을 유지할 수 있었습니다. 그 후 상사와의 갈등도 훨씬 줄어들었습니다. 어려운 일이 있어도 그만둔다는 생각은 하지 않고 약속한 기한을 무탈하게 마칠 수 있었습니다[17].

모든 사람은 깊은 차원에서 서로 연결되어 있다. 상대방에게 보내는 사랑은 어떤 규제나 통제보다 효과적이다. 사랑은 축복을 포함한다. 그가 나 자신이기 때문에 그의 행복을 기원한다. 그가 기쁘기를 바란다. 사랑과 축복은 어떻게 상황을 변화시킬까? 바바라 버거의 말을 들어 보자. (『힘들고 지칠 때 유쾌하게 힘을 얻는 법』에서 인용함. 미주 참조.)

●   내 아들이 발에 문제가 생겨 전문 병원을 다니고 있었죠. 어느 날 집에 돌아온 아들 녀석은 그 병원이 사람을 치료

하는 곳이라기보다는 시끌벅적한 시장바닥 같다고 푸념을 늘어놓았어요. 진료 차례가 오려면 한나절을 기다려야 하고 막상 차례가 와도 의사들은 환자와 차분히 얘기하지도 않고 어떤 처방을 내렸는지조차 말해 주지 않는다는 것입니다. 그 말을 듣고서 나는 다음번에는 병원에 가기 전에 의사와 병원을 애정으로 축복하고, 마땅히 그래야만 한다고 생각하는 병원의 모습과 진찰 방식을 시각화하라고 권해 주었어요. 또한 아들에게 병원에 있는 동안 의사와 간호사를 축복하면서 이 사람들이 환자들을 돕기 위해 얼마나 자신들의 삶을 헌신하고 있는지와 우리가 그들의 노고와 봉사에 얼마나 고마워해야 하는지를 생각해 보라고 일렀습니다. 얼마 후 병원을 다녀온 아들은 이렇게 말했어요.

"정말 신기해요! 무엇보다도 병원에 도착해서 전혀 기다리지를 않았어요. 그리고 제가 의사와 간호사를 계속 축복하고 있을 때 모두들 나에게 친절하게 대해 주었어요. 누구나 미소를 지었고 아주 다정했어요. 그리고 이번에는 의사 선생님이 충분한 시간을 내어 치료 과정을 세세하게 설명해 주고 앞으로 몇 번을 더 치료해야 하는지도 말해 주는 거였어요[18]."

사랑은 시간 너머에 있으며 시간을 이긴다. 사랑은 물처럼 부드럽다. 그 대상과 내가 하나임을 알아주는 것이 사랑이다. 그 대상의 어두운 면과 밝은 면을 있는 그대로 수용하는 것이다. 그녀가 바로 나이기에 질투심은 생길 수 없다. 내 스스로 하는 것이 아니므로 자랑할 것도 없다. 신과 함께 하는 것이므로 겸허해진다. 내 앞에 있는 사람을 소중하게 여기고 고마운 마음을 가지는 것이다. 통제할 대상이 아니며 이미 온전하기 때문에 화낼 필요 없다. 그녀는 나를 비추는 거울이므로 선악을 떠나 있다. 하나라는 인식이 진리이며 기쁨의 상태에 머물게 된다. 모든 것을 받아들이며, 내밀한 모든 소망이 이루어지며, 모든 것을 이겨낼 수 있다. 꽃을 만드는 삶은 어느새 시들지만 사랑은 영원히 꽃을 피운다.

사랑은 참고 기다립니다. 사랑은 친절합니다. 사랑은 시기하지 않고 뽐내지 않으며 교만하지 않습니다. 사랑은 무례하지 않고 자기 이익을 추구하지 않으며 성을 내지 않고 앙심을 품지 않습니다. 사랑은 불의에 기뻐하지 않고 진실을 두고 함께 기뻐합니다. 사랑은 모든 것을 덮어 주고 모든 것을 믿으며 모든 것을 바라고 모든 것을 견디어 냅니다. 사랑은 언제까지나 스러지지 않습니다. 예언도 없어지고 신령한 언어도 그치고 지식도 없어집니다.

— 고린도전서 13:4-8

자신을 사랑할 때 내면에서 자신과 대화하는 것이 도움이 된다. 예를 들어 보자. 마음이 평안하지 않고 불편할 때면 내면을 들여다본다. 다음과 같이 내면에서 자신과 대화를 해 보자.

1. 사랑: 알아차리고 높은 에너지로 감싸 안기

먼저 감정을 알아차린다. 대부분 두려움 혹은 분노일 것이다.

"아무개야, 내 안에 두려움이 있는 것 같아. 무엇이 두렵니?" (내면에서 답이 떠오르길 기다린다.)

"너는 이 일의 결과가 좋지 못하면 실패자로 여겨질까 봐 무서운 거지?" (이 말이 맞다면 자기 자신은 느낌으로 알 수 있다.)

"그런 일이 일어나도 괜찮아. 어떤 경우에도 사랑해. 정말 사랑해." (이 일의 결과가 좋을 거라고 자신을 설득하지 않는다.)

"우리 두려움과 잠시 그냥 함께 있자. 무서워하는 아이와 함께 있자." (두려워하는 감정을 그저 느끼자. 무시하지도 변화시키려 하지도 않는다. 상상 속에서 그 감정을 어린아이로 보고 살포시 안아 주어도 된다. 두려움이 아니라 분노라 해도 같은 방법으로 할 수 있다.)

2. 용서 구하기: "네가 예전에 실패했을 때 너를 사랑하지 못해서 미안해. 그때는 너를 사랑하는 방법을 몰랐어."

3. 용서하기: "네가 이전에 한 실수와 실패들은 지금은 괜찮아. 나는 다 용서했어."

4. 감사하기: "아무개야, 지금까지 잘 견딘 것만 해도 고마워. 하느님, 함께해 주셔서 감사합니다. 지금은 알지 못하는 보물에 감사합니다."

진심으로 자신과 이 대화를 하면 감정이 비워지고 정화되고 마음이 평화로워진다. 자신과 화해를 하고 꽃피우는 삶이 시작된다.

자신을 진정으로 사랑한다면 상처는 아물고 평화로움이 흘러나온다. 그리고 자신을 사랑하듯이 남도 사랑할 수 있다. 어떤 어려운 일 속에서도 서로의 사랑을 느낄 수 있다. 이 사랑은 시간을 이겨 내고, 처한 상황과 관계없이 눈부시게 빛난다.

사랑은 자신의 어두운 면뿐만 아니라 밝은 면을 있는 그대로 받아들이는 것이다. 그리고 자신을 축복하는 것도 사랑이다. 어떻게 축복하는가? 자신에게는 밝은 면이 있다. 욕구라는 이름으로 반짝거리는 무언가가 있다. 그 반짝거리는 것을 알아차려서 그림을 그리는 차원으로 들어가는 것이 축복이다. 그 원석에 숨어 있는 별을 하늘 높이 걸어 두는 일이 '상상(想像)'이다.

상상한다는 것은 정말 무엇을 말하는 것일까?

9

상상

상상

상상(想像)은 의식적으로 소망하는 바를 그리는 것이다.

상상은 현존하기 위해 인간이 할 수 있는 네 가지 보물 중 하나이다. 네 가지 보물이라는 것은 사람이 할 수 있다는 의미이다. 현존과 같은 높은 진동수를 낼 수 있는 방법이라는 뜻이다. 상상은 그림을 그리는 차원에서 현존할 수 있도록 도와주는 보물이다.

무엇을 상상해야 할까? 소망을 상상한다. 자신이 두려워하는 것이 아니라 소망을 상상해야 한다. 소망을 어떻게 알 수 있을까? 자신을 사랑할 때 알 수 있다. 자신을 사랑한다는 것은 자신을 잘 알아차린다는 의미이다. 자신의 욕구를 잘 알아차려야 한다. 욕구는 신, 현존, 진리만큼이나 중요하다. 현존과 깨달음은 욕구를 버리는 것이 아니다. 욕구를 소중하게 여기고 인정하는 것이다. 욕망과 욕구는 다르다. 욕망의 핵심 신념은 '충분하지 않다'이다. 욕망의 핵심 감정은 '결핍감'이다. 원하는 것들이 있지만 마음속의 목소리는 이루어지기 어렵다고 속삭인다. 이를 해결하고자 주변 상황을 통제하려고 한다. 감사하는 마음이 없다. 원망이 그 첫 단추이다. 그 뒤로는 계속 어긋나기 시작한다. 꽃을 만드는 삶이 시작된다. 욕망은 집착과 따라다닌다. 상황을 원하는 그림으로 만들기 위해 꾸미려고 한다. 꽃 만들기가 잘 안 되어도 문제이고, 잘 되어도 문제가 생긴다. 상황이 잘 꾸며지지 않으면 분노가 생긴다. 잘 꾸며지면 그림이 변할까 두려움이 생긴다.

욕구는 바라는 일이다. 소망의 씨앗이 된다. 욕구가 없으면 소망도 없고 결실도 없다. 욕구가 있다면 반겨야 한다. 욕구를 소중하게 대하면 자신의 소망을 알 수 있다. 소망을 알게 되면 상상할 수 있다. 충분히 고요해진 상태에서 자신만의 화실에 들어갈 수 있다. 그곳에서 상상을 하면 그림을 그리는 차원에서 현존이 이루어진다. 그 상상에 따라 접혀 있던 세상이 드러난다. 삶의 방향이 정해진다. 의식적으로 상상하지 않으면 다른 사람이 주입한 그림이나 원치 않은 그림이 화실에 걸린다. 그 그림에 따라 삶이 흘러간다는 것은 비극이다. 원치 않는 방향으로 흘러가는 삶 속에서 소망하는 바를 이루려고 한다면 흐름을 거슬러 가야 한다. 매우 어려운 일이다. 힘겨운 삶이다.

욕망과 욕구의 차이를 안다면 욕구를 춤추는 차원에서 이루려고 애쓰지 않을 것이다. 욕망은 자신의 욕구를 자신만의 내밀한 화실에 걸어 두는 법을 모를 때 생긴다. 꽃피움으로 소망이 이루어진다는 믿음이 없기에 눈앞에 보이는 삶을 꾸미려고 한다. 식당에서 주방장에게 주문을 넣지 않고 테이블과 의자와 메뉴판을 톱으로 자르고 다듬어 음식 모양을 만드는 것과 같다. 하지만 욕망의 폐해를 알게 되어 욕구까지 없애려고 한다면 불이 위험하다고 세상의 모든 불을 없애려고 하는 것과 같다. 잡초를 뽑느라 고생한 후 어떤 씨앗도 뿌리지 않으려고 하는 농부와 같다.

욕구를 어떻게 찾을 수 있을까?

오늘 하루 어떤 일 때문에 기분이 좋지 않았다면 자신에게 물어보자. "이 일로 나는 어떤 사람으로 밝혀지게 될까? 어떤 사람이 되길래 이렇게 기분이 좋지 않을까?" 예를 들어 보자. 돈이 부족하여 하고 싶은 일을 못했을 때 기분이 좋지 않았다. 나는 내가 가난한 사람이 되었을 때 절망감이 들었다. 자유롭지 않을 때, 하고 싶은 일을 못 할 때 답답함을 느꼈다. 이때 나의 욕구는 풍요로움과 자유로움을 느끼고 싶은 것이다. 욕구를 발견하면 소망으로 바꾸는 작업을 할 수 있다. 하고 싶은 일을 하는 데 제약이 없을 만큼 부자가 되기로 한다. 욕구를 알아차리면 이를 증명할 수 있는 '상징(symbol)'이 필요하다. 부를 증명할 수 있는 상징으로 충분히 많은 은행계좌 잔고와 훌륭한 집을 선택할 수 있다. 상상할 거리가 결정된다.

기분이 좋은 일이 있었다면 자신에게 물어보자. "이 일은 내가 어떤 사람이라는 점을 보여 주길래 이렇게 기분이 좋을까?" 오늘 나는 누군가에게 작은 친절을 베풀었다. 그는 매우 고마워했다. 나는 충만감과 행복감을 느꼈다. 내게는 누군가에게 도움을 줄 수 있는 가치 있는 사람이 되고자 하는 욕구가 있다는 것을 알게 되었다. 나는 이 욕구를 소망으로 바꾸기로 한다. 내가 잘할수록 다른 사람의 삶도 좋은 쪽으로 바뀌는 직업을 찾아보았다. 그 직업이 나의 욕구를 위한 '상징'이 되었다. 고요한 상태에서 그 일을 하는 자신을 상상할 수 있다. 이러한 작업을 삶의 전 분야에 걸쳐 할 수 있다.

소망화는 욕구를 자신만의 상징으로 만드는 과정이다. 건강에 대한 욕구의 상징은 밝은 시력과 강한 활력이다. 풍요에 대한 욕구를 소망화한다면 쉽게 갖기 어려워 보이는 집과 여러 자산이 상징이 될 것이다. 누군가와 함께하고픈 욕구를 소망으로 바꾸면 이상적인 배우자나 친구를 만나는 것이 상징이 될 것이다. 이러한 상징은 모두 내가 누구인지를 드러내 준다. 건강한 자신과 풍요로운 자신과 사랑스러운 자신을 드러내 준다. 가장 근원적인 욕구는 나 자신의 존재 상태이다.

상상은 그 자체로 현실이다. 눈앞에 있는 탁자만큼이나 현실이다. 상상한 것은 이미 이루어져 있다. 다른 차원에 있어 아직 만나지 못했을 뿐이다. 상상과 물질계는 서로 이어져 있다. 상상이 방송국이라면 물질계는 텔레비전과 같다. 방송국에서 촬영을 하고 전파로 신호를 바꾸어 전송한다. 그 진동수에 채널을 맞추면 원하는 방송이 나온다. 다른 채널에 맞추면 다른 방송이 나온다. 원하는 방송이 나오지 않는다는 것이 원하는 영상이 없다는 것을 의미하지는 않는다. 채널을 맞추지 못했을 뿐이다. 눈을 감고 상상할 때의 고양된 진동수와 현재의 진동수가 일치하면 눈을 뜨고서도 상상한 바를 볼 수 있다. 눈앞의 모습이 마음에 들지 않으면 방송국에서 원하는 상황을 다시 새롭게 촬영하면 된다. 텔레비전에 나오는 영상을 바꾸려 해서는 안 된다.

머리에 떠올린다고 해서 모두 그림의 차원에서 현존은 아니다. 그림의 내용과 그림을 접하는 마음의 상태가 중요하다. 현존 상태에서 그림을 그릴 때는 자신의 욕구를 정확하게 상징화해서 그린다. 그리고 그 그림을 사랑한다. 그림이 이미 이루어졌다는 것을 느끼고 미리 감사하고 그 그림 속으로 들어간다.

하지만 많은 사람들이 욕구가 아닌 두려움을 상징화한다. 일어나지 않았으면 하는 일을 머릿속에 일부러 떠올리고, 미리 두려워하고, 미리 화낸다. 그리고 그 일을 실현한다.

또 어떤 사람들은 욕구를 잘 상징화하여 그림을 그리지만, 그림을 사랑하지 않고, 감사하지 않고, 그림이 실현될 리 없다고 생각한다. 그림의 중심에는 자신이 아닌 다른 사람이 들어 있다. 자신은 그림 밖에서 그림을 바라보며 질투심과 분노, 초조함을 느낀다. 그리고 현실에서도 소망을 이룰 기회를 눈앞에서 놓친다.

현재 우리의 모습은 과거에 우리가 했던 생각의 결과다.

- 붓다

우리가 이전에 상상한 모습이 지금 우리가 보는 모습이다. 상상이 얼마나 빠르게 실현되는지는, 상상한 바를 얼마나 허용하는지에 따라 달라진다. 얼마나 더 진심으로 춤을 추는지에 따라 달라진다.

상상은 꽃피움의 중요한 부분이다. 상상은 현실에서 이탈되는 상태가 아니다. 그림의 차원에서 현존하려면 몸은 충분히 이완해야 하고 뇌파는 충분히 느려져야 한다. 호흡을 따라가며 몸을 이완한다. 몸의 중심축을 의식하고 목과 허리를 바로 세우고 연필을 책상 위에 세우듯이 중심을 잡는다. 중심 중의 중심을 의식하고, 중심에서 먼 부위는 최대한 힘을 뺀다. 숨을 들이마셨다가 내쉬면서 숨을 따라간다. 숨을 들이쉴 때는 코의 뒷부분이 시원해짐을 알아차리고, 숨을 내쉴 때는 코의 앞부분이 따뜻해지는 것을 알아차린다. 들어오는 숨과 나가는 숨이 신의 손길이라 생각하자. 호흡을 통제하지 말고 숨을 따라가기만 하자. 내쉴 때마다 몸을 부드럽게 한다. 현존에 가장 가까운 무형의 공간을 바라본다. 마음의 눈으로 머릿속 공간을 바라보거나 무한한 우주를 바라본다. 충분히 이완하고 충분히 뇌파가 느려졌으면 자신만의 화실에 들어가게 된다. 화실에서는 자신의 욕구를 상징화한다. 가장 개인적이고 가장 솔직한 마음으로 신중하게 그림을 그린다. 자신의 갤러리에 그림을 올려 둔다. 생생하게 상상하고 오감으로 느낀다. 너무나 생생해서 지금 이루어진 것처럼 자연스럽게 느껴질 때까지 상상한다. 만일 이미 이루어진 것처럼 상상했다면 황홀한 감정이 우러나올 것이다. 감사함이 솟아오를 것이다. 이미 이루어졌기 때문에 집착이 사라진다. 욕구도 사라진다. 이 순간 그림의 차원에서 나의 욕구와 나의 상징과 나의 인식과 나의 감정이 모두 조화를 이루었고, 나는 그림의 차원에서 현존을 이루었다. 의식적으로 상상을 통해 현존한 사람들이 있다. 풍요로움, 건강, 인간관계, 성공에 대한 욕구는 다양하지만 과정은 같다. 조 디스펜자는 건강과 관련한 상상을 했고, 그 과정을 상세하게 풀어내었다. 그의 이야기는 상상에 대한 원형이 될 수 있다. 조 디스펜자는 뉴저지 뉴 브런즈윅의 러트거스 대학에서 생화학을 전공했다. 애틀랜타의 라이프 대학에서 카이로프랙틱 박사학위를 받았다. 1986년 23세의 나이에 철인 3종 경기에 참가했다. 경기는 남부 캘리포니아 팜스프링스(Palm Springs)에서 열렸다. 수영 레이스를 마치고 사이클을 시작했을 때였다. 모퉁이에서 두 명의 선수를 제쳤을 때 시속 90킬로미터로 달려오는 SUV 차량이 그의 뒤를 강타했다. 그 사고로 흉추 8, 9, 10, 11, 12번과 요추 1번, 총 여섯 군데의 척추가 부러졌다. 의사들은 정밀 검사 이후 해링턴 로드라는 철심을 척추에 심는 수술을 받지 않으면 평생 전신마비가 될 가능성이 높다는 소견을 내었다. 하지만 그는 회복을 돕는 지성이 우리 몸속에 있다고 여겼다. 그 지성이 2개의 세포에서 100조 개의 분화된 세포들을 만든다. 심장을 매일 수십만 번 뛰게 한다. 매초 세포마다 수십만 개의 화학 반응을 일으키게 한다. 그 지성이 자신의 부서진 척추를 치유할 것이라 생각했다. 『당신이 플라시보다』책에 실린 그의 이야기를 축약하여 옮겨 보겠다. (미주 참조.)

- 나는 하루에 두 번 내면으로 들어가 바라는 결과에 대한 그림을 그렸다. 완전히 치유된 척추를 세세하게 그렸다. 건강한 척추를 가지고 살아가는 모습을 생생하게 그렸다. 상상을 하는 도중에 여러 잡념이 생겼다. 다시는 걸을 수 없을 것이라는 의사의 말에 마음이 흔들렸다. 휠체어에 앉아 있는 모습도 떠올랐다. 마음이 산만해질 때마다 처음부터 다시 상상했다. 지루한 작업이었고 계속 좌절하곤 했다. 내가 해 온 어떤 일보다도 힘들었다. 하지만 몸 안의 지성이 알아보려면 최종 그림이 깨끗하고 명확해야 한다고 생각했다. 그렇게 상상하는 일에 전념했다. 6주가 지나자 중간에 멈춤 없이 내가 온전하게 나은 모습을 상상할 수 있었다. 그 일을 처음으로 해냈던 날은 테니스를 칠 때 공이 정확하게 맞았을 때의 느낌과 비슷했다. 무언가 이루어졌다는 느낌이 들었다. 무언가 딸깍하고 분명해진 느낌이 들었다. 몸과 마음이 깨어 있었고 편안했다. 마음은 고요했다. 분석도 생각도 없었다. 집착하지 않았다. 평화와 고요가 가득해졌다. 사고 후 9주 반이 지났을 때 나는 일어났다. 일상으로 돌아왔고, 철심을 넣는 수술도 받지 않았다. 완전히 회복되었다[19].

우리 몸 안에는 회복을 이루게 하는 훌륭한 의사가 있다.
우리 내면에는 우리의 소망을 이루게 하는 지니(Genie)가 있다.

 내밀한 화실에 들어갈 수 있다면, 상상이라는 보물을 통해 이 의사와 지니에게 우리의 그림을 보여 줄 수 있다면, 우리는 회복하고 소망을 이룰 수 있을 것이다.

 알아차림, 감사, 사랑, 상상은 사람으로서 선택할 수 있는 네 가지 보물이다. 네 가지 보물로 예(藝, ART)를 행할 수 있다. 알아차림과 감사, 사랑, 그리고 상상을 선택하는 것이 꽃피우는 삶을 위한 고귀한 법칙이다. 이 순간 신과 자신을 알아차리고 현존과 같은 진동수의 에너지로 감싸 안으면 진정한 변화가 일어난다. 이 법칙은 손상된 마음과 몸을 회복하는 비결이기도 하다.

 회복은 어떻게 이루어지는가?

10

회복

회복

회복은 본모습으로 되돌아가는 과정이다.

본모습은 '온전함'이다. 회복 과정에서 치유가 일어난다.

회복의 원리는 두 가지이다. 하나는 공명이며 또 하나는 상쇄이다. 두 원리 모두 우리 존재가 진동하고 있다는 점을 전제로 한다.

먼저 공명(共鳴, resonance)을 알아보자.

공명 현상은 자연의 기본 법칙 중 하나이다. 서로 다른 두 체계(體系, system)가 있다고 하자. 한 체계가 특정한 진동수를 낼 때 다른 체계에서 그 진동수에 맞추어 진폭이 커지는 것을 말한다. 피아노와 바이올린이 있을 때 피아노의 '도' 음을 친다면 바이올린에서도 '도' 음이 난다. 한 소리굽쇠를 울리면 떨어져 있는 다른 소리굽쇠에도 같은 소리가 난다. 만일 우리가 충분히 오랫동안 감사, 사랑과 같은 높은 진동수로 존재한다면 어떻게 될까? 진심으로 감사하고 온 마음으로 사랑한다면 우리 가슴에서 높은 진동수의 노래가 흘러나올 것이다. 우리 몸 안의 세포마다 있는 소리굽쇠에 공명이 일어날 것이다. 이 과정에서 마음의 상처와 몸의 질병이 회복된다. 진동수가 변하면 우리는 회복한다. 만물을 창조한 근원에게 감사하고 내맡긴다면 이에 공명하여 만물의 입자들이 공명하여 재배열하고 새로운 진동을 발산하여 본연의 모습을 드러낼 것이다. 주변의 불협화음과 사건과 사고도 사라지고, 대신 평안과 조화가 들어서게 된다. 감사와 사랑 상태에 있는 사람 곁에 있으면 자신도 모르게 평온해진다. 그가 축복한 커피는 더욱 맛이 좋아지고 노화방지물질의 농도가 높아진다[20]. 그가 요리한 음식은 건강에 이롭다.

회복의 원리를 조금 더 이해하기 위해 동조(同調, entrainment) 현상을 살펴보자. 동조는 물체들이 위상과 주기를 일치시키기 위해 서로의 에너지와 움직임을 맞추는 현상이다. 다른 두 개의 괘종시계를 같은 벽에 걸어 두면 얼마 있지 않아 두 시계추의 위상이 같아져 같은 속도로 움직인다. 귀뚜라미와 개구리의 울음소리를 들어 보면 서로 다른 리듬으로 울다가 얼마 지나지 않아 서로 조화로운 울음을 낸다. 반딧불이들은 처음에는 제각기 반짝이지만 서로 동조하여 조화롭게 불을 반짝이는 것을 볼 수 있다. 만일 내가 감사와 사랑의 진동수를 낸다면 나의 주변에 있는 사람들과 사물들이 이 진동수에 맞추어 동조할 것이다. 자신과 만물이 같은 주기를 가지고 진동하며 같은 흐름 속에 있게 된다. 말 그대로 의기투합하며 한 마음이 되어 접혀 있던 소망이 펼쳐진다.

회복의 두 번째 원리는 상쇄(相殺, offset)이다. 반대 위상의 두 파동이 중첩될 때의 간섭이다. 마루와 골이 만나서 합성파의 진폭이 영(無, zero)이 되는 현상이다. 반대되는 파동으로 서로 상쇄되는 것은 소음 제거 기술인 '노이즈 캔슬링(Noise Cancellation)' 기술과 무척 유사하다. 외부의 소음을 수집하여 실시간으로 반대 파동을 만들어 서로 만나게 하면 상쇄되어 소음이 없어진다. 이 원리를 이용하려면 우선 특정 소음을 정확하게 알아야 한다. 그리고 그 소음과 반대되는 파동을 내보내야 한다. 이 원리는 현존에서 살펴보았던 '알아차림과 높은 에너지로 하나 됨'과 정확하게 같다. 비사랑감정과 이야기를 알아차리고 감사와 사랑이라는 높은 에너지로 감싸 안으면 서로 상쇄를 일으킨다. 현존이 알아차림과 하나 됨으로 이루어지듯이, 회복도 알아차림과 하나 됨으로 이루어진다. 현존할 때는 신을 알아차리는 것이다. 회복을 위한 알아차림의 대상은 자신의 어두운 면이다. 하나 됨은 높은 수준의 에너지를 선택하는 것으로 이루어진다. 높은 에너지는 감사, 사랑, 상상이다. 감사와 사랑에는 용서, 책임감(미안함), 수용(바라봄, 놓아 버림, 내맡김)이 포함되어 있다. 상상에는 축복이 포함되어 있다. 수용 자체가 높은 수준의 에너지이며 밝은 에너지이다. 있는 그대로 바라보는 것은 수용의 첫 시작이다. 어둠을 알아차리고 바라보는 것 자체가 높은 에너지로 다가가는 것을 의미한다. 이는 관찰자 효과에서도 볼 수 있다. 어두운 감정을 있는 그대로 관찰하면 그 자체로 감정에 변화를 일으킨다. 관찰한다는 것은 아무것도 하지 않는다는 것이 아니다. 통제하지 않는 바라봄 자체가 높은 수준의 에너지이다. 그래서 그저 관조하기만 해도 두려움과 분노는 사라지는 것이다. 이때 경계해야 할 것은 변화하기를 바라는 마음이다. 변화하기를 바라는 마음을 지닌 채 관조해서는 효과가 없다. 변화하기를 바라는 마음은 통제하려는 마음이며 꽃을 만들려는 마음이며 낮은 에너지이기 때문에 상쇄를 일으키지 못한다. 변화시키려는 마음을 내려놓고 오히려 두려움과 분노가 지속되기를 바라는 마음으로 고요히 바라본다면 높은 에너지로서의 효과를 볼 수 있다.

사랑받지 못하고 인정받지 못한 감정, 이해 받지 못한 감정은 사라지지 않고 남아 있다. 그 감정이 반복적인 생각(이야기)과 뭉쳐지면 자체가 생명력을 갖게 된다. 독자적으로 움직이기 시작하는 이러한 감정과 이야기 덩어리가 질병을 일으키고 사건을 일으킨다. 감정과 이야기 덩어리를 어떤 이는 '내면의 아이'라고 부르고, 어떤 이는 '그림자'라고 한다. 나는 '태엽'이라고 부르겠다. 반복된 생각과 어두운 감정이 충분히 모이면 마치 태엽이 감기듯이 힘을 모았다가 계기를 만나면 움직이기 시작한다. 이 태엽은 독자적인 생명체처럼 움직이며 작은 자극에도 활동한다. 이를 알아차리지 못하고 감정과 생각에 휩싸이면 감정-생각-감정의 회로가 강화된다. 어두운 감정과 생각으로 똘똘 뭉쳐진 에너지는 마치 태엽이 풀리기 시작한 장난감과 같다. 태엽이 풀리면서 여러 사건과 질병을 몰고 온다. 각각의 사건과 질병에 대응한다면 피로해진다. 대응하고자 해도 대응이 가능한 것도 아니다. 감사가 없고 자신을 사랑하지 않는 상태의 경험은 태엽을 만든다. 어떤 트라우마는 무시무시한 시한폭탄과 같은 태엽을 만들어 낸다.

분노가 결합된 태엽은 무의식적으로 주변에 적을 만들게 된다. 나는 어느 순간 분노를 터뜨리면서 가해자가 된다. 두려움이 결합된 어떤 반복된 생각은 또 다른 태엽을 만들어 낸다. 이 태엽은 공격자를 끌어당긴다. 어떤 계기에 의해 태엽이 움직이면 나는 희생자나 피해자가 된다. 태엽은 정보와 에너지의 복합체이다. 정보는 생각이고 에너지는 감정이다.

이 순간을 있는 그대로 받아들이지 못한다면 두 가지 감정이 일어난다. 분노와 두려움이다. 자신이 우월하여 이길 수 있다고 생각하면 분노가 생긴다. 분노는 격노, 증오, 짜증, 질투, 지적, 기대, 협박, 강압 등으로 다양하게 나타난다. 자신이 열등하여 이길 수 없다고 판단하면 두려움이 생긴다. 두려움은 공포, 불안, 슬픔, 수치심, 죄책감 등으로 다양하게 나타난다. 죄책감이란 내가 이 시간에 이 장소에서 이 모습으로 이 일을 하면 안 된다는 생각과 함께 드는 감정이다. 즉, 내가 지금 여기에 있으면 안 된다는 생각과 느낌이다. 수치심은 내가 어딘가 결핍되어 있어서 나를 그대로 받아들이면 안 된다는 생각과 느낌이다. 죄책감과 수치심은 많은 질환과 사고와 관련이 있다. 자신이 올바르지 않기 때문에 스스로 벌을 주려는 마음이 무의식에서 활동한다. 스스로에게 벌을 내리기 위해 질병을 끌어당긴다. 죄책감과 수치심이 있는 상태에서는 면역 계도 제대로 작동하지 않기 때문에 질병을 회복하기가 어렵다. 질병을 불러오고 다시 회복하지 못하는 상황이 반복되면 병세가 깊어진다. 죄책감과 수치심은 여러 가해자를 끌어당기고, 가해자들은 나의 숨은 태엽을 자극하여 부정적인 감정을 증폭시킨다. 증폭된 부정적인 감정은 나를 드라마 속으로 밀어넣는다. 평온한 상태라면 하지 않았을 판단과 결정을 하게 되고, 스스로를 파괴하는 행동을 한다.

회복과 치유는 태엽(감정, 이야기 덩어리)를 해체하는 것이다. 우선 감정을 알아차리는 것이 시작이다. 소음 제거 기술인 '노이즈 캔슬링(Noise Cancellation)' 기술의 시작이 소음을 정확하게 알아내는 것인 것처럼, 태엽을 이루는 감정과 함께 있는 이야기를 알아차려야 한다. 분노 혹은 두려움과 같은 비사랑 감정은 '이야기', 그리고 '태엽'을 찾을 수 있는 나침반 역할을 한다. 분노와 두려움 모두 무언가 바꾸려고 한다. 분노는 주변을 바꾸려고 한다. 두려움은 자신이 부족하다고 여겨 자신을 외부에 맞추어 억지로 다른 사람인 척하게 한다. 이 감정을 나침반 삼아 숨어 있는 태엽을 찾아야 한다. 감정을 찾았으면 이 감정과 함께 어떤 이야기들이 반복되는지 내면을 살펴본다. 이야기들이 충분히 반복된다면 믿음, 즉 뿌리 생각이 된다.

두려움과 함께 다니는 이야기는 다음과 같다.

아무도 나를 사랑하지 않아. 나는 능력이 없어. 나는 운이 없어. 나는 늘 기회를 놓쳐. 충분하지 않아. 나 때문이야. 안 좋은 일이 생길 것 같아.

분노와 함께 다니는 이야기도 살펴보자.

이렇게 된 것은 그 사람 때문이야. 부모를 잘못 만나서 이렇게 되었어. 그때 그 일만 아니었어도 이렇지는 않았을 거야. 그건 분명 나를 공격한 거야. 나는 반드시 옳아야 해. 내가 정의야. 그 사람을 못살게 굴어야 원하는 것을 이룰 수 있어.

감정과 이야기를 알아차렸다면 높은 수준의 에너지를 선택해야 한다. 태엽을 발견한 후에 이 태엽을 억누르거나 없애 버리려 하거나 변화시키려 하면 효과가 없다. 이것이 태엽을 알아차린 사람들이 모두 회복을 하지 못하는 이유이다. 태엽을 알아차린 것은 회복의 일부 과정이다. 온전히 과정을 다 마치려면 높은 에너지를 선택하는 과정이 필요하다. 태엽을 알아차리면 우선 감사하자. 어두운 지하실에서 의식의 표면으로 떠오른 것을 감사하자. 더 큰 질병과 사고가 일어나기 전에 알아차린 것을 감사하자. 그리고 사랑하자. 내가 슬퍼서 울고 있을 때 나를 그저 안아 주고 공감해 주는 사람이 나를 위한 사람인가? 아니면 울고 있는 내 옆에서 왜 슬퍼하면 안 되는지, 왜 울면 안 되는지 이유를 조목조목 대며, 지금 웃어야 한다고 다그치는 사람이 나를 위한 사람인가? 무시무시한 태엽도 작은 어린아이와 같다. 어둡고 음침하게 보이는 그림자도 순진한 어린아이와 같다. 그 아이를 충분한 감사, 사랑, 용서, 내맡김으로 대하면서 기대를 내려놓고 온 마음으로 감싸 안는다면 그 어린아이에게서 눈부신 빛이 뿜어져 나온다. 말 그대로 연금술이며 마법과 같다. 그렇게 비사랑 감정이 상쇄된다면 확언이 도움이 된다. 확언은 다음과 같다.

나는 있는 그대로 사랑스러워. 나는 할 수 있어. 나는 행운아야. 힘들었던 일도 지금은 감사한 일이야. 지금 바로 내 앞에 기회가 있어. 모든 것은 충분해. 그 사람에 감사할 수 있어. 부모님도 충분히 사랑을 받지 못한 것을 이해해. 어려운 환경에서 태어난 것이 축복이 되었어. 나는 항상 옳지 않아도 돼. 나도 실수할 수 있어. 점점 더 나아지고 있어. 그 사람을 좀 더 이해해 보자.

이러한 과정에서 고통은 신속하게 소멸한다. 고통이 이러한 방법으로 없어지는 것은 고통이 파동의 성격을 가지고 있기 때문이다. 고통을 도려낼 수는 없다. 고통을 파괴할 수는 없다. 도려내고 파괴하려고 애쓰면 더 강해질 것이다. 알아차린 후 감사와 사랑으로 녹일 수 있을 뿐이다.

알아차림과 감사와 사랑으로 건강을 회복한 예를 보자. 전홍준 선생님의 예가 훌륭하다. 58세 부인 S씨. 1993년 봄, 유방암을 진단받고 온 환자가 있었다. 이 환자 분은 유방암 외에도 여러 질환이 있었다. 약 15년 전부터 심한 두통으로 시달리고 있는데, 여러 병원에서 뇌에 대한 정밀 검사를 받았으나 뚜렷한 증거를 찾지 못했다. 그녀는 13년 전 어느 날 갑자기 심한 하혈로 쇼크 상태에 빠져 산부인과 병원에 입원했고, 기능성 자궁출혈이라는 진단 하에 자궁절제술을 받았다. 9년 전 갑상선 종양으로 한쪽 갑상선 절제술을 받고 수술 후 2년간 갑상선 호르몬을 투여받았다. 4년 전 디스크 탈출증으로 수술을 받았고, 10년 전부터 고혈압과 당뇨병으로 약을 복용하고 있었다. 또한 지방간, 만성위염, 만성 방광염, 견비통으로 약을 복용 중이었다. 환자 분은 젊은 시절부터 가난, 남편의 투자 실패, 남편의 뇌출혈 등으로 여러 충격을 받은 상태였다. 전홍준 선생님은 환자에게 입원을 권하고 다음을 당부했다. 그의 말을 들어 보자. (『완전한 몸 완전한 마음 완전한 생명』에서 인용함. 미주 참조.)

● 입원 첫날부터 그녀의 의식 속에 뿌리 박힌 두려움, 원한, 분노, 슬픔의 감정을 소멸하고 특히 자신이 희생자라고 하는 신념을 지우도록 하는 데에 초점을 맞추었습니다. 낮에는 주로 산책을 하면서 생각만 해도 지긋지긋한 15년 전의 충격적인 사건을 떠올려 다시 경험하도록 했습니다. 그동안 그 뼈아픈 기억이 되살아날 때마다 너무 가슴이 아파서 늘 외면하려고 애써 왔지만 이제는 그 사건과 관련된 온갖 고통스러운 감정들, 억압해 왔던 느낌들을 의도적으로 꺼내서 크게 확대하여 표현토록 했습니다. 산

책길에서 한 걸음씩 옮길 때마다 원망과 분노의 대상들, 일체의 고통스러운 감정들을 낱낱이 떠올려 가며 그 감정 그대로를 크게 표현하며 다시 경험하도록 했습니다. 자신을 줄곧 희생자로 여겨왔던 신념, 자신을 비천한 사람으로 보아 왔던 생각들도 노출시켜 큰 소리로 표현했습니다. 산책길에서 돌아올 때는 원망의 대상들과 자기 자신에게 "당신을 사랑합니다. 감사합니다."라고 속삭이며 축복했습니다. 방에 돌아와서는 눈에 보이는 모든 대상들, 귀에 들리는 온갖 소리, 떠오르는 모든 생각들이 다 좋고 아름답다고 일부러 생각하며 느끼게 했습니다. 밤에는 전깃불을 끄고 촛불 하나만 밝힌 채 촛불을 바라보면서 "아무개 씨, 당신을 사랑합니다. 감사합니다."라고 가장 원망했던 대상들에게 수없이 반복하여 축복을 보냈습니다. 그 촛불이 다 타서 저절로 꺼질 때까지 네댓 시간씩이나 계속했고, 촛농이 녹아내릴 때마다 원망과 서러움이 녹아내린다고 상상하며 마침내 촛불이 꺼질 때는 그것이 모두 사라졌다고 믿기로 했습니다. 이분은 밤낮을 가리지 않고 불편한 생각과 감정을 다루는 일을 계속했습니다. 그녀는 입원한 지 6일째 되던 날 밤, 뜨거운 눈물이 비 오듯 쏟아지며 온몸이 전기로 감전된 것 같은 어마어마한 전율을 경험했습니다. 그날 밤 오랜만에 깊고도 편안한 잠에 들 수 있었습니다. 다음 날 아침 심신이 완전히 이완되어 너무도 편안해진 자신을 발견했습니다. 이날부터는 매 식후 30분 이상씩 거울을 보며 일부러 미소 지어 웃는 연습도 병행했습니다. 환하게 웃고 있는 자신의 얼굴을 바라보며 "세상에서 내가 제일 행복하다."라고 자기 암시를 했습니다. 십수 년 동안 한 주먹씩 먹던 약을 모두 끊었습니다. 이제 그 끈질긴 두통도 완전히 사라지게 되어 하루도 먹지 않고는 못 배기던 두통약까지 끊게 되었습니다. 퇴원 후 석 달 만에 환자와 가족들이 다시 찾아왔는데, 지금까지의 치료 방법을 전적으로 신뢰하고 있지만, 그래도 종양만은 수술해야 되지 않겠느냐는 것입니다. 환자도 그렇게 하고 싶어 했으므로 나는 다시 입원시켜 유방암 절제술을 시행했습니다. 이제 수술 받은 때로부터 만 5년이 되었습니다. 이 부인은 그동안 어떠한 약물도 사용하지 않고 있습니다. 이제 그녀의 마음은 고요하고 편안해졌으며 지방간, 위염, 요통, 두통, 방광염 등 모든 병증도 다 사라졌습니다[21].

환자는 자신의 내면에 있는 어두운 부분을 알아차리고 감사와 사랑이라는 더 높은 에너지를 의식적으로 선택했다. 어두운 부분은 상쇄되었고 감사와 사랑에 공명하여 몸은 온전함을 되찾았다.

원하지 않는 상황을 반복적으로 경험한다면 그것은 태엽이 있다는 의미이다. 상담가인 데비 포드가 자신의 친구를 통해 보여 준 사례를 살펴보자. (『그림자 그리고, 빛을 쫓는 사람들의 어두운 면』에서 인용함. 미주 참조.)

● 제 친구 조안나는 수년간 데이트할 때마다, "그 사람은 나랑 안 맞아, 그는 괴짜야."라고 말하곤 했어요. 처음 예닐곱 번 그랬을 때는 한마디도 하지 않았지만, 얼마 후에 그것이 너무나

명백하다 싶을 때 마침내 조안나에게 그녀 자신이 오히려 괴짜라는 말을 꺼냈죠. 나는 만약 그녀가 자기한테 있는 괴짜를 인정했다면 더는 괴짜와 데이트하지 않았을 것이라고 납득시키려 했지만, 조안나는 도리어 나를 이상하게 여겼어요. 나는 그녀에게 내가 한 번도 괴짜와 사귄 적이 없었다는 점을 지적했어요. 어떻게 그녀가 만나는 남성들에게 자신이 그렇게도 싫어하는 특성이 한결같이 있을 수 있을까요? 이 괴짜 이야기는 근 한 달간 계속되었어요. 이것의 심리적 역학 관계가 나에게는 너무나 분명했지만, 그녀에게서는 꼭꼭 숨겨져 있어서 이야기가 언제나 우스꽝스럽게 되다 보니 중단되었어요. 그러던 어느 날 밤, 조안나는 여전히 또 다른 괴짜와 데이트한 후 내게 전화해서, 정말로 괴롭다면서 자신이 어째서 괴짜인지 설명해 달라고 했어요. 나는 귀여운 핑크 양말에 흰 가죽 운동화를 신고 다니는 조안나를 사람들이 괴짜로 볼 수 있다고 친절히 말해 주었죠. 그녀는 웃다 말고 자신이 괴짜임을 인정하면 더는 그런 남성들과 데이트하지 않게 되는지 내게 다짐을 받으려 했어요. 그녀가 살면서 괴짜였던 목록을 작성하기로 동의하고, 이튿날 지금까지 말하고 행한 긴 괴짜 목록을 들고 내게 전화했어요. 조안나는 괴짜로 보이고 싶지 않았기에 애써 얌전한 척하면서 20년이나 살아 왔지만, 자세히 들여다보고 나서야 이따금 고개를 쳐드는 괴짜적인 면을 살필 수 있었어요. 그녀는 자신이 살면서 별났던 순간들을 떠올리며 함께 웃을 수 있게 되면서, 정도껏 괴짜가 되는 것도 그리 나쁘지 않다는 사실을 알 수 있었어요. 조안나가 2년 전에 자신이 괴짜임을 인정한 이후로 단 한 번도 괴짜와 사이가 틀어진 적이 없었음을 내가 보증해요. 괴짜라는 점이 자신에게 준 혜택을 알아보았어요. 조안나는 괴짜가 되지 않으려는 욕망이 얌전하고 멋지고 세련된 상식적인 외형을 유도해 냈다는 점을 알았어요 22).

상대방을 나의 거울 삼아, 상대방에서 보이는 거슬리는 점을 자신의 내면에서 찾는 사람은 지혜로운 사람이다. 다른 사람을 이상한 사람이나 나쁜 사람으로 판단하는 것은 쉬운 일이며 자신의 내면을 바라보는 일은 번거로운 일이다. 하지만 이 수고를 마다하지 않는 사람은 충분한 보상을 받을 것이다.

태엽을 알아차리고 상쇄하는 일은 회복에서 중요하다. 태엽이 처음 생겼을 때의 기억을 찾아내면 첫 태엽을 풀어내는 데 도움이 될 것이다. 첫 기억은 아마도 여섯 살 이전일지도 모른다. 여섯 살 이전에는 외부의 경험이 그대로 받아들여지고 프로그램되기 때문이다. 하지만 유년 시절의 기억이 떠오를 때까지 회복을 미룰 필요가 있을까? 최근 혹은 오늘 발견된 태엽에 대해 알아차리고 높은 에너지를 선택해도 된다. 오늘 발견된 태엽도 어린 시절 생겼던 태엽도 같은 렌즈, 같은 신념에 의해 생겼기 때문이다. 모든 부정적인 신념의 뿌리에는 두 가지가 있다.

하나는 '나는 신에게 버림받았다.'

또 하나는 '나는 어떤 조건이 부족해 사랑스럽지 않다.'이다.

'나는 운이 없다. 나는 주변에 도와줄 사람이 없다. 나는 중요한 순간에 사고가 일어난다.' 등등 여러 부정적인 신념이 있지만, 모두 '나는 신에게 버림받았다.'라는 신념을 같은 뿌리로 두고 있다.

'나는 부족한 점이 있다. 나의 진짜 모습을 알면 사람들이 나를 떠날 것이다. 내가 여기서 이런 모습을 하면 안 될 것 같다.' 등의 신념은 모두 '나는 어떤 조건이 부족해 사랑스럽지 않다.'라는 신념을 같은 뿌리로 두고 있다. 이 두 신념이, 두 렌즈가 상황에 따라 여러 부정적인 경험을 만들어 내지만, 이 경험들에는 공통점이 있다. 유사한 패턴의 이야기와 비슷한 감정이 엉겨 있다는 것이다. 같은 신념, 같은 렌즈가 만들어 내는 경험이기 때문이다. 꽃피움의 세계에서는 과거, 현재, 미래가 없다. 오늘은 과거의 모든 순간, 그리고 미래의 모든 순간과 연결되어 있다. 따라서 오늘을 정화하면 과거를 정화하는 것이다. 유년기의 기억이 당장 떠오르지 않아도 오늘의 경험에 엉겨 있는 감정을 감사와 사랑으로 정화하면 유년기까지 정화될 것이다. 오늘을 정화하고, 내일 또 오늘을 정화하다 보면 유년기의 기억이 떠오를 수도 있다. 그럼 그때 유년기의 기억까지 정화하면 된다. 이러한 정화와 회복을 통해 다음의 두 가지 신념과 렌즈를 다시 찾는다면 정화와 회복은 완성된다.

하나는 '신은 언제 어디서나 내 곁에서 은총을 내려 주고 계신다.'

또 하나는 '나는 조건에 관계없이 사랑스럽다.'이다.

이 두 신념을 렌즈로 삼는다면 늘 천국에 살 것이다.

이 순간을 있는 그대로 받아들이면 평화에 이른다. 이 순간을 있는 그대로 받아들이는 데 필요한 열쇠는 감사이다. 이 순간이 완벽하고 새로운 순간이며, 열쇠가 되고 춤을 추는 공간이며, 새로운 창조의 시점임을 이해하고 감사하는 것이다. 상처를 회복했다면 꽃피우는 삶이 수월해질 것이다. 이제 꽃피우는 세 가지 차원인 노래, 그림 그리고 춤에 대해서 살펴보자.

먼저 노래를 불러 보자.

11

노래

노래

노래하라, 가슴이여. 오늘은 너의 시간!
내일이면 너는 죽어 있으리니
반짝이는 별도 볼 수 없고
지저귀는 새소리도 들을 수 없다.
노래하라, 가슴이여. 너의 시간이 불타는 동안.

- 헤르만 헤세

노래란 무엇인가?

노래는 우리가 내보내고 있는 진동수이다. 우리의 내면에서 펼쳐 나오는 에너지 수준이다. 우리의 존재 상태를 보여 준다. 우리

가슴에는 귀에 들리지 않는 오르골이 있는 것 같다. 그 오르골은 항상 노래를 내보내고 있어서 우리 가슴을 중심으로 파문을 만들어 내고 물결을 일으켜서 동심원처럼 끝없이 퍼져 나간다.

노래는 그림과 춤 사이 중간 단계의 진동수이다. 빠르지도 느리지도 않다. 세 차원 중 가장 기본적인 차원이고 만물의 배경이 된다. 춤과 그림을 이어준다. 이곳과 저곳 사이의 공간은 비어 있지 않고 노래로 채워져 있다.

우리는 언제 노래를 하는가?

우리는 항상 노래를 하고 있다. 항상 우리의 가슴에서 노래가 흘러나온다. 밝은 노래인지 어두운 노래인지가 다를 뿐이다. 이 노래는 눈에는 보이지 않지만, 나와 주변에 영향을 주고 있다. 거리와 시간의 제약을 벗어난다. 가슴에서 사랑이 뿜어져 나오면 그 대상이 멀리 있어도, 지금 함께 있지 않아도 사랑의 영향을 받는다. 노래는 거짓을 모른다. 마음이 어떤 이야기를 지어내도 노래는 나의 존재 상태를 진실하게 보여 준다.

옛적부터 이야기는 거짓말이라도 노래는 참말이더라고

- 박경리,『토지』, 1부 1편 18장 유혹 중

우리가 어떤 노래를 부르는지 알려주는 지표가 있다. 바로 감정과 느낌이다. 우리가 느끼는 감정은 우리가 지금 어떤 노래를 부르는지, 우리가 어떤 존재 상태에 있는지도 알려준다.

노래에 관련하여 가장 좋은 질문은 다음과 같다.

'나는 지금 평온한가?'

우리가 평온할 때 우리는 잘 조율되어 있으며 밝은 노래를 하고 있다. 평온함에는 고양된 기분, 기쁨, 사랑이 포함된다. 우리의 가슴은 열려 있고 에너지 밸브도 활짝 열려 있다. 자동차의 전원은 켜지고 브레이크는 부드럽게 풀려 있다. 액셀을 밟으면 달릴 준비가 되어 있다. 반대로 평온하지 않다면 어두운 노래를 하고 있다.

평온하지 않다면 여러 비(非)사랑 감정을 경험하고 있다는 의미이다. 분노, 두려움, 죄책감, 수치심, 슬픔, 우울, 질투, 무기력 등이다. 가슴은 닫혀 있고 에너지 밸브는 닫혀 있다. 자동차의 전원은 자주 꺼지고 브레이크는 잠겨 있어서 액셀을 밟아도 자동차는 뜨거운 연기를 내뿜으며 힘겹게 천천히 가다가 멈추곤 한다.

감정을 통해서 우리가 부르는 노래를 알 수 있다면 노래의 진동수를 바꿀 수 있는가? 가능하다. 하지만 현명해야 한다. 노래의 차원에서도 노래를 만들려고 하면 실패한다. 평온한 척하면 평온해질까? 사랑이 많은 사람인 척하면 사랑이 흘러나올까? 그렇지 않다. 한 사람을 오랫동안, 혹은 많은 사람들을 잠깐 속일 수는 있다. 하지만 자신은 한순간도 속일 수 없다. 선한 의도를 가지고 있지만 노래를 어떻게 해야 하는지 모르기 때문에, 척하는 삶이 유일한 삶처럼 느껴질 수 있다. 사랑이 가득 찬 노래를 하는 척한다. 하지만 내면은 평온하지 않고 사랑은 흘러나오지 않고, 통제해야 하는 두려움과 피로함이 있기에 여전히 노래는 어둡다. 노래를 만들려고 하지 말고 노래가 흘러나오게 해야 한다. 노래의 차원에서 사람으로 할 수 있는 일은 두 가지가 있다.

첫째는 신에게 감사하는 것이다. 신은 이 순간과 동의어이다. 신은 삶과도 동의어이다. 지금 여기를 알아차리고 감사를 선택하는 것이다. 삶에 감사를 표하는 것이다.

둘째는 자신을 사랑하는 것이다. 특히 자신의 어두운 면을 알아차리고 받아들임을 선택하는 것이다.

이 두 가지는 노래의 차원에서 완전한 자유 의지를 가지고 어떤 순간에서도, 어떤 곳에서도 선택할 수 있다. 우리에게 많은 자유와 선택권이 있는 것 같지만, 그렇지 않다. 많은 것을 할 수 있을 것 같지만 모래주머니를 여기에서 다른 곳으로 옮기는 수준의 자유일 뿐이다. 자리만 이리저리 바꾸는 수준의 행위이기 문에 질적인 변화를 일으키지 못한다. 게다가 이야기 속에서의 선택권이어서 갈등이 연장되거나 갈등을 잠시 숨겼다가 다시 만나는 상황들이 반복될 뿐이다.

이러한 제한된 선택권마저도 많은 경우 어떤 조건이 충족될 때만 가능하다. 어떤 물건이든 살 수 있을 것 같지만, 어느 정도의 돈이 수중에 있어야 가능하다. 돈만 있어도 되는 것도 아니며 원하는 물건이 시장에 있어야 가능하다. 나보다 더 빨리 사는 사람도 없어야 한다. 어떤 행동도 가능할 것 같지만, 법적인 테두리, 사회 규범,

암묵적인 규칙 내에서만 가능하다.

어떤 경우에도 가능한 것이 있는데, 그것은 바로 감사이다. 지금 신 앞에서 감사를 선택할지 그렇지 않을지는 오로지 나에게 달려 있다. 또 하나 언제나 가능한 자유가 있다. 이 순간 내 자신이 되는 것에 저항할지 허용할지도 내게 달려 있다. 우리는 의식적으로 노래를 부를 수 있다. 감사는 노래의 진동수를 올리는 가장 빠르고 확실한 방법이다. 자신을 있는 그대로 사랑하는 것은 언제나 사용할 수 있는 열쇠이다. 감사와 사랑은 나의 존재 상태를 상승시킨다. 진정한 자유는 내가 나의 존재 상태를 언제든지 결정할 수 있다는 것이다. 어느 곳을 갈 수 있고 무엇을 가질 수 있는 자유가 아닌 나의 진동 상태를 평화와 사랑의 단계로 올릴 수 있는 자유이다.

감사는 마치 자동차의 전원을 켜는 것과 같다. 자신을 사랑하는 것은 브레이크를 푸는 것과 같다. 자동차의 전원이 들어오고 브레이크가 부드럽게 풀려 있다면 원하는 곳에 가능한 속도로 갈 수 있을 것이다.

감사를 할 때 어떤 일이 일어날까? 어떤 대상에 감사를 한다는 것은 그 대상을 받아들인다는 것이다. 대상은 선물이 된다. 감사를 한다는 것은 그 대상의 가장 훌륭한 면에 주목한다는 의미이기도 하다. 그 훌륭한 부분을 소중한 것으로 인정하고 기뻐한다는 의미이고, 그 빛나는 부분을 알아준다는 의미이다. 감사하는 행위는 자신을 축복하는 존재가 있고 그 존재가 지금 여기에 선물을 보내 주었다는 사실을 인정하는 것이기도 하다. 지금 여기에서 은총을 받고 있음을 인정하는 것이다. 감사는 이 순간을 받아들이게 하고 현재에 존재하도록 도와준다. 이 순간에 대한 해석과 판단을 덧붙여 이야기 속으로 끌어당기게 하려는 마음을 조용하게 한다. 감사하게 되면 우리가 내뿜는 노래는 높은 수준으로 고양된다. 감사 자체가 하늘에 보내는 최상의 기도이다.

어떤 대상에 대해 감사를 할 수 있을까?

많은 사람들이 감사할 대상으로 인정할 수 있는 것은 좋은 날씨, 맛있는 음식, 행운, 성공 등이 있다. 언제 감사할 수 있을까? 일이 순조롭게 풀릴 때, 사람들과 관계가 좋을 때, 자신의 소망에 가까이 다가간다고 느낄 때 감사할 수 있다. 매 순간 주변에서 감사할 거리를 찾고 감사를 표할 수 있다면 밝은 노래를 할 수 있을 것이다. 감사할 거리를 찾을 수록 감사할 만한 일이 점점 많아질 것이다. 자신이 그동안 받은 축복을 헤아린다면 축복은 더 많아질 것이다. 유사한 에너지는 서로 끌어당기기 때문이다.

하지만 감사하기 어려운 대상과 사람, 상황에 대해서도 감사할 수 있을 때 감사의 진가는 나타난다. 삶이 어렵고 힘겹다고 생각할 때 감사를 한다면 그 속에 숨은 보물을 찾을 수 있다. 삶을 다른 맥락에서 볼 수 있으며 현재는 새로운 삶을 창조할 수 있는 비옥한 땅으로 변모한다. 감사의 대상을 점점 더 넓혀 모든 것에 감사를 하고 감사하는 시간을 점점 늘려 항상 감사할 수 있다면, 조건 없이 감사할 수 있다면 말 그대로 무적이 될 것이다. 정말로 적이 사라질 것이다. 천사들에 둘러싸일 것이다.

어떻게 무조건적인 감사를 할 수 있을까? 나를 괴롭히는 사람에 대해 감사해 할 수 있을까? 힘든 상황에서 어떻게 감사할 수 있을까? 다음과 같이 관점을 달리해 보자.

- 이 상황에서 내가 누군지 알 수 있어서 감사합니다.
- 내 감정과 생각에 끌려와 이 역할을 해 주어 당신에게 감사합니다.

이러한 감사에 도달하기 위해 다음을 살펴보자.

우리가 여기에 존재하는 이유가 무엇일까? 왜 사는 것일까? 무엇을 이루기 위해서인가? 돈을 많이 버는 것이 궁극적인 목적인가? 병치레 없이 장수하는 것이 최종 목적인가? 사회계층의 가장 높은 층까지 올라가는 것이 목적일까? 아닐 것이다. 가장 궁극적인 목적은 무엇일까?

내가 누구인지 아는 것이다.

우리는 존재 상태를 경험하기 위해 여기에 있다. 내가 누군지 어떻게 아는가? 내 주변에 있는 사람들과 상황 속에서 내가 누군지 알 수 있다. 관계를 통해서 알 수 있고, 삶의 맥락 속에서 알 수 있다. 주변에 아무도 없이 홀로 있다면 내가 누구인지 알 수 없을 것이다. 이 사실을 마음 깊이 받아들인다면 곁에 있는 사람을 다른 눈으로 바라볼 수 있다. 이 상황을 새롭게 바라볼 수 있다. 이 사람

앞에서, 그 상황 속에서 내가 누구인지 초점을 맞춘다면 선한 자와 악한 자, 가해자와 희생자의 이야기 속에서 벗어난다. 모두가 모두를 비추고 있음을 알게 되며, 모두가 지금 있는 그대로 온전하며 완전하고 완벽하다는 것을 알게 된다.

내 앞에 있는 사람과 상황이 내가 품고 있는 감정, 생각과 연관되어 있다는 것을 알아채는 사람은 드물다. 자신을 주의 깊게 관찰한다면 나의 감정과 생각의 패턴에 따라 맞닥뜨리는 사람과 사건의 패턴이 짝을 이룬다는 것을 알 수 있다.

어떤 일이 일어나서 화가 난다고 생각할 수 있지만 사실은 반대이다. 내 안에 화가 있다면 나의 무의식은 화를 분출할 만한 계기를 찾아 헤매게 된다. '나는 희생자이다.'라는 신념이 있다면 무의식은 거기에 걸맞은 경험을 미리 준비하고 있다. 이 점을 깊이 바라본다면, 나의 감정과 생각에 동조하여 내 앞에 등장한 사람과 상황에 대해 감사할 수 있다. 이 사람은 내가 누구인지 알려주기 위해 기꺼이 이 역할을 해 주었다. 상대적인 이 세상에서 우리가 아름다움을 경험하기 위해서는 추함이 존재해야 한다. 내가 선망하는 삶이 어떤 것인지 알기 위해서는 혐오할 만한 삶이 존재해야 한다. 나는 그러한 삶을 살고 싶지 않을 것이다. 하지만 그러한 삶을 몸소 살아 내는 그 사람의 본질을 꿰뚫을 수 있다면 그를 다르게 바라볼 것이다. 그러한 알아차림이 고통을 끝내게 한다. 진실을 알아차리고 우리는 새롭게 선택할 수 있다. 이 관계에서, 이 상황에서 내가 누군지 알아차린 후 새롭게 선택할 수 있다.

힘든 사람과 있을 때, 힘든 상황에서 감사를 할 수 있다면 숨어 있는 보물이 드러날 것이다. 매 순간 그 상황은 그 자체로 온전하고 완벽하다. 항상, 우리의 의도를 도와주는 힘과 방해하는 힘이 있다. 힘든 사람과 있을 때 힘든 상황에 대해 감사하게 되면 높은 진동수를 발하게 되고 우리를 도와주는 힘이 활성화된다. 감사를 하게 되면 처음의 우려스러운 상황이 새로운 맥락에서 새롭게 해석된다. 물이 잔에 반만큼 차 있을 때, 반만큼이나 물이 있다는 것에 감사하면 물은 풍부해질 것이다. 만약 반밖에 없다는 것을 걱정하거나 이에 분노한다면 물은 점점 더 줄어들 것이다.

만일 바라는 상황을 만났을 때는 어떻게 감사해야 하는가? 바라는 상황이라면 감사하기가 쉬울 것 같지만, 많은 사람들이 감사하기보다는 안도하거나, 자만하거나, 집착하며 이야기 속으로 들어간다. 이야기 속에서, 경쟁자와 악한 자와 맹수와 같은 사람들 사이에서 어떤 보물을 얻었다고 생각하고 안도한다. 그리고 그 보물과 행운을 잃지 않으려고 애를 쓰고, 그 보물이 없어지거나 변하려는 작은 징조에도 분노하거나 두려워하며 집착한다. 바라는 상황이 너무나 만족스러워 이 상황을 잡으려 하거나 유지하려고 하면 오히려 그 축복이 시들어 버린다. 상황을 통제하려는 시도는 낮은 수준의 에너지이다. 원하는 상황에 집착한다는 것은 그 상황이 끝날까 두려워한다는 감정이 숨어 있다는 의미이다. 바라는 상황이 왔을 때 선택할 수 있는 훌륭한 태도는 그 축복을 주신 누군가에게 감사하는 것이다. 자신이 해낸 것이 아니라 신이 도왔기 때문에 가능했다는 것을 안다면 저절로 겸손해질 것이다. 언제든 사라질 수 있다는 것을 알고 그저 감사해한다면 내맡김의 상태에 도달할 것이다. 집착하지 않을 것이다. 그러한 태도가 오히려 축복을 오래 지속시킬 것이다. 축복은 새와 같아서 축복을 잡고 있으려 하면 도망간다. 손을 펴고 축복을 놓아주면 손 위에 오래 머물 것이다. 이렇게 감사할 대상의 범위를 점점 더 넓혀 가 주변의 모든 만물에 대해 감사를 할 수 있다면, 어떤 특정 시간, 특정 조건에 감사를 하는 것이 아니라 상황이 좋을 때나 좋지 않을 때에도 항상 감사를 할 수 있다면, 우리는 말 그대로 천국에 있게 될 것이다.

세상 모든 만물에게 감사할 때, 이 감사는 누구를 향하는 것일까? 바로 신에게 감사를 보내는 것이다. 모든 만물은 바로 신이기 때문이다. 신은 형상에서 자유롭다. 무형의 공간을 주목하는 것은 신을 의식하는 것과 같다. 무한, 무(nothing)와 같은 무형의 공간을 상상할 때 명상의 상태와 유사해지고 뇌파는 일관되고 느려지고 알파파를 낸다. 신이 이 순간 존재하고 내가 지금 여기에 '존재함'을 그저 감사한다면 심장은 건강한 상태가 되고 심박 변이도(HRV)는 일관된다. 무한, 무(nothing)의 무형을 주목하고 감사를 선택한다면 신에게 무조건적인 감사를 보내는 것이다. 이 상태에서는 뇌와 심장은 서로 동조하고 가장 높은 수준의 노래를 하게 될 것이다.

만일 형상으로 나를 보려 하거나 음성으로 나를 찾는다면 이 사람은 삿된 도를 행하는 것이니 능히 여래를 보지 못하리라.

- 『금강경』

감사에서 가장 높은 수준의 선언은 다음과 같다.
하느님(부처님)! 감사합니다!
여기에 숨어 있는 말을 포함해서 진술하면 다음과 같다.
(공간 혹은 호흡을 알아차리며, 혹은 감사할 거리를 알아차리며) (나의 생명과 삶을 주관하는 나보다 더 큰 어떤 존재인) 하느님(부처님)! (지금 나와 함께 계셔서) 감사합니다!

감사하는 일은 중요하지만, 감사하기가 어려울 때가 있다.
가장 큰 이유는 두 가지이다. 하나는 현존하지 않고 이야기에 빠져 있어서 신과 나와의 관계를 잊어버린 경우이다. 다른 하나는 자신의 어두운 면(태엽)이 활성화되어 있을 때이다.
첫 번째, 이야기에 빠져 있어서 감사하기 어려운 경우이다. 이야기에서 놓여나기 위해서는 깨어 있어야 한다. 깨어 있다는 것은 이 순간 이야기에 빠져 있는지 살펴보고 깨어 있으란 뜻이다. 지금 자신을 살펴봤을 때, 평화로운 상태가 아닌데 어떤 이야기에 빠져 있는지 모른다면 이미 이야기에 휘둘리고 있는 것이다. 어떤 이야기인지 알아차리면 이야기에서 놓여날 것이다. 이야기는 보통 밧줄을 뱀으로 여기는 것처럼 어떤 상황을 그림으로 해석하고 판단할 때 일어난다. '저 사람이 나에게 하는 것을 보니 나를 싫어하는

게 틀림없어. 하지만 나는 옳고 당신은 틀렸으니 당신이 나에게 맞추어야 해.' 마음은 여러 가지 이야기를 지어낸다. 이러한 이야기들을 듣다 보면 신이 나에게 은총을 주고 있음을 잊게 된다. 이야기라는 것을 알아차린다면 이야기에 휩쓸리지 않을 것이다. 이야기가 있음을 알아차리고 이 이야기에 감추어진 감정이 무엇인지 알아차리자. 분노라면 분노를 통제하거나 억누르거나 변화시키려 하지 말고 그저 느껴 보자. 그렇게 하기만 해도 분노는 사그라든다. 그리고 자신에게 물어보자. '내가 무엇인가에 화가 나 있구나. 내가 어떤 사람인지 밝혀질까 봐 화나는 것일까? 나는 어떤 사람인 척하고 있는가?' 이 질문을 하게 되면 이야기는 사라지고 진정한 성찰만이 남게 된다. 내면에서 이 이야기를 하는 사람이 누구인지 찾아보자. 가만히 내면을 지켜보면 재잘거렸던 마음이 고요해진다.

두 번째, 자신의 어두운 면(태엽)이 활성화되어 있어서 자신을 사랑하는 것이 어려운 경우이다.

우리는 감사 외에도 또 하나 드물게 선택할 수 있는 것이 있다. 바로 자신을 사랑하는 것이다. 자신을 사랑한다는 것은 자신을 알아차리고 있는 그대로 인정하고 존중하는 것이다. 자신에게 감사하고 자신의 밝은 면과 어두운 면을 그대로 받아들이는 것을 말한다. 자신이 가치가 없다고 여겨지는 상황일수록 자신을 있는 그대로 받아들이는 것은 중요하다. 자신 안의 어두운 부분을 사랑하는 것이다. 자신을 사랑하기 어렵다면 자신 안에 태엽이 있지는 않은 지 살펴보아야 한다. 이 일과 관련되어 고착된 어두운 감정이 무엇인지 살펴보고 반복되는 생각의 패턴이 무엇인지 살펴보아야 한다. 이 작업을 위해 따로 시간을 내야 할 것이다. (이 태엽에 대해서는 〈회복〉 편에서 다루었다.) 이러한 과정은 자신을 사랑하는 것이며 자기 자신이 되는 것이다. 우리 자신을 관찰하면 대개 자신이 되기보다는 다른 사람인 척하는 경우가 많다. 하지만 우리가 다른 사람이 되기 위해 다른 사람인 척하는 것이 도움이 될까? 그렇지 않다. 다른 사람인 척한다는 것은 이미 나는 그 사람이 아니기 때문에 그런 척한다는 의미를 포함하기 때문이다. 나는 그 사람이 아니라고 강하게 긍정하는 셈이다. 다른 사람인 척하기는 에너지가 많이 소모된다. 어느새 탈진하게 된다. 본래의 자신을 부정하기 위해 저항과 억압이라는 낮은 수준의 에너지를 사용하기 때문에 감추어진 자신은 더 강화되고 내부의 압력은 올라가다가 어느 순간 폭발한다. 다른 사람인 척 가면을 쓰는 사람들이 성공하는 듯하다가 사건, 사고를 일으키는 이유이다. 그럼에도 우리는 왜 다른 사람인 척하는 것일까? 다른 사람인 척해야 성공할 수 있다고 믿기 때문이다. 있는 그대로의 자신으로는 성공하지 못한다고 믿기 때문이다.

하지만 생각해 보자. 우리가 선택할 수 있는 것은 자기 자신이 되는 것이 유일하다. 우리는 자기 자신 외에 다른 사람이 될 수 없다. 역설적으로 자발적으로 자기 자신이 된다면 부정적인 면은 상쇄되고 더 빛나는 모습으로 변모한다. 자기 자신이 되는 것만 가능하다는 것을 깨닫는다면 삶이 한결 쉬워진다. 다른 것을 신경 쓸 필요 없이 자기 자신만 되면 되기 때문이다. 자기 자신이 된다는 것은 자신의 어두운 면과 밝은 면을 모두 껴안는다는 의미이다. 나를 사랑하는 과정은 나를 알아차리고 인정하는 과정이다. 어두운 부분을 알아차리고 인정하고 사랑하는 것이 바로 정화이다. 내면이 깨끗해진다는 것이고 시야가 선명해진다는 의미이다.

자신에 대한 사랑에 대한 가장 높은 수준의 선언은 다음과 같다.
나는 나를 인정하고 사랑한다.
여기에 숨어 있는 말을 포함해서 진술하면 다음과 같다.
나는 (이 순간 깨어서 나 자신의 어두운 면을 알아차리고 바꾸려 하거나 숨기려 하지 않고) 나를 인정하고 (있는 그대로 느끼고 수용하고) 사랑한다.

자신을 존재하도록 도와준 근원인 신과 부모님에게 감사하여 변화를 일으킨 예를 살펴보자. 전홍준 선생님의 예가 이를 이해하는 데 도움이 된다. (『완전한 몸 완전한 마음 완전한 생명』에서 인용함. 미주 참조.)

● 　　　　교통사고로 다리뼈가 분쇄 골절이 되고 근육에 심한 손상을 받은 30대 남자 환자의 경우입니다. 대학 병원에 입원하여 전문적인 치료를 받고 있었지만 골절된 뼈는 골수염이 되고 근육은 괴사되어 의료진을 힘들게 했습니다. 몇 차례 이식 수술을 받았지만 회복될 가능성이 거의 없었습니다. 언제부터인가 다리를 절단할 수밖에 없다는 쪽으로 결론이 나고 있었습니다. 이 무

럽 환자는 '생명의 참 모습은 빛이다.'라고 믿고 오직 그렇게 상상하며 관찰했습니다. 밤낮을 가리지 않고 사무친 마음으로 생명의 근원과 하나 되기를 하고 있었는데, 일주일째 될 무렵 갑자기 미역국이 먹고 싶어졌습니다. 종전에는 미역국을 그렇게 좋아하는 편이 아니었는데 자신도 이해할 수 없을 정도로 미역국이 먹고 싶어진 것입니다. 며칠 동안 미역국을 먹었지만 그래도 물리지 않아 계속 먹고 있었습니다. 이때 이상한 일이 일어나기 시작했습니다. 골수염이 많이 좋아지게 된 것입니다. 이 환자는 나중에 약간의 장애가 남았지만 다리를 절단하지 않고 회복되었습니다. 이런 일은 왜 생기는가 하면 환자가 자신의 주의를 절망적인 다리에다 두지 않고 불가능이 없는 생명의 근원에다 온통 주의를 모은 결과 더 높은 생명의 근원으로부터 직관의 지혜와 치유력을 보내오고 있었기 때문입니다[23].

질병 대신 생명의 근원에 집중하면서 그저 감사하고 사랑하는 마음을 전하면 생명의 근원이 존재하는 것을 인정하는 것이고, 생명의 근원과 같은 진동수로 진동하는 것이며, 비로소 그것과 하나 될 수 있다. 그 높은 진동수가 질병을 회복시키고 문제를 해결한다. 신과 마찬가지로 부모님도 자신을 존재할 수 있도록 도움을 주신 분들이다. 그러나 누구나 부모님에 대해 크고 작은 서운한 마음과 원망하는 마음을 품고 있다. 건강을 회복하기 위해서는 그 마음을 푸는 것이 중요하다. 일본에 살고 있는 한 중년 남자의 이야기를 예로 들어 보자. (『완전한 몸 완전한 마음 완전한 생명』에서 인용함. 미주 참조.)

● 　　　그의 병은 중증 위암으로 물도 마시기 어려울 정도로 악화되어 있었습니다. 이 환자는 어린 시절 지나치게 엄격한 아버지 밑에서 자라 심한 불만과 거부감이 늘 마음속에 자리 잡고 있었습니다. 그는 일본의 한 인성 개발단체인 '생장의 집 수련 코스'에 참가하게 되었는데, 여기에는 부모에 대해 감사하는 마음을 회복하게 하는 프로그램이 있습니다. 내용은 아주 간단합니다. 그저 "아버지, 감사합니다. 어머니, 감사합니다."를 반복해서 외치면서 감사하는 마음이 우러나오도록 하는 것입니다. 말과 생각의 힘을 이용한 일종의 자기 암시법이라고 볼 수 있겠지요. 이것은 매우 쉽고 단순한 방법이지만 마음에 변화를 가져오게 하는 뛰어난 효과가 있다고 합니다. 이 남자는 며칠 밤을 새워가며 부모에 감사행을 계속하고 있었는데 어느 순간 눈물이 펑펑 쏟아지며 아버지를 원망했던 자신에 대해 깊은 참회가 일어났습니다. 용서를 비는 마음이 생기고 이어서 아버지가 진심으로 감사하게 느껴졌습니다. 이 일이 있고 나서 얼마 후에 타르 같은 검은 물질이 대변을 통해 쏟아져 나왔습니다. 그 후 사흘 동안 가벼운 출혈이 계속되었습니다. 마침내 나흘째가 되면서부터는 음식을 먹어도 부담스럽지 않더니 결국 그는 완전히 회복되었습니다[24].

　　노래는 근원에 대해 감사할 때 흘러나오며, 자신을 사랑할 때에도 흘러나온다. 자신을 사랑하면서 시작된 노래에 대한 예를 살펴보자. (『삶에 기적이 필요할 때, 현대인의 삶을 바꾸는 긍정 확언과 끌어당김의 법칙』에서 인용함. 미주 참조.)

● 1987년, 스물네 살 때 크론병에 걸렸습니다. 약을 먹었지만 통증은 극심했고, 2년 뒤에 더 나빠졌습니다. 의사는 스테로이드를 투여하겠다고 결정하면서, 어쩌면 장의 일부를 제거하는 수술을 해야 할지도 모른다고 말했습니다. 나는 고통이 지긋지긋했지만 수술을 받고 싶진 않았습니다. 왜냐하면 수술은 진정한 치료가 아닌 미봉책에 불과하다고 여겼기 때문이지요. 다른 치료법을 찾기 위해 나는 기도를 하기 시작했습니다. 한 친구가 캘리포니아 산카를로스의 서클 스타 극장에서 열린 강연회에 나를 초대했습니다. 그곳에서 루이스 헤이를 만났고, 그 순간부터 내 삶은 변화하기 시작했습니다. 나는 사랑이 치유하는 힘이 있다는 것을 알게 되었고, 거울을 보며 매일 확언을 하기 시작했습니다. "나는 나 자신을 있는 그대로 받아들이고 인정해."라고 반복해서 말하기 시작했습니다. 지금 나는 기적 그 자체입니다. 나는 마흔다섯 살이고, 아무 약도 복용하지 않고 있습니다. 그리고 20년 전보다 훨씬 더 건강합니다. 2년마다 대장내시경 검사를 받고 있는데, 매번 건강한 상태입니다[25].

자신을 사랑하는 것은 모든 문제의 답이다. "있는 그대로의 나를 사랑해."라고 말하는 순간 변화가 시작된다. 어떤 일이 있어도, 이 경험에서 배운 것만을 생각하자. 자신을 비난하지는 말자. 자신을 비난한다고 해서 자신이 더 사랑스러워지는 것은 아니다. 사랑스러운 사람인 척하는 것이 목표가 아니라 진정한 사랑을 품은 사람이 되는 것이 목표이다. 그러므로 자신을 비난하지 말자. 자신 있는 그대로 인정하고 알아주자. 자신에게 고맙다고 말해 주자. 거울을 볼 때마다 자신에게 고맙다고 하자. 힘든 상황에서도 자신은 잘 견뎌 주었다. 그런 자신에게 감사하고 사랑하자. 그 순간 노래가 흘러나오고 새로운 문이 열린다. 그 문을 통해 새로운 길이 나타난다.

근원에게 감사하고 자신을 사랑한다면 가슴으로부터 높은 진동수가 흘러나온다. 이 노래는 온 세상을 향해 물결을 일으킨다. 사랑은 만물의 고유 진동수이기 때문에 사람, 사물, 빈 공간 할 것 없이 모두가 이 노래를 알아차리고 공명한다. 이 상태에서 우리는 자신의 밝은 면을 사랑할 수 있다. 자신을 있는 그대로 살펴본다면 진흙 속에서 보석처럼 반짝이는 무언가를 알아차릴 수 있다. 그것은 '욕구'이다. 밝은 부분을 사랑하는 과정은 욕구를 찾아서 그림을 그리는 차원으로 들어가는 것이다. 그 과정에서 욕구는 소망이 된다. 진흙 속의 작은 보석이 하늘의 별이 되는 것이다.

그림을 그린다는 것은 실제로 무엇을 말하는 것일까?

12

그림

그림

그림 그리기는 축복하는 것이다.

축복이란 욕구가 이루어지도록 기원하는 것이다.

축복은 사랑의 하나이다.

그림 그리기는 현존의 한 형태이기도 하다.

현존과 동떨어진 것이 아니다. 그림을 그리는 차원은 노래, 그림, 춤 가운데 가장 빠르게 진동하는 차원이다. 천천히 진동하는 물질계(物質界)와 다르게 매우 빠르게 진동하고 있다. 빠르게 진동하는 가능성의 장과 하나가 되어 그 차원에서 생생하게 존재하는 것이다.

우리는 모두 그림을 그린다. 그 방식이 무의식적인지 의식적인지 하는 차이가 있을 뿐이다. 지금까지 마음속에 이미 여러 그림들을 그렸다. 반복된 그림은 우리 마음속에 각인된다. 각인된 그림은 믿음이 된다.

자신의 건강에 대해 가지고 있는 그림은 모두 제각각 다르다. 어떤 사람은 활력이 넘치며 모든 기능이 훌륭하고 어떤 병이 있어도 이겨낼 수 있는 몸에 대한 그림을 간직한다. 그 사람은 실제로도 건강하며, 피로를 잘 회복하고, 감기에 잘 걸리지 않으며, 좋은 컨디션을 유지한다. 병에 걸려도 결국에는 회복한다. 어떤 사람은 주변에서 들어 본 여러 병들이 자신을 찾아올까 두려워한다. 약하고 무기력한 몸에 대한 심상을 간직한다. 실제로도 여러 질환에 취약하며 생기가 없다. 이러한 심상은 건강뿐 아니라 풍요, 관계, 직업 면에서도 동일하게 영향을 미친다. 우리는 삶의 전분야에서 자신에 대한 그림을 가지고 있다.

그림을 그리는 것은 식당에서 주문을 하는 과정과 같다. 그림을 그리는 것은 또한 내비게이션에 목적지를 입력하는 것과 같다. 목적지는 지금 위치한 곳과 당연히 다른 곳이다. 위치도 다르고 풍경도 다르다. 하지만 많은 사람들은 내비게이션에 가고 싶은 곳을 입력하지 않고 만족스럽지 않은 지금 있는 곳과 비슷한 장소를 입력하곤 한다. 가난한 현실이 싫지만, 지금 가난하기 때문에 미래에도 가난할 것이라 생각한다. 부자가 되고 싶지만, 여러 제약 때문에 어렵다고 생각한다. 만일 내비게이션에 입력만 한다면 원하는 어떤 곳에든 데려다 줄 수 있는 자동차가 있다면 어떻게 하겠는 가? 그때에도 지금 살고 있는 곳의 주소를 입력하겠는가? 삶이라는 자동차에는 내비게이션보다 더 정교한 장치가 있다. 바로 잠재의식이다. 이것은 가능성의 장이기도 하다. 가능성의 장은 자신만의 화실이다. 화실 안으로 들어가는 일이 쉽지는 않지만, 만일 들어갈 수만 있다면, 그곳에서 되고 싶은 자신, 하고 싶은 일, 갖고 싶은 것에 대해 그림을 그려 넣어 둘 수 있다면, 그 일이 이루어지도록 온갖 일이 일어날 것이다. 잠재의식 속에 그림을 그려서 불가능한 것처럼 보인 일들을 해낸 사람들의 이야기는 많은 책들 속에서 찾아볼 수 있다. 불치병을 회복하고, 가난한 이가 부자가 되고, 사회의 가장 낮은 곳에서 가장 높은 계층의 사람이 되었던 수많은 예들이 있다. 우리가 상상하는 것, 종이에 목표를 적는 것, 비전보드에 이루고 싶은 목표에 관한 사진을 붙이는 것도 잠재의식에 그림을 건넬 수 있는 수단이다.

그들의 공통점을 정리하면 그림을 그릴 때는 세 가지 과정이 필요하다.

첫째, 자신의 밝은 면인 욕구를 알아차리고 상징을 정한다.
둘째, 가능성의 장에 들어간다.
셋째, 가능성의 장 안에서 상징에 관한 그림을 놓아 둔다.

가능성의 장이란 무엇인가?
가능성의 장은 양자 수프, 불교의 공성(空性)과도 같이, 텅 비어 보이지만 그 속에 무한한 가능성이 갖추어져 있는 공간이다. 빈 공간처럼 보이지만 비어 있지 않다. 매우 빠르게 진동하는 에너지로 채워져 있다. 이곳에 도달하여 상상한 그림들은 이루어질 확률이 매우 높다.

가능성의 장에는 어떻게 도달할까? 신, 큰 자아 혹은 이 순간을 알아차리고 감사를 하면 작은 자아는 현존과 같은 진동수로 진동한다. 나 자신을 있는 그대로 받아들이는 과정을 거치면 자신은 열쇠가 되어 아귀가 딱 맞아서 투명해진다. 이 과정은 노래를 부르는 과정과 같다. 다만, 그 과정에 조금 더 깊게 들어가야 한다. 그 과정을 온 마음으로 행하게 되면 시간과 공간, 그리고 나의 몸을 벗어난다. 진심으로 감사하고, 감사의 에너지에 흠뻑 젖은 후 미간 사이를 바라보는 명상법이 도움이 된다. 뇌파는 알파파에서 조금 더 깊게 들어간다. 세타파까지 내려가기도 한다. 자신을 잊게 되는 그때, 가능성의 장에 도달하게 된다. 자신만의 화실에 들어온 것이다.

그곳에서 상징을 토대로 그림을 그린다면 놀라운 일이 벌어진다.

다시 표현하면 다음과 같다. 노래하는 상태에서 가능성의 장을 알아차리고 높은 에너지를 선택하여 가능성의 장과 같은 진동수로 진동한다. 그 과정을 통해 가능성의 장과 하나가 된 후 의식적으로 상징을 선택하고 소망이 실제로 이루어졌을 때의 고양된 느낌을 미리 느껴야 한다.

잠재의식에 그림을 그리는 과정의 원형이 될 만한 예를 소개한다. 그림을 그리는 과정은 인디언 기도에서 아름답게 묘사하고 있다. (『Gregg Braden, The Isaiah Effect: Decoding the Lost Science of Prayer and Prophecy』에서 인용함. 미주 참조.)

● 　　　미국 서남부에 100년 만에 최악의 가뭄이 왔을 때 일입니다. 나는 인디언 친구인 데이비드를 따라 그의 부족의 '신성한 원(medicine wheel, 둥글게 돌을 놓아 만든 원)'이 있는 곳으로 갔습니다. 그는 그곳에서 비 기도를 할 참이었습니다. 마침내 높은 산 정상에 있는 신성한 원에 도착하자, 그는 신발을 벗었습니다. 얼마나 엄숙하게 신성한 태도로 신발을 벗는지 그 자체가 기도로 보였습니다. 그는 맨발로 대지 위에 섰지요. 그리고 등을 돌려 신성한 원의 돌 가까이로 걸어갔습니다. 소리 없이 그는 신성한 원을 돌았어요. 하나하나의 돌과 그의 조상들에게 존경을 표현하면서. 그의 발은 신성한 원의 돌들로부터 3센티미터 이상 떨어지지 않았어요. 그는 신성한 원의 돌에 발이 닿지 않도록 주의했지요. 신성한 원의 가장 바깥쪽 돌을 돌았을 때, 그의 얼굴은 내 쪽을 향하고 있었습니다. 놀랍게도 그의 눈은 굳게 감겨 있었습니다. 그는 시종 눈을 감고 돌았던 것입니다. 그럼에도 그는 정확히 각각의 돌 옆에 발을 디뎠어요. 신성한 원을 다 돌자 그는 걸음을 멈추고 똑바로 섰습니다. 그리고 양손을 얼굴 앞으로 모은 뒤 기도했어요. 한여름의 뜨거운 햇빛에 그대로 노출되어 있는데도 그의 숨결은 거의 느껴지지 않았어요. 그렇게 잠시 기도를 하던 그는 마침내 깊은 숨을

내쉬며 그의 자세를 풀었습니다. 그리고 내게 왔어요. 그가 말했습니다.

"이제 다 끝났네."

내가 놀라서 물었습니다. "벌써? 비를 내려 달라는 기도를 하러 온 것 아닌가?"

그가 신발을 신고 앉으며 말했습니다.

"아니, 나는 '비가 내리는' 기도를 하러 온 거야. 만일 내가 비를 내려 달라는 기도를 하러 왔다면 결코 비는 오지 않을 것이네."

놀랍게도 얼마 후 구름 한 점 없던 날씨가 점차 흐려지기 시작하더니 갑자기 비가 쏟아지기 시작했어요. 한두 방울씩 내리던 비는 순식간에 굵어지기 시작했고, 이내 천둥번개가 치기 시작했습니다. 검은 먹구름이 우리가 내려오는 골짜기를 뒤덮었습니다. 비는 억수같이 퍼붓기 시작했지요. 이러다가는 홍수가 나는 것이 아닐까 걱정이 될 정도였습니다. 우리가 그 골짜기를 빠져나올 즈음 멀리 동쪽 산들과 내가 서있는 골짜기 입구 사이에 펼쳐진 너비 18킬로미터의 거대한 들판이 호수로 변했습니다. 그날 저녁 지역 방송국의 날씨 특보는 콜로라도주 남부와 뉴멕시코주 북서 지역 전체에 장대비가 내리기 시작했음을 전하고 있었습니다.

그렇다면 이렇게 오랜 가뭄을 끝내고 비를 오게 한 데이비드의 기도, 아니 인디언 기도의 비밀은 무엇일까요? 데이비드는 이렇게 이야기했습니다.

"어렸을 때 어르신들이 내게 기도의 비밀을 알려줬네. 비밀은 다음과 같아. 우리와 이 세계의 힘을 이어주는 다리는 바로 우리의 가슴이네. 우리의 감정과 우리의 생각이 결혼하는 것은 바로 여기, 우리의 가슴이란 말이지. 기도하면서 나는 현재의 모든 것에, 그리고 과거에 일어났던 모든 것에 감사를 드렸네. 나는 황무지의 바람에게도, 대지의 뜨거운 열기에게도, 심지어 가뭄에게도 감사했네. 그런 다음 나는 새로운 메디슨, 비가 내리는 메디슨을 선택했지. 나는 눈을 감고 신성한 돌 둘레를 돌며 비가 온다고 생각하기 시작했네. 그리고 곧 비가 내 몸을 촉촉이 적시는 것을 느끼기 시작했지. 단순히 그렇게 상상한 것이 아니라 깊은 몰입과 집중 속에서 실제로 그렇게 느낀 것이네. 그때 나는 비를 맞으며 마을의 큰 광장에 맨발로 서 있었던 것 같네. 비에 젖은 땅이 내 발가락 사이로 스며드는 것을 느낄 수 있었지. 그리고 태풍 속에서 우리 마을 집의 흙벽과 지붕을 덮은 이엉에서 나는 그 비릿한 냄새를 맡을 수 있었네. 나는 마을에서 나와 비를 맞으며 가슴께까지 자란 옥수수밭 사이를 걸어갔네. 그 황홀하고 짜릿한 느낌은 뭐라 표현할 수가 없었지. 눈을 감고서 나는 그 모든 것을 느낄 수 있었네. 이것이 바로 우리가 기도하는 방식이라네. 뭔가를 원한다면 먼저 그것을 오감(五感)으로 느껴야 하네. 실제로 그것이 이루어졌을 때처럼 눈으로 보고, 귀로 듣고, 냄새를 맡고, 피부로 느껴야 하는 것일세. 그때 기도는 비로소 힘을 발휘하지. 이것이 우리가 새로운 씨앗을 뿌리는 방식이네[26]."

인디언의 기도에 그림을 그리는 모든 과정이 잘 설명되어 있다.

그림을 그리기 위해서는 마음을 고요하게 해야 한다. 자신을 비워야 한다. 명상의 상태와 같다. 명상의 상태에 다다르기 위해서 마음을 고요하게 만들려고 하면 실패한다. 마음에 고요함이 일어나야 한다. 뇌와 심장이 일관되어야 한다. 뇌파를 낮추기 위해 도움이 되는 방법은 공간에 의식을 두는 것이다. 인디언이 눈을 감고 신성한 돌의 주변을 돌기 위해서는 공간에 의식을 두어야 한다. 눈을 감고 마음으로 주변 공간을 바라보고 걷는 동안 명상의 상태에 도달했다. 공간을 본다는 것은 물체와 물체 그리고 그 사이도 본다는 의미이고 부분이 아닌 전체를 본다는 의미이다. 이때 뇌는 이 순간을 대상화하지 않는다. 분석하지 못한다. 그저 침묵한다. 사실 신을 알아차린 것이기 때문이다. 공간 혹은 전체를 의식하면 뇌파는 느려져 알파파가 흘러나온다. 제각각 다른 노래를 부르다가 한 목소리를 내는 합창단과 같다. 그 합창단에게 신과 같은 진동수의 노래를 부르도록 해야 한다. 그 방법은 감사이다. 인디언은 현재의 모든 것에, 그리고 과거에 일어났던 모든 것에 감사를 했다. 심지어 가뭄에게도 감사를 했다. 문젯거리에게 감사를 하면 문젯거리에 엉겨 있는 부정적인 에너지는 상쇄된다. 마음을 청소할 수 있고 마음을 비울 수 있다. 감사는 정말 놀라운 힘을 가지고 있다. 나는 가슴을 여는 데 있어 이보다 더 훌륭한 방법을 알지 못한다. 현재 알고 있는 모든 것, 기억하는 과거의 모든 것을 그냥 기억하는 것과 감사를 더하는 것은 너무나 큰 차이가 있다. 어떤 대상에 감사를 더

하는 순간 그 대상은 이미 달라진다. 그 대상의 부정성은 상쇄되고 최상의, 최선의 특성이 드러나게 된다. 현재와 과거에 대한 집착은 녹아내리고 장애물처럼 보였던 부분은 텅 비게 된다. 이 상태에서 상상을 하면 가슴과 머리는 연결된다. 머리와 가슴이 연결되면 비로소 잠재의식은 눈을 뜨고 우리가 그리는 그림을 받아들인다. 그림은 생생하게 그려야 하며 오감으로 느껴야 한다. 인디언이 비가 내리는 그림을 그릴 때 비가 몸을 적시는 느낌(촉각), 비가 내릴 때의 비릿한 냄새(후각), 가슴께까지 자란 옥수수(시각)처럼 여러 감각을 통해 생생하게 느끼면 어느 순간 내가 그린 그림이 실현되었다는 자각이 생긴다. 이 자각은 고양된 느낌을 동반하는데, 이 느낌은 뭐라 표현할 수가 없는 짜릿함과 황홀함이다. 이러한 고양된 느낌까지 도달하면 그림은 나만의 화실에 걸린다. 음식점에서 주문은 되었다. 내비게이션에 새로운 목적지가 입력되었다. 그 후에는 그 그림이 이루어지도록 온갖 동시성이 일어난다.

　그림을 그릴 때에는 인간적이고 솔직해야 한다. 화실에 걸어 두는 상징은 자신이 해야 할 일이다. 사회가 정해 줄 수 없고 다른 사람이 할 수 없다. 자신만의 상징을 찾기 위해서는 자신을 세심하게 관찰해야 한다. 자신의 욕구가 무엇인지를 알아차려야 한다. 욕구를 알아차리고 상징화를 하면 소망이 된다. 욕구는 원석과 같아서 그 가치를 모르고 내면 어딘가에 먼지 쌓인 채 놓여 있을지 모른다. 하지만 절대 사라지지는 않는다. 잊히거나 억누르거나 무시할 수는 있어도 사라지지는 않는다. 그 욕구와 일치되는 일을 할 때는 가슴은 두근거리고 자신은 사라지고 시간도 공간도 사라진다. 정신을 차렸을 때는 시간이 훌쩍 지나갔음을 알게 되고 무언가 반짝거리는 것이 남았다는 것을 알게 된다. 하지만 대부분 우연으로 치부하거나 마음의 재잘거림을 듣는다. '그 일 하느라 중요한 업무를 못했잖아.' 이 욕구를 소중하게 대하면 우리는 지름길을 찾게 된다. 아픈 사람들이 낫는 모습을 보며 가슴이 뭉클했다면 아픈 사람들에게 도움이 될 만한 사람이 되는 것이 자신의 욕구일 것이다. 이 욕구를 실현하기 위해 상징을 정해 보자. 그 상징은 의사일 수도 있고 간호사일 수도 있다. 다른 이가 몰랐던 치료법을 찾아내는 사람일 수도 있다. 상징을 정해서 화실에 걸어 두면 욕구는 소망이 된다. 하늘에서 반짝이는 별이 된다.

부정적인 감정을 이용해 자신의 소망을 찾아낼 수도 있다. 성공한 사람을 보았을 때 질투심이 난다면 자신도 성공하고 싶은 소망이 있는 것이다. 또한 그 감정을 더 깊게 들여다보면 성공하고 싶은 소망의 이면에는 성공하여 다른 사람에게 사랑을 받고 싶은 마음이 숨어 있다. 변호사가 된 사람이 부럽다면 변호사가 되어 정의로운 사회를 만드는 일이 소망일 수도 있으며 변호사가 되어 다른 사람에게 인정을 받고 사랑받는 것이 소망일 수도 있다. 어떤 감정을 느껴도 그 감정에 솔직해야 한다. 그 감정에 감사를 전하고 그 감정을 살펴볼 용기를 내야 한다. 그래야 그 감정은 자신에게 선물이 될 수 있다.

어떤 사람이 되는 척할 때, 그 순간을 알아차리면 무엇을 그려야 할지 알 수 있다. 부자인 척을 하거나 강한 척을 할 때, 풍요롭고 강한 자신을 생생하게 상상하고 이루어졌다는 것을 느낄 수 있다면 부자인 척, 강한 척을 할 필요가 없다. 무엇을 두려워한다는 것을 알아차린다면 그 반대를 그리면 된다. 외로워질까 봐 두렵다면 좋은 사람들에게 둘러싸여 행복해하는 자신을 그릴 수 있다. 시험에 떨어질 것이 두렵다면 시험에 합격한 모습을 그릴 수 있다.

소망을 이루어 나가는 삶을 살게 된다면 소망이 점점 변하기도 한다. 성공하고 부자가 되고 건강하고 좋은 인연을 만나는 소망에서 더 나은 사회로 변화시키는 일에 가슴이 설렐 수 있다. 욕구는 살아 있는 생명처럼 자라고 변한다. 그 욕구를 살펴보다 보면 평생에 걸쳐 욕구를 소망으로 변모시키는 일을 하게 된다. 그 소망은 하늘의 별이 되어 어두운 밤에도 굳건하게 반짝인다. 그 별에 맞추어 삶의 흐름이 바뀐다.

소망 중의 소망, 소명을 발견하는 것은 매우 중요하다. 그 일을 생각하면 설레고 고양되는 감정을 느낀다면 그것이 당신의 소명일 가능성이 높다. 자신의 소명을 알게 되면 현실의 어려움은 작게 느껴진다. 매일매일 생기에 찰 것이다.

일기를 쓰면 자신의 소망을 찾는 데 도움이 된다. 오늘 가장 기분 나빴던 일을 한 가지 적고 오늘 가장 기분 좋았던 일을 한 가지 적는다. 그리고 자신에게 묻는다. 기분 나빴던 그 당시 나는 어떤 사람이 될까 봐 두렵고 화났을까? 내 존재가 초라해 보여서, 혹은 내가 옳지 않은 사람으로 보여서, 내가 희생자처럼 보여서 등 여러 가지 답이 나올 것이다. 그 과정을 알아차리는 것만으로도 마음이 홀가분해지는 경우가 많다. 자신에게 다음과 같이 이야기해 주자.

"네가 실패하고 약해지고 아프고 틀려도 나는 널 사랑한다."

이 말은 강력하다. 네가 걱정하는 일은 일어나지 않을 것이라고 말하지 말자. 마음은 그 말이 틀렸다고 계속 논쟁을 걸어 올 것이다. 온갖 증거들을 가지고 올 것이다. 걱정하는 일이 일어나도 계속 나를 사랑한다고 말해 주자. 그 말이 더 근원적인 치유책이다. 마음은 잠잠해질 것이다. 불안해지고 두렵고 화날 때마다 그 감정을 억누르지 말고, 알아채고, 인정해 주고, 자신에게 이야기해 주자.

"나는 널 사랑한다. 어떤 경우에도 널 사랑한다."

기분 좋았을 때를 떠올리며 자신에게 묻는다. 그 일이 나를 어떤 사람으로 만들었길래 이렇게 기분이 좋았던 것일까? 자신이 사랑받고 있음을 알게 될 때 기분이 고양될 수 있다. 자신이 누군가에게 사랑을 표현할 힘이 있는 사람임을 알게 되거나 누군가를 행복하게 해 주었다는 것을 알게 되었을 때 뿌듯했을 수 있다. 어떤 일을 해내는 데 필요한 사람을 만나거나, 정보를 알게 되거나, 작은 성공을 했을 때 설레었을 수 있다. 혹은 훌륭한 의사, 소방관, 과학자의 삶을 알게 되었을 때 가슴이 벅차올랐을 수 있다. 그 길이 당신의 소명일 수 있다.

무엇을 그려야 할지 알았다면 정성 들여 그림을 그려야 한다. 하나의 의식처럼 진지하고 진실하게 정성껏 그림을 그려야 한다.

그림을 그리는 데는 두 가지가 필요하다. 하나는 마음을 고요하게 하는 것이고, 또 하나는 감사이다. 마음을 고요하게 한다는 것은 현존한다는 것이고 신을 의식하는 것이고 뇌를 일관되게 한다는 것이다. 여러 명상법이 있지만 공간을 의식하는 것, 침묵을 의식하는 방법이 강력하다. 인디언이 기도를 할 때 눈을 감고 신성한 원을 돈다는 것은 공간을 의식한다는 의미일 것이다. 인디언과 같이 해도 좋고, 자신의 내부를 응시하거나 머리 위쪽을 마음으로 바라보아도 된다. 심장이 뛰고 있는 가슴속 공간을 의식해도 된다.

마음이 고요해지면 감사를 선택한다. 자신을 여기까지 오게 한 모든 것에 감사를 드린다. 신께 감사를 드리고 자기 자신에게도 감사를 전한다. 자신을 괴롭히고 있는 문제에게도 감사한다. 문제에게 이 역할을 해 주어 감사하다고 전하자. 내가 누구인지 알게 해 주어 고맙다고 이야기하자. 알아차림과 감사로 마음이 고요해지면 응시하는 그 공간이 바로 가능성의 장이다. 자신만의 화실이 보인 것이다. 이 화실에 새로운 자신을 선택한다. 자신이 결정한 상징을 지닌 새로운 자신을 생생하게 선택한다. 새로운 자신을 마음의 눈으로 보고, 듣고, 만지고, 냄새 맡고, 맛볼 수 있다면 고양된 감정이 흘러나온다. 황홀하고 짜릿한 느낌이 생긴다. 이미 이루어졌음을 알게 되어 마음이 차분해지기도 한다. 이제 화실에 그림이 걸렸다. 그 감정을 일부러 일어나게 할 수 없다. 저절로 우러나게 해야 한다.

그림의 차원에서 가장 높은 수준의 선언은 다음과 같다.

나는 지금 새롭게 창조한다.

숨어 있는 말을 포함해서 진술하면 다음과 같다.

(삶의 주인인) 나는 (이 순간 삶이 어려워 보이고 나 자신이 부족해 보이지만, 삶에 감사하고 자신을 사랑한다.) 지금 (내가 소망하는 상징들을 누리고 있는 자신을) 새롭게 창조한다.

그림이 화실에 걸렸다면 그 그림을 보고 신이 당신에게 춤을 청하러 올 것이다.

춤은 어떻게 이루어지는가?

13

춤

춤

춤이란 우리가 몸을 움직여 외부와 관계를 맺는 모든 것이다.
노래, 그림, 춤 중 춤은 진동수가 가장 느리다. 스포츠, 악기 연주, 다른 사람과 대화, 만남, 요리, 공예, 사회활동 등이 모두 '춤'이다. 우연의 일치, 징조, 동시성을 경험하는 차원도 춤의 차원이다. 몰입(flow)이 일어나는 차원이다. 춤이 제대로 일어난다면 나와 대상은 하나가 되고 과정은 물 흐르듯이 진행된다.

이 과정은 미묘하다. 노래와 그림의 차원보다 오해가 많이 일어난다. 마법과 같은 일들이 많이 일어나는 차원으로, 많은 사람들이 이 차원의 비밀을 알아내려고 노력했다. 춤은 몰입, 도(道), zone으로 표현되는 차원이다.

춤에 대해 설명하기 위해 스포츠, 악기, 만남에 대해 말하는 것이 좋겠다. 춤을 출 때는 나와 대상이 있다. 활을 쏠 때는 나와 활이 관계를 맺어 활쏘기라는 춤이 된다. 피아노를 칠 때는 나와 피아노가 관계를 맺어 연주라는 춤이 된다.

춤은 어떻게 이루어지는가?

이 순간 신이 춤을 청하러 왔음을 알아차리고, 높은 에너지인 내맡김으로 춤은 완성된다. 내맡김은 사랑의 하나이며 감사의 다른 이름이기도 하다.

신이 춤을 청하러 왔음을 알아차린다는 것은 세 가지를 말한다.

첫째, 신이 지금 여기에 춤을 추기 위해 있음을 알아차린다는 것이다.

둘째, 춤을 청하고 손을 건네고 있음을 알아차린다는 것이다.

셋째, 나도 이 순간 춤에 참여하는 한 부분으로서 순수하게 인식한다는 것이다.

하나씩 살펴보자.

첫째, 신이 지금 여기에 춤을 추기 위해 존재한다.

신은 이 순간 이 자리에 있다. 그것도 춤을 추기 위해 있다. 신을 더 높은 자아, 더 큰 영혼으로 불러도 좋다. 나의 삶을 가능하게 하는 더 큰 무언가는 언제 어디서나 항상 나와 함께 한다. 이를 알아차린 상태와 알아차리지 못한 상태의 차이는 너무나 크다. 알아차리지 못한 상태에서는 이야기 속의 한 인물이 되어 기억과 생각과 감정에 반응하며 갈등과 애증을 반복하며 꽃을 만들기를 반복할 것이다. 시간과 장소와 등장인물만 달라질 뿐 패턴은 같을 것이다. 그리므로 우선 신을 알아차리는 것이 중요하다. 내면의 빈 공간 혹은 외부의 빈 공간을 바라보고 이 공간이 과연 아무것도 없는 빈 공간인지 잠깐 살펴본다면 어느새 신비로운 무언가를 알아차릴 것이다. 도저히 신이 없을 것 같은 때라도 자신의 호흡을 바라본다면, 자신의 심장을 바라본다면 자신의 생명을 가능케 하는 무언가를 알아차리는 것이다. 여기서 더 나아가 신이 단순히 옆에 있는 것만이 아니라 나와 춤을 추기 위해서 왔다고 생각하자. 그림을 그리려 온 것이 아니라 춤을 추기 위해 왔다. 나도 춤을 추기 위해 여기에 있으며 내 앞에 있는 대상도 춤을 추기 위해 여기에 있다. 그림으로 본다면 부족하지만 춤으로서는 온전하다. 흠결이 없다. 이러한 인식이 춤을 추는 첫 단추이다. 내 자신은 완벽한 열쇠이며 나를 제외한 세상은 완벽한 자물쇠라고 생각해 본다면 어떨까?

한 아버지가 아들의 생일이 되자 아들이 바라는 선물을 방에 놓아 두었습니다. 그리고 아들에게 말했습니다. "아들아, 저 방에 네가 그렇게 갖고 싶어 했던 선물이 있단다. 여기 〈열쇠〉가 있으니 어서 문을 열어 보렴." 그러자 아들이 〈열쇠〉를 바라보더니 말했습니다. "아빠, 나 이 열쇠가 마음에 안 들어요. 왜 이렇게 크고 못생겼죠? 더 예쁜 열쇠를 주세요."

이 이야기에 나오는 아들은 우리와 많이 닮았다. 그토록 바라던 선물이 바로 옆방에 있고 자물쇠에 꼭 맞는 열쇠까지 주어졌는데 열쇠의 모습이 마음에 들지 않는다고 투정한다. 여기서 문에 꼭 맞는 열쇠는 지금 이 순간의 있는 그대로의 우리 자신이다. 더도 말고 덜도 말고 꼭 이 순간 그대로의 자신이 바로 완벽한 열쇠이다. 그 자각이 문을 열어 준다. 만일 열쇠와 자물쇠의 아귀가 꼭 맞는다면 어떻게 될까? 아귀가 완전하게 맞으면 열쇠와 자물쇠의 경계가 사라질 것이다. 그럼 말 그대로 열쇠와 자물쇠는 하나가 될 것이다. 만일 '이 순간은 원래 이래야 한다. 다음 순간은 더 나은 순간이 될 수 있겠지만 어쨌거나 이 순간은 원래 이래야 한다. 자기 자신도 이래야 한다. 그저 이 순간 나 자신은 완벽하다. 즉 내가 꿈꾸는 자신이어서 완벽한 것이 아니라 열쇠로서 완벽하다.'라는 마음으로 자신을 바라본다면 나와 세상은 아귀가 딱 맞아 경계가 사라질 것이다. 그리고 나는 말 그대로 이 순간과 하나가 되어 버릴 것이다. 부처님께서는 이렇게 말씀하셨다. "우리는 하나다." 부처님은 아마 매 순간 완벽한 열쇠가 되어 문을 열고 또 여셨을 것이다. 예수님께서는 이렇게 말씀하셨다. "한 알의 밀알이 썩지 않으면 그저 한 알의 밀알이지만 썩으면 수없이 많은 밀알이 열리리라." 한 알의 밀알이 이 순간 자신을 내맡기지 않으면, 그대로 수용하지 않으면 자물쇠는 자물쇠, 열쇠는 열쇠로 아귀가 맞지 않은 채 아무 성과 없이 끝난다. 밀알이 이 순간의 작은 나를 붙잡지 않고 완전히 내려놓으면 이 순간과 아귀가 딱 맞아서 경계가 사라진다. 즉 썩게 되어 문은 열린다. 예수님께서는 아마 매 순간 썩고 또 썩어 수많은 밀알을 만들어 내셨을 것이다.

　우리는 완벽한 열쇠가 되는 상태, 춤을 추는 상태를 경험한 적이 있다. 책에 완전히 몰입해서 읽다 보면 자신의 존재는 사라지고 책을 보는 행위만 존재할 때도 '우리는 하나다'의 경지다. 사랑하는 사람과 함께 있을 때에도 자기 자신은 사라지고 사랑과 평화가 그 자리에 남는다. 잠깐의 산책, 잠깐의 명상의 시간도 그 시간이 될 수 있다. 거울을 보며 "아무개야, 나는 너를 있는 그대로 사랑해. 고마워."라고 말할 때도 그 순간이다. 마음에 안 드는 친구를 볼 때도 마음속으로 '친구야, 난 네가 지금 이래야 할 순간임을 알아. 미안해. 사랑해. 고마워. 너를 통해서 내가 판단하고 저항하고 있는지, 아니면 열쇠가 되는지 알게 되었어. 고마워.'라고 말할 때도 바로 그 순간 열쇠가 되는 순간이다. 열쇠가 되어 문을 열면 마음에 안 들고 힘들었던 그 순간이 축복으로 변해 버린다. 매일매일이 이러한 반전의 연속이 될 수 있다.

　열쇠가 자물쇠와 떨어져 있다가 서로 접하는 과정을 춤으로 바라보자. 열쇠는 열쇠로, 자물쇠는 자물쇠로 이미 온전하다. 이 둘이 서로를 완벽하다고 생각하고 만난다면 경계는 사라질 것이다. 춤이 이루어질 것이다. 열쇠와 자물쇠가 말 그대로 하나가 되고 그 순간 문이 열린다. 질적인 변화가 일어난다. 하지만 이 둘이 서로를 그림으로 본다면 어떻게 될까? 춤의 대상으로 보는 것이 아니라 그림으로 보아서 서로를 온전하지 못하다고 생각하고, 어딘가 모양이 마음에 들지 않는다고 불평하면 어떻게 될까? 서로 모습을 바꾸려고 애쓰면 어떻게 될까? 춤은 사라진다. 통제와 애씀으로 꽃을 만드는 삶으로 넘어간다.

신이 나에게 춤을 청한다는 것은 나와 대상을 둘러싸고 있는 신이 있음을 알아차린다는 것을 전제로 한다. 신이 나와 대상을 둘러싸고 존재함을 알아차린다면, 그리고 그 존재에 감사하고 내맡길 수 있다면 높은 수준의 에너지 상태로 넘어가게 된다. 마음은 고요해지고 영감이 솟아날 것이다. 이 상태로 접어들기 위해서는 주의를 어떻게 기울이는지 살펴보아야 한다. 대상에만 집중하는 좁은 주의와 대상을 포함해서 공간을 함께 자각하는 넓은 주의가 있다. 넓은 주의가 자각을 3차원적으로 만들고 신을 자각하는 상태로 이끈다. 실제로 뇌파는 느려지고 일관된다. 넓은 주의를 위해서는 사물뿐 아니라 공간을 자각하는 것이 도움이 된다. 주의를 의식적으로 넓혀 전체를 자각하는 것도 효과가 있다.

1980년의 모스크바 올림픽을 준비하고 있던 중장거리 육상선수에게 일어난 일을 살펴보자. (『오픈포커스 브레인』에서 인용함. 미주 참조.)

● 저는 몸 상태가 나쁘고 의욕이 떨어진 채로 시합을 치렀던 적이 있었어요. 출발 신호가 울린 뒤에, 저는 몸싸움을 피하고자 뒤로 처져서 한참을 꼴찌로 달렸어요. 저는 좋은 기록을 내지 못하리라고 생각했지요. 그런데 몸의 불편함과 더불어서, 이전과는 다른 상태로 들어가고 있음을 알아차렸어요. 저는 육상트

랙에 닿는 발소리, 얼굴에 부딪히는 바람, 그리고 평소에는 무시해 왔던 다른 감각들을 동시에 느꼈어요. 목표를 향한 강압적인 생각이 사라졌고 내면의 이야기도 잠잠해졌어요. 경기가 3분의 2쯤 펼쳐졌을 때, 경주에서 1등을 하려면 지금 즉시 전력질주로 치고 나가야 한다는 생각이 들었어요. 그러자 별다른 노력을 기울이지 않았는데도 실제로 그 일이 일어났어요. 저는 이완된 상태에서 별안간 속도를 내더니 결국 최고 기록으로 1등을 차지했어요[27].

목표지점과 자신에게 마음이 붙들려 있으면 이를 어떻게 해서든 통제하려고 했을 것이다. 이러한 집착에서 벗어나 현재 느껴지는 여러 감각을 함께 받아들이는 순간 꽃피우는 삶으로 넘어간다. 전체를 바라보는 것은 신을 알아보는 상태와 비슷하다. 신을 알아보는 상태에서 이 순간을 그대로 받아들이는 순간, 꽃을 만드는 것을 항복하는 순간, 진동수는 상승하고 현재와 같은 진동수가 되어 현재와 하나가 된다. 그리고 평소와 다른 의식상태가 되어 영감을 받게 된다.

암벽 등반가인 제리의 예도 살펴보자. 제리가 바위가 많은 콜로라도 산악지대의 험한 암벽 위에서 고립되었을 때였다. (『오픈포커스 브레인』에서 인용함. 미주 참조.)

● 저는 공포에 휩싸였어요. 긴장한 탓에 손과 발을 걸칠 곳을 전혀 찾지 못했어요. 등반에만 집중하며 불안을 억누르

려 했지만 두려움으로 꼼짝도 할 수 없었어요. 그때 곤경에 처한 저를 본 아래쪽 동료가 이렇게 외쳤어요. "주의를 넓혀 봐![28]" 손을 떨던 저는 의식을 확장시켜 주의를 주변부로 넓히기 시작했어요. 몇 분도 채 되지 않아 마음은 차분해졌어요. 몸이 이완되자 손도 떨리지 않았어요. 다시 유연해졌지요. 공포심이 가라앉았고, 손의 그립도 단단해졌고, 저 자신이 산과 연결되어 있다고 느꼈어요. 손으로 붙잡고 발로 디딜 곳이 눈앞에 가득했어요. 시야는 크게 넓어졌고, 등반을 계속하여 손쉽게 꼭대기에 오를 수 있었어요[29].

주의를 넓히면 몰입하기가 수월해지고, 운동 선수들이 표현하는 특별한 상태(zone 혹은 flow) 안으로 들어간다. 야구 선수는 공이 슬로 모션처럼 천천히 움직이는 것처럼 보이기도 한다. 물 흐르는 듯이 경기를 치르게 된다. 이 상태는 억지로 만들 수 없다. 강하게 원한다고 만들 수 없다. 은총을 받는 것이고 허락을 받는 것이다. 기술이나 전략과는 관계없다. 나의 마음속 첫 생각, 초심이 가장 중요하다. 누구나 자신과 대상을 대하는 태도가 있다. 자신을 어떻게 생각하는지, 대상을 어떻게 생각하는지가 꽃을 만들지, 아니면 꽃을 피울지를 결정한다. 자신이 있는 그대로 온전하고 완전하다고 여기지 않는다면, 무언가 결핍되고 부족한 존재라고 여긴다면 자신을 고쳐야 하고 통제해야 한다고 생각한다. 나와 관계를 맺는 대상도 불완전하다고 생각한다면 역시 통제해야 한다고 생각하고, 원하는 상태로 만들어야 한다고 생각한다. 즉 꽃을 만들어야 한다고 생각한다. 이 상태에서는 긴장이 생기고, 두려움과 어느 정도의 분노도 섞여 있다. 이때는 몰입을 경험하기가 어렵다. 나와 대상을 어떻게 바라보는지는 무의식에서 이루어지며 주의 깊게 자신의 마음을 알아차리지 못한다면 어떻게 생각하는지도 모르는 채 관계에 임하게 된다. 이 상태에서 사람들은 이렇게 말한다. "열심히 최선을 다했는데 일이 잘 안 되네요." "겉도는 느낌이에요." 최선을 다했다고 하지만 이는 꽃을 만드는 데 최선을 다한 것이다. 관계의 정수를 체험하지 못했기 때문에 춤을 추지 못했고 겉도는 느낌이 든다.

만일 자신이 지금 온전하고 완전히 새롭고 완벽하다는 인식이 있다면, 그리고 나와 관계를 맺는 내 주변도 온전하고 완벽하다는 인식이 있다면 꽃을 만들려는 노력은 사라진다. 마음의 수다도 멎고 고요함이 생긴다. 시간은 느려진다.

춤을 추기 위해 알아차려야 하는 두 번째를 살펴보자.
신이 춤을 청하고 손을 건네고 있다.
이렇게 내면에서 열쇠와 자물쇠가 딱 맞게 되었다면 무도회의 문이 열리고 춤이 시작될 것이다. 이때는 춤이 시작될 수 있도록 마중물이 필요하다. 신이 내미는 손길을 알아차리는 것이다. 즉, 소망을 이루도록 도와주는 힘의 방향성을 알아주는 것이다. 신이 곁에서 춤을 청한다는 것에 감사하고 100% 만족한다는 뜻이다. 이 순간 감사하지 못하고 완전하게 만족하지 못한다는 것은 이 순간 무언가를 그림으로 보고 두려워하거나 화를 내고 있는 것이다. 신은 노파의 모습을 하고 춤을 청하러 왔다. 노파는 이 순간 필요한 춤을 완벽하게 출 수 있다. 그런데 노파의 모습을 보고 여러 판단을 한다. 그 순간 신의 손길은 사라진다. 물 반 잔의 비유를 살펴보자. 물 잔에 물이 반이 남았을 때 물이 반이나 차 있다는 것에 감사하면 물을 채우는 힘이 움직이기 시작한다. 물이 반밖에 차 있지 않아 두려워하거나 원망한다면 물은 점점 더 줄어들다가 사라질 것이다. 여기에 커다란 비밀이 있다. 이 순간 감사하는지, 감사하지 않는지에 따라 큰 차이가 생긴다. 이 순간에는 나의 건강을 돕는 힘과 풍요롭게 하는 힘과 성공하게 하는 힘이 동시에 작용하고 있다. 삶의 각각의 부분에 감사한다면 그 각각의 힘은 더욱 강해질 것이다. 두려워하거나 분노하거나 불만족스러워한다면 도와주는 힘은 멈추고 두려워하고 걱정했던 일이 일어날 것이다.

 삶의 각각의 부분에 감사한다는 것은 이 순간을 그림으로 보지 않고 춤으로 본다는 것이다. 이 춤을 일어나게 하는 어떤 힘에 완전히 만족한다는 것이다. 예를 들어 시력이 약해서 안경 없이는 또렷이 볼 수 없는 이가 있다고 하자. 하지만, 이 사람도 감사할 수 있고 만족할 수 있다. 지금 이 순간 이 정도를 볼 수 있도록 해 준 힘을 알아차릴 수 있다. 이 정도만큼 볼 수 있음에 감사할 수 있다. 잘 볼 수 없음에 불안감이 있다면, 이 순간에 대한 불안감이 아니라, 머릿속에서 재생되는 이야기 속에서 불안해하는 것이다. 감사하는 마음을 회복한 후 이야기 속의 자신을 안아 줄 수 있다면 불안감은 사라질 것이다. 지속적으로 감사하고 자신을 사랑한다면 평온해질 것이다. 자신의 시력을 회복시키는 힘에 믿음을 유지하며 이 순간 완전히 만족한다면 시력은 온전함을 찾아갈 것이다[30].

만일 시력이 아니라 다른 능력에 대해서도 100% 온전히 만족한다면 어떤 일이 일어날까? 자신의 얼마 안 되는 능력이 부끄럽다고 무시하지도 않고, 다른 사람의 시선을 의식해서 과장하지도 않고, 그 정도의 능력이 있다는 사실에 감사하고 충분히 인정해 주고 온전하게 만족한다면 시력이 완벽해지듯 다른 능력도 만개할 것이다.

건강하고 싶다면 지금 내 생명을 지탱해 주고 있는 지금의 건강에 감사하자. 풍요롭고 싶다면 지금 현재 가지고 있는 돈과 자신의 물건들에 감사하는 것이 먼저다. 성공하고 싶다면 지금 내가 가지고 있는 능력에 감사하는 것이 핵심이다. 행복하고 싶다면 지금 내가 누리고 있는 행복에 감사하는 것이 열쇠이다. 자신을 이만큼 건강하게 해 준 힘에 100% 감사한다면 그 힘은 더 강해지고 생명력은 피어날 것이다. 자신을 풍요롭게 하는 힘, 성공하게 하는 힘, 행복하게 하는 힘을 알아차리고 지금 상태에 완전히 감사한다면, 100% 만족한다면 질적인 변화가 일어난다. 이는 단순한 물 반 잔의 비유가 아닌, 가장 위대한 비밀 중의 하나이다.

마지막 세 번째 알아차림은 다음과 같다.

나도 이 순간 춤에 참여하는 한 부분으로서 순수하게 인식한다는 것이다.

이 순간의 온전함을 알아차리고 춤을 일으키는 힘을 알아차린 후에는 판단 없는 순수한 인식이 필요하다. 있는 그대로 보아야 한다. 판단 없이 순수하게, 있는 그대로 본다는 것은 무엇을 의미하는가? 여기서 판단한다는 것은 그림으로 판단한다는 것이다. 그림은 그림을 그리는 차원에서는 필요하지만, 춤추는 차원에서는 독으로 작용한다. 세상에서 가장 어려운 일 중 하나가 눈을 뜨고 바라보는 것을 그림으로 판단하지 않는 일이다. 춤으로 바라보겠다고 결심하지 않는 한 우리는 무의식적으로 그림으로 판단한다. 그림으로 판단하게 되면 자동적으로 통제하려고 한다. 이 순간을 자신이 바라는 그림과 비교하고 이 순간이 만족스럽지 않은 그림이라 생각한다면, 이 순간을 통제하려 한다. 그 과정에 분노와 두려움이 따라온다. 혹시 이 순간이 마음에 든다면 이 순간이 변할까 봐 초조해진다. 이 순간을 그림으로 박제해서 변하지 않게 하려고 한다. 집착이 따라온다.

분홍색 코끼리를 생각하지 않겠다고 결심하고 이를 성공하려면 어떤 방법이 가장 효과적일까?

'분홍색 코끼리를 생각하면 안 돼. 생각하지 말자.'라고 되뇌는 것일까? 이는 오히려 분홍색 코끼리를 더더욱 떠올리는 방법이다. 파란색 새를 생각하는 것이 더 효과적일 것이다. 이 순간에 그림을 그리지 않겠다고 결심하고 이를 성공하려면 어떤 방법이 가장 효과적일까? '그림으로 판단하면 안 돼.'라고 생각하는 것일까? 이 순간에 집착하지 않겠다고 결심하려면 어떤 방법이 가장 효과적일까? '이 순간에 집착하면 안돼. 집착하지 말자.'라고 되뇌는 것일까? 아니다. 이 순간이 완전히 새롭고 더도 말고 덜도 말고 완벽한 순간임을 주목하는 것이 더 효과적일 것이다. 가장 좋은 방법은 이 순간 춤을 추는 것이다.

그 다음 좋은 방법은 '집착이 일어나도록 두자. 판단이 일어나도록 내버려 두자. 그 감정이 일어나도록 해 보자.' 하고 멍석을 깔아 주는 것이다. 늘 일어났던 감정이므로 해야 할 일은 아무것도 없다. 마치 대본을 보고 연기하는 배우처럼 '그래, 감정을 잘 잡고 평소대로 집착을 해 보자. 잘해 보자.' 하고 의도적으로 판단하고 집착하려 하면 오히려 그 상태에서 떨어져 나온다. 어느 순간 가슴이 시원해지고 평화로운 공간 안에 들어가게 된다. 대상을 알아차리고 받아들임이라는 높은 에너지로 대했기 때문이다.

이러한 상태에서 나와 대상의 중립 변수에 주목해 보자. 중립 변수는 테니스 코치인 티머시 골웨이에게서 강조한 개념이다. 그의 말을 들어 보자. (『이너게임, 배우며 즐겁게 일하는 법』에서 인용함. 미주 참조.)

● 바른 행동을 하고 그릇된 행동을 하지 않도록 하는 지도가 학생의 자연적인 학습을 방해하고 있음을 인식한 후, 나는 학생들이 그런 지도 없이도 배울 수 있는 방법을 연구하기 시작했습니다. 우선 나는 학생들이 날아오는 공에 대해 보다 정확하게 인지하도록 도와주는 것에서부터 시작했어요. 백핸드에 어려움을 겪고 있는 학생이 있다고 가정해 봅시다. 나는 그에게 이렇게 말했

어요. "백핸드의 교정을 잠시 미뤄 두고 우선 날아오는 공을 관찰하는 데 집중해 봅시다. 예를 들어 라켓에 공이 맞는 순간 공이 상승 중이었는지, 수평비행 중이었는지, 또는 하강 중이었는지 관찰하는 것입니다. 나는 당신에게 무언가를 바꾸도록 요구하는 것이 아닙니다. 단지, 무슨 일이 일어나고 있는지 잘 관찰하기를 원합니다." "라켓에 맞는 순간 공은 상승하고 있었습니다." "이번에는 수평이었습니다." "이번 것은 공이 최고점에서 떨어져 날아오는 중이었습니다." 학생의 음성에서 그가 객관적인 관찰을 계속하고 있다는 것을 확인합니다. 그 순간 그는 비평적인 심리 상태에 있지 않았어요. 초기에 나는 평가하는 태도가 아닌, 비평가적 관찰 상태에서 하는 스윙이 종전의 스윙보다 기술적으로 한층 발전된 것임을 발견하고 크게 놀랐습니다. 라켓의 부자연스러운 움직임이나 어색한 풋워크도 없어졌어요. 자연스럽게 앞으로 발을 내디뎌서 몸의 균형을 유지했습니다. 기술 지도가 전혀 없었음에도 이처럼 스윙에 많은 변화가 일어났어요. 이 과정은 너무나 자연스러웠기 때문에 대부분의 학생은 자신에게 어떠한 변화가 일어났는지 눈치채지 못했죠[31]."

바른 행동이 무엇인지 알면 이 순간을 그림으로 바라본다. 자신의 모습을 그 그림과 비교에서 바른지 혹은 그른지 판단한다. 그르다고 판단했으면 바르게 바꾸려고 애쓴다. 이 과정이 테니스 기술을 발전시키는 데 도움이 안 된다는 것을 알게 된 후 티머시 골웨이는 중립 변수에 집중하도록 했다. 중립적이고 핵심적인 변수는 속도, 위치, 높이 등이다. 이 핵심 변수에 집중한다면 한마디의 기술 지도 없이도 적은 노력으로 지속적인 개선이 가능하다는 것을 알게 되었다. 이러한 일이 처음에는 마법처럼 느껴졌다고 한다. 이 상태가 바로 춤을 추는 상태이다. 그림을 그리는 마음이 잠잠해지고 흐름 속에서 시간을 잊고 몰입하여 춤을 추는 것이다. 핵심 변수는 춤추는 마음을 깨우기 위해 우리가 집중하는 변수이다. 나와 대상의 속도, 위치, 높이는 계속 변하는 변수이다. 이들은 그림을 그리는 마음에서 자유롭게 될 수 있다.

춤은 고유의 리듬을 알아차리는 것이다.

테니스에서 눈으로 볼을 주목하고 손으로 라켓을 의식하는 것이다.

운전에서 눈으로 앞 차와의 거리를 주목하고 손으로 핸들을 의식하는 것이다.

명상에서 날숨과 들숨을 의식하는 것이다.

테니스에서 마법과 같은 일이 벌어지듯이 운전 시에도 마법과 같은 일이 벌어진다. 물 흐르듯이 운전하게 된다.

명상 시에도 올바른 명상의 모습을 흉내 낸다면 꽃을 만들게 된다. 파도와 같이 밀려들고 밀려나는 리듬에 의식을 둔다면 호흡과 하나가 될 것이다. 호흡은 더 큰 나의 움직임이므로 더 큰 나와 하나가 되어 춤을 추게 되고 꽃은 피어날 것이다. 활을 쏠 때도 그것이 쏘게 되며, 악기를 연주할 때도 그것이 연주하게 될 것이다. 명상도 그것이 하게 될 것이다. 순수하게 인식함의 또 다른 예를 살펴보자. (『이너게임, 배우며 즐겁게 일하는 법』에서 인용함. 미주 참조.)

● 　　　휴스턴 필하모닉 오케스트라 단원들에게 이너게임을 설명하던 때가 생각납니다. 이너게임[32] 에 대한 간단한 설명을 마치자 단원들은 자신들의 눈앞에서 그것을 응용해 줄 것을 요청했습니다. 튜바 연주자가 자진해서 실험 대상이 되었습니다. 나는 다룰 줄 아는 악기도 없었고 튜바 독주도 들어본 적이 없었습니다. 나는 무대에 오른 연주자에게 그가 배우고 싶은 것이 무엇인지를 물었습니다. 그는 이렇게 대답했습니다. "고음 영역에서 아티큘레이션(articulation)이 가장 어렵습니다." 나는 그 의미를 전혀 이해할 수 없었지만 어쨌든 한 번 튜바를 불어 보라고 했습니다. 나에게는 아주 훌륭하게 들렸습니다만 그는 불만족스럽다는 듯이 고개를 흔들었습니다. 그의 지식에 의존하면 되기 때문에 나에게는 어떤 전문지식도 필요하지 않다는 것을 기억하면서 나는 그에게 "무엇이 마음에 안 들지요?" 하고 물었습니다. "분명하지 못해요." 라고 그가 대답했습니다. 나는 다시 "그것을 어떻게 압니까?"라고 물었습니다. 그는 "흥미로운 질문이네요. 사실 튜바의 관 끝은 내 귀에서 멀리 떨어져 있기 때문에 소리를 제대로 들을 수 없습니다. 그래서 혀에 느껴지는 감각으로 구별합니다."라고 대답했습니다. 그는 내가 코칭에 이용할 수 있는 핵심 변수에 근접하고 있었습니다. "혀의 느낌은 어떻습니까?" "예, 지금처럼 고음 영역이 있는 어

려운 악절을 연주할 때면 혀가 마르고 굳어서 잘 움직이지 않는 듯 합니다." 이제 나는 필요한 것을 모두 얻었습니다. 나는 그에게 "다시 한번 같은 악절을 연주해 보세요. 단, 이번은 아티큘레이션을 분명하게 하려고 애쓰지 마세요. 단지 그 악절을 연주할 때 혀의 상태에 어떤 변화가 있는지에 주목해 보세요."라고 말했습니다. 그는 다시 같은 악절을 불었습니다. 내 귀에는 하나도 달라진 게 없었습니다. 모두 아름다운 연주로 들렸습니다. 그런데 오케스트라의 단원들이 일제히 일어서서 박수를 치기 시작했습니다. 튜바 연주자는 회심의 미소를 지으며 스스로도 놀라고 있는 듯했습니다. 나는 그러한 결과에 신경 쓰지 않고 혀의 상태가 어떠했는지를 물었습니다. "혀가 계속 촉촉이 젖어 있었습니다. 게다가 굳어지지도 않았습니다." "이유가 무엇이라고 생각합니까?" "마음을 편안히 가졌기 때문이라고 생각합니다. 당신이 아티큘레이션을 잘하려고 애쓰지 말라고 하는 순간 압박이 사라졌습니다. 그리고 제 혀에 어떤 변화가 일어나는가에 강한 호기심을 느꼈습니다." "아마 압박을 느낄 때, 걱정하는 마음이 혀를 마르게 하고 굳어지는 느낌이 들게 하는 것 같네요. 그러나 혀에 의식을 집중함으로써 압박을 잊게 되고 두려운 생각이 사라졌습니다[33]."

춤에는 조금 더 연습이 필요하다. 주도권을 작은 나에서 큰 나에게 넘기는 과정이 필요하다. 영감을 느끼고 내맡기는 연습이 필요하다. 훌륭한 궁사가 되는 과정이기도 하다. 다만, 기교(術,

skill)가 아닌 예(藝, ART)의 수준에서 연습이 필요하다.

춤의 차원에서 가장 높은 수준의 선언은 다음과 같다.

지금 모든 것이 온전합니다. 나는 모든 것을 당신께 내맡깁니다. 나는 모든 것에 완전하게 만족합니다.

지금 여기에서 천사들이 춤을 청하고 있다면 지금 내가 할 수 있는 작은 춤은 무엇일까요?

여기에 숨어 있는 말을 포함해서 진술하면 다음과 같다.

(그림으로 본다면 많은 것이 불완전하게 보입니다. 통제해야 할 것이 많아 보입니다. 하지만 지금 이 순간을 어떻게 보아야 할지에 대한 선택권은 나에게 있습니다. 나는 춤으로 보기를 선택합니다. 춤으로 본다면) 지금 모든 것이 온전합니다. 나는 모든 것을 당신께 내맡깁니다. 나는 모든 것에 완전하게 만족합니다.

(그림으로 본다면 모든 일을 내가 통제해야 할 것 같지만 춤으로 보기를 선택한다면 내가 할 수 있는 일만 하면 됩니다.) 지금 여기에서 천사들이 춤을 청하고 있다면 지금 내가 할 수 있는 작은 춤은 무엇일까요?

노래, 그림, 춤. 이 세 가지에 대해 알아보았다. 각각에 대해서 다룬 책들은 많다. 노래, 그림, 춤 모두 진실이지만, 삶은 한 가지 차원에서만 이루어지지 않는다. 세 가지 모두가 빛나는 다이아몬드의 세 단면이다. 이 다이아몬드의 이름은 '알아주기'이다.

14

알아주기

알아주기

　알아주기는 알아차리기만큼이나 중요하다.
　꽃피움에 필요한 네 가지 보물을 살펴보았다. 네 가지 보물은 알아차리기, 감사, 사랑, 상상이다.
　감사, 사랑, 상상을 다르게 표현하면 '높은 에너지를 선택하기'이다. 다시 다른 말로 표현하면 '알아주기'이다.
　알아주기란 알아차린 대상을 대할 때 높은 에너지를 선택하는 것이다. 낮은 에너지를 선택하는 것이 아니라 높은 에너지를 선택하는 것이다. 알아준다는 것은 알아차린 대상에 감사하는 것이다. 나와 연결되어 있는 그 대상을 사랑하는 것이다. 상상을 통해 새롭게 창조하는 것도 알아주는 것이다. 내맡김도 높은 에너지인데,

대상에 대해 감사하고 사랑하면 내맡김이 저절로 일어난다. 내맡김을 억지로 할 수 없다. 내맡김도 꽃처럼 피어나는 것이지 만들 수는 없다.

어떤 대상을 알아준다는 것은 단순해 보이지만, 매우 심오하다. 대체 알아주기란 무엇인가? 이는 '사랑이 무엇인가?', '신이란 무엇인가?'처럼 깊은 개념이다. 알아주기를 제대로 한다면 삶은 송두리째 달라질 것이다.

다시 한번 생각해 보자. 대상을 알아준다는 것은 무엇을 말하는 것인가? 그 대상의 가치를 인정해 준다는 것이다. 진가를 알아봐 준다는 것이다. 고마워하고 소중하게 대하는 것이다. 대상이 그러한 대우를 받을 만하게 보일 때에는 알아주기가 어렵지 않다. 누가 보더라도 아름다워 보이고 성공한 것 같고 풍요로워 보인다면 인정하기 쉽다. 하지만 아름다움과 거리가 있어 보이고 실패한 것 같고 무언가 결핍되어 보일 때에도 알아주기를 할 수 있을까?

원치 않는 상황을 맞닥뜨리면 많은 사람들이 알아차린 대상에 대해 의식적으로 알아주지 못하고 반응해 버린다. 즉, 낮은 에너지를 선택한다. 낮은 에너지에는 '통제', '억압', '회피', '무시'가 있다. 대상을 바라는 모습으로 바꾸려고 분노를 품고 통제하거나, 드러나지 않도록 억압하거나, 두려움을 품고 그 상황을 회피하거나 없는 것처럼 무시하는 것은 알아주는 것이 아니다. 모두가 분노 혹은 두려움이 첫 마음이며 사랑과 감사와 관계없다.

다른 사람을 알아준다는 것은 지금 그가 어두움에 둘러싸여 있어도 그가 은총을 받고 있고, 신에게 받은 능력이 있으며, 사랑스럽다는 것을 알아주는 것이다. 상황이 안 좋아도 다시 좋아질 수 있다는 것을 그 사람 모르게 믿어 주는 것이다. 자신을 알아준다는 것도 마찬가지이다. 상황과 상관없이 자신은 사랑스러우며, 신의 은총을 받을 만하다는 것을 이해하는 것이다.

하지만 마음은 이 순간을 그림으로 보고 이야기를 만든다. 그림에서 어떤 정황을 지적하며 자신이 신에게 버림받았다고 속삭인다. 자신은 신에게 사랑받기에는 부족하며 죄가 있으며 수치스러운 존재라고도 속삭인다. 자신이 수치스럽고 잘못한 점이 있어서 신에게 버림받았다는 믿음이 모든 불행의 근원이다. 이 믿음이 바뀐다면 새로운 삶을 살 것이다. 자신은 지금 신에게 은총을 받고 있으며 나 자신은 존재 자체만으로도 사랑스러운 존재임을 알아차리고 믿을 수 있다면 머리부터 발끝까지, 처음부터 마지막까지 모든 것이 바뀌고 삶은 다이아몬드처럼 빛나게 될 것이다.

이 순간의 형상은 덧없으며 실재는 그림이 아니라 춤에 가깝다. 이 순간이 어두워 보여도 이는 동이 트기 전의 어두움일 수 있다. 실패한 것처럼 보일지 모르지만, 큰 성공을 앞둔 실패일 수도 있다. 마음은 그러한 흐름과 춤을 보지 못하고 그림으로 본다. 일면을 흘깃 보고 판단해 버린다. 동아줄을 보고 뱀이라 속삭인다. 솥뚜껑을 보고 자라라고 속삭인다. 이 순간의 한 부분만 보고 자신이 싫어하는 그 상황이라고 속삭인다. 이 속삭임에 홀리면, 지금 이 상황을 그대로 두면 안 될 것 같다. 통제해서 자신이 원하는 모습으로 바꾸든, 이곳에서 도망치든 무언가를 해야 할 것 같다. 하지만 이 순간을 제대로 알아준다면 마음이 끼어들 자리는 없을 것이다. 이 순간에 감사한다면 춤이 드러날 것이다. 시야는 넓어지고 몸은 이완될 것이다. 알아주기 위해서는 지금 자신이 신에게서 은총을 받고 있으며 사랑스러운 존재라는 것을 우선 알아차려야 한다.

이 마음을 어떻게 회복할까?

물 반 잔의 지혜를 기억하자. 같은 상황에서 어떤 이는 은총이 부족해지는 점을 주목하고 또 어떤 이는 은총 받고 있다는 점에 주목한다. 이 순간 무언가 다행인 점, 유익한 점, 배울 만한 점을 찾아내어 그 사실에 감사한다면 은총 속에서 살게 된다. 은총에 의해 일어나는 일에 주목하면 그 일이 눈에 더 잘 띈다.

이렇게 의식적인 주목을 통해 은총을 알아차릴 수 있지만, 은총 자체를 느낄 수도 있다. 신의 은총을 직접 느낀다면 여러 판단들 사이에서 혼란스러워 하지 않고 그릇된 판단을 압도할 수 있다. 느낌은 실제를 알아차린다는 것이며 실제는 착각을 걷어 버린다. 은총을 느낄 수 있다면 더 바랄 것이 없다.

자신의 가슴을 응시해 보자. 가슴 안에는 심장과 폐가 있다. 그리고 주변의 공간이 있다. 심장은 태아 때부터 쉬지 않고 뛰고 있다. 폐는 출생 이후부터 쉬지 않고 숨을 불어넣고 있다. 나를 살리기 위해 단 한 번 쉬지 않고 낮에도 밤에도 일하는 심장과 폐를 응시하면 나를 살리고 있는 어떤 힘에 감사할 수 있다.

이제는 모든 숨을 내쉬어 보자. 그리고 숨을 참아 보자. 얼마간 시간이 흐르면 숨을 들이마시고 싶은 생각이 들 것이다. 조금만 더 참아 보자. 더 이상 참지 못하게 되었을 때 코로 들이마신다. 코로 시원한 숨이 들어온다. 숨을 불어넣는 어떤 존재가 있다. 그 존재는 나를 살리기 위해 기어코 숨을 불어넣는다. 숨을 쉬면서도 숨에 대해 자각하지 못했지만, 이렇게 숨을 참아보면 들숨을 명확하게 자각할 수 있다. 이 들숨이 없었다면 나의 몸은 생명을 유지하지 못했을 것이다. 이 숨에 감사할 수 있다. 삶이 힘들 때, 불안에 빠져 헤어나오지 못할 때, 감사할 것이 없을 때, 이 연습은 숨을 자각하게 하고 가슴을 자각하게 하고 다시 감사의 상태로 돌려놓는다.

자신을 사랑한다는 것은 욕구를 잘 알아차린다는 것이다. 욕구는 자신의 어두운 면에도 녹아 있으며 밝은 면에도 녹아 있다. 욕구를 알아준다는 것은 욕구를 이해하고 새로운 자신을 창조하는 데 자양분으로 삼아서 '상상(想像)'한다는 것을 말한다. 욕구를 알게 되었을 때는 잘 알아주어야 한다. 높은 에너지를 선택해야 한다. 욕구를 이룬 것처럼 보이기 위해서 다른 사람들과 자신을 그 욕구에 맞추어 이리저리 통제하는 것은 알아주는 것이 아니다. 욕구는 옳은 것이 아니라고 여기거나, 자신이 그 욕구를 이루기에 적합하지 않다고 생각해서 그 욕구가 아예 없는 것처럼 무시하거나, 의식의 표면에 솟아오르지 않도록 억누르는 것도 알아주는 것이 아니다. 욕구를 알아차린 후 가장 바람직한 대응은 다음과 같다. "아, 지금 내게 욕구가 있구나. 이 욕구를 소망으로 바꾸어 보자. 이 욕구가 이루어졌다는 것을 어떻게 알 수 있을까? 어떤 상징들이 필요할까? 그 상징과 함께 하는 새로운 자신을 창조하자."

상상은 축복과 같다. 대상의 행복을 구체적으로 기원하는 행위이므로 축복이다. 자신을 축복할 수도 있고 다른 사람을 축복할 수도 있다. 자신을 축복할 때는 자신의 가장 훌륭한 모습을 마음속에 품는다. 다른 사람을 축복할 때는 다른 사람이 행복하고 풍요롭고 건강한 모습을 마음속에 품는다. 이것이 말로만 축복하는 것과 진정 축복하는 것의 차이다.

대응과 반응은 다르다. 대응은 알아차린 후 의식적으로 선택하는 것이고, 반응은 깨어 있지 못한 상태로 무의식 속에 있는 프로그램대로 움직이는 것을 말한다. 알아주기는 대응하는 것이다. 알아주기의 첫 감정은 감사와 사랑이다. 알아주기는 꽃피우는 행위이다. 창조하는 행위이기도 하다. 알아주기는 반응하기 전에 이야기를 알아차리고 이야기에 휩쓸리지 않고 잠시 멈추고 높은 에너지를 선택하는 것이다. 통제, 억압, 회피, 무시는 이야기에 반응하는 것이다. 반응의 첫 감정은 분노 혹은 두려움이다. 반응하는 것은 싸우거나 도망가는 것이다. 약해 보이면 싸우고 강해 보이면 도망친다. 반응하는 것은 꽃을 만드는 행위이다. 대응하는 것과 반응하는 것은 큰 차이다. 이 차이가 모든 것을 가른다.

대응을 할 때 조심해야 할 것이 있다. 잠시 멈추고 알아차리고 이성으로 계산해 '알아주는 척'하는 것은 대응이 아니다. 싸우거나, 도망치는 반응은 하지 않지만, 감사하는 척, 사랑하는 척, 축복하는 척하는 모습을 의도적으로 보이는 것은 알아주기가 아니다. 척하는 것은 꾸미는 것이고, 꽃피우는 것이 아니라 꽃을 만드는 것이다. 낮은 에너지를 선택하는 것이다. 그 선택에 주변 사람이 속을 수는 있겠지만, 자신은 속일 수 없다. 가슴 속에 평온은 없다.

알아주기를 할 때는 첫 단추를 잘 끼워야 한다. 처음부터 가슴에서 시작해야 한다. 가슴 안을 응시하고 가슴 안에서 살면서 지금 은총을 받고 있으며, 자신이 사랑스러운 존재임을 알아차린 후 시작해야 한다. 자연스럽게 감사와 사랑이라는 빛이 타오르고 그 빛을 간직한 채로 축복하는 것이 진정한 대응이고 알아주기이다.

다시 정리하면 꽃피움이란 '알아차리고 알아주기'이다. 꽃피움은 어떤 대상을 알아차린 다음 높은 에너지를 선택하는 알아주기가 끊임없이 이어지는 과정이다. 알아주기가 감사일 수도, 사랑일 수도, 상상일 수도 있다. 이 모두는 내면에서 이루어진다. 따라서 겉모습에서만 성공과 아름다움의 비밀을 찾는 사람은 진정한 비밀을 알아낼 수 없다. 특정한 행동, 특정한 외부 조건이 진정한 비밀이 아니기 때문이다.

알아차리기와 알아주기는 선순환 관계이다. 알아차리기를 잘하면 알아줄 수 있다. 신이 곁에 있어 은총을 주고 있음을 알아차리면 '감사하기'라는 알아주기를 할 수 있다.

알아주기를 먼저 할 수도 있다. 무언가 힘들고 괴로운 일이 있을 때 우선 나지막하게 이야기해 보자. "하느님, 감사합니다. 지금은 알 수 없는 어떤 보물이 있음을 믿습니다."라고 한다면 우리는 우선 멈추게 되고 반응하지 않게 된다. 가슴의 진동수가 올라가게 되면 거기에 맞는 보물을 알아차리게 된다. 지금은 모를 수도 있지만 곧 알아차리게 된다. 그리고 어떤 힘을 얻게 된다. 그 힘으로 신의 은총을 알아차릴 수 있고 자신을 사랑할 수 있다. 그러면 더욱 감사할 수 있다. 감사한 마음을 내기 힘들 때에는 지금까지 살면서 감사한 일들을 떠올려도 된다. 누구나 살면서 힘든 일들이 많았겠지만, 그래도 이 부분만큼은 감사하게 생각할 수 있는 무언가가 있다. 감사 목록이 길수록 좋다. 그중 가장 감사하는 일들을 모은 베스트 감사 목록을 가지고 다니면 도움이 된다. 감사 목록에 주의를 기울이면 감사의 상태로 넘어간다. 어느새 감사의 렌즈로 바라보게 된다. 그 렌즈로 문제를 바라보고 감사의 에너지로 감싸 안으면 질적인 변화를 경험할 것이다.

알아주기가 어떤 마법을 일으키는지 예를 들어 보자. 사람과 사람 사이에서 알아주기는 진가를 발휘한다. 어떤 사람을 알아주면 그 사람은 최상의 모습을 보여 준다. 부부는 가장 가까운 관계이지만, 너무나 가까워서 더 서운하고 실망할 수도 있다. 소중하지만 어려운 이 관계에서 알아주기는 놀라운 일을 한다. 대런 하디의 이야기를 들어 보자. (『인생도 복리가 됩니다. 눈덩이처럼 불어나는 인생 역전의 기술』에서 인용함. 미주 참조.)

- 몇 년 전 친구가 제게 자기 아내에 대한 불평을 쏟

아 냈습니다. 제가 보기에 그녀는 매력적인 여자였습니다. 친구는 행운아였고요. 그렇게 얘기해 주었지만 그 친구는 자신이 불행한 이유가 온통 아내 탓이라면서 시종일관 비난하기에 바빴습니다. 그래서 저는 그에게 내 결혼 생활을 바꿔 놓은 경험을 들려주었어요. 어느 날, 저는 아내를 위한 '감사 일기'를 쓰기로 결심했어요. 그리고 이후 1년 동안 매일, 그녀에게 감사하고픈 일들을 적어도 한 가지 이상 기록했어요. 그녀가 친구와 어떻게 교감하는지, 우리 개를 얼마나 잘 돌보는지, 침대를 얼마나 산뜻하게 정리하는지, 식탁을 얼마나 재빨리 준비하는지, 심지어 그날의 헤어스타일이 얼마나 아름다운지 등을 세세히 적었어요. 나는 아내의 행동 중에서 나를 감동시킨 것들, 내가 감사하고픈 그녀의 특성이나 성격, 자질이 무엇인지 관찰하여 1년 내내 비밀스럽게 기록했고, 그렇게 1년이 지나자 일기 한 권이 완성됐어요. 그렇게 1년치 감사 일기를 그녀에게 건네자, 아내는 감동의 눈물을 흘리며 지금껏 받아 본 선물 중 최고라고 말했습니다. 그녀의 생일 선물로 BMW를 사 준 적이 있는데도 말이에요! 하지만 우습게도 그 선물로 정말 큰 감동을 받은 사람은 바로 저였어요. 감사 일기를 쓰는 동안 저는 아내의 긍정적인 측면에 집중했어요. 저는 의식적으로 그녀가 '올바르게' 행동하는 것을 모두 찾아내려 했어요. 그러자 불평할 일도 자연히 사라졌어요. 저는 새삼 그녀를 깊이 사랑한다는 것을 느꼈습니다(아마도 겉으로 드러나지 않았던 아내의 내적 아름다움을 발견했기 때문이었을 거예요). 그녀 안의 최고의 모습을 의도적으로 찾으려는 노력 덕택에 저는 매일 아내에게 감사하는 마음을 갖게 되었어요. 결혼 생활을 대하는 자세 또한 예전과는 달라졌고, 그에 따라 아내 역시 나를 대하는 태도가 달라졌어요. 결국엔 감사 일기에 적을 것들이 더욱 많아진 것이죠! 그저 매일 5분의 시간을 내어 그녀에게 감사해야 하는 이유를 기록하기로 한 결정 덕분에, 아내와 저는 최고의 결혼 생활을 경험했고, 지금도 점점 좋아지고 있는 중입니다. 내 이야기를 듣고 난 친구는 자기 아내를 위한 감사 일기를 쓰기로 결심했어요. 그리고 몇 개월 만에 그의 결혼 생활은 크게 호전됐어요. 아내의 긍정적인 면을 집중적으로 찾아보겠다는 선택이 아내를 바라보는 관점을 변화시켰고, 그가 아내와 교감하는 방식을 바꿔 놓았어요. 그러자 친구의 아내 역시 그를 다른 방식으로 대하기 시작했고, 이런 선순환은 그 후에도 계속됐어요[34].

아내 모르게 감사를 해도 아내와의 관계는 더 좋아질 수 있다. 감사는 표면적이고 의식적인 면보다 더 깊은 곳까지 영향을 미친다. 아내를 제대로 알아주면 아내의 장점들과 아름다움이 꽃피우게 될 것이다. 알아주기의 가치는 대하기 어려운 직장 상사의 관계에서도 빛을 발한다. 루이스 L. 헤이의 이야기를 들어 보자. (『치유, 있는 그대로의 나를 사랑하라』에서 인용함. 미주 참조.)

● 　　　한 남자가 클럽에서 피아노를 연주하는 일자리를 구했죠. 클럽의 주인은 불친절하고 무례하게 굴기로 유명한 사람

이었어요. 다른 종업원들은 그를 '죽음의 신'이라고 불렀어요. 이 남자는 나에게 찾아와 어떻게 하면 좋겠는지를 물었어요. 나는 모든 사람의 내면은 선하다고 했어요. 다른 사람이 클럽 주인을 어떻게 대하는지 간에 당신과는 상관없는 일이라고 말해 주었어요. 생각날 때마다 이 사람을 사랑으로 축복하라고 했어요. '나는 훌륭한 상사와 일하고 있다.'라고 끊임없이 말하라고 했어요. 꾸준히 이렇게 실천하라고 대답했죠. 그는 나의 충고를 받아들여 그대로 실천했어요. 그러자 클럽 주인은 이 사람을 따뜻하게 맞아 주기 시작했어요. 보너스를 챙겨 주며 다른 클럽에서도 일할 수 있게 알아봐 주었어요. 클럽 주인을 '죽음의 신'이라고 불렀던 다른 종업원들은 여전히 냉대를 받았죠[35].

훌륭하지 않는 상사를 훌륭한 상사로 생각하는 것은 거짓말이 아닐까? 분홍색 옷을 입은 사람에게 파란색 옷을 입었다고 하는 것은 거짓말이다. 하지만 선한 마음이 적거나, 선한 마음이 어두운 그늘에 잘 보이지 않는 경우에 그 사람의 선한 마음을 찾는 노력은 거짓이 아니다. 지금은 잘 보이지 않거나 작은 부분으로만 보이는 선함과 장점을 알아차리고 알아준다면 그 사람의 선함과 장점은 점점 더 강해지고 두드러질 것이다. 알아주기는 자신에게 화를 내고 있는 사람과의 관계에서도 효과가 있을까? 지니 르메어 칼라바의 이야기를 들어 보자. 컴퓨터 회사의 고객 서비스 담당자인 스테이시는 무례하고 불쾌한 고객에 대해 이력이 나 있었다. 그런데 어느 날부터 그들에게 감사하는 마음을 갖기 시작했다. (『소망을 이루어주는 감사의 힘, 감사는 파동이고 힘이며 에너지다』에서 인용함. 미주 참조.)

● 저는 하루 종일, 컴퓨터가 작동되지 않는다고 불평하는 사람들과 씨름하며 지내야 해요. 대부분의 고객들은 점잖게 행동하지만 개중에는 정말 짜증스러운 사람도 있죠. 중요한 순간에 컴퓨터가 작동되지 않는다며 그들은 고래고래 소리부터 질러 댑니다. 그러면 저는 화가 나서 불친절하게 대하곤 했어요. 누군가가 저를 함부로 대할 때 친절함과 상냥함을 잃지 않기란 쉬운 일이 아니죠. 어느 날 한 여성이 전화를 걸어 컴퓨터가 프린터를 인식하지 못해서 프린트를 할 수 없다고 노발대발 소리를 질렀어요. 그 순간 저는 아무리 화가 나고 그녀의 고함소리가 듣기 싫어도 감사하는 마음을 갖기로 결심했어요. 제가 할 수 있는 일은 마음속으로 '당신에게 감사해요. 당신에게 감사해요.'라는 말뿐이었죠. 저는 그녀를 돕기 위해 필요한 질문들을 건네는 동안 계속 이 말만 되풀이했어요. 그런데 갑자기 제 마음속에 이 여성이 그렇게 화가 난 이유는 컴퓨터를 사랑하기 때문이라는 생각이 들더군요. 그때부터 모든 일이 달라졌어요. 저는 그녀에게 화가 난 심정을 이해한다고 위로하며, 그녀가 얼마나 컴퓨터와 컴퓨터가 해 주는 일을 소중하게 여기는지 알 수 있다고 말했죠. 그러자 그녀는 소리 지르는 걸 멈추고 대답했어요. '그래요. 당신 말이 맞아요.' 그녀의 목소리는 한결 차분해졌고 저는 좋은 기분으로 전화 업무를 마칠 수 있었습니

다. 전화를 끊고 나니 날아갈 듯한 기분이었어요[36].

고객 서비스 담당자인 스테이시의 경험에 많은 것을 배울 수 있다. 스테이시는 고객과의 관계에서 '을'의 입장이고 '약자'의 위치에 있었다. 상대방의 무례함에 쉽게 상처받을 수 있는 환경에서 일하고 있었다. 그러나 상대방이 자신에게 화를 내고 있을 때 우선 '알아주기'를 실천했다. 당신에게 감사해요. 당신에게 감사해요.'라는 말을 계속 반복했다. 무엇에 대해 감사해야 할지 몰랐지만 지금 무언가 감사할 일이 있을 것이라 믿고 감사한다고 말했다. 감사하는 순간 이 순간에 대해 저항하는 마음은 수그러들고, 지금 상황을 있는 그대로 받아들이게 된다. 진동수는 올라가고 더 높은 존재 상태에서 이 순간을 맞이하고 대응할 수 있다. 더 높은 존재 상태에서는 상대방을 이해할 수 있고 상대방을 알아줄 수 있다. 상대방이 무엇을 사랑하고 무엇을 두려워하는지 알 수 있다. 상대방을 알아주면 상대방도 이전과 다른 존재 상태가 되고 다른 행동을 하게 된다.

마법과 같은 알아주기가 일어나는 곳을 어디일까? 이성적인 사고가 필요하니 뇌에서 일어나는 일일까? 놀랍게도 그곳은 '가슴' 이다.

15

가슴과 머리

❋
가슴과 머리
❋

　꽃피움은 가슴과 머리의 공동작업이다. 가슴과 머리가 이중주를 할 때 꽃은 피어난다. 가슴은 심장을 포함한 주변 공간과 에너지장을 말하며, 머리는 뇌를 포함한 주변 공간과 에너지장을 말한다.
　꽃피움의 시작은 노래이다. 노래는 가슴에서 이루어진다. 노래는 신을 알아차리고 알아주면서 일어나는 일이다. 노래 없이 그림을 그리는 것은 어려우며 춤을 추는 것도 쉽지 않다. 노래가 일어나는 가슴의 중요성은 강조하고 또 강조하고 싶다.
　가슴이라는 공간에는 쉬지 않고 북이 울린다. 쉼 없이 시원한 바람이 들어와 나갈 때는 따뜻해져 사방으로 퍼진다. 가슴이 바로 교회이고 절이다. 가슴이라는 공간을 응시하면 밝고 따뜻한 어떤 힘이 있다. 그 힘을 느끼고 있노라면 신이 지금 내 곁에서 은총을 내리는 것을 알 수 있다. 이를 알아차리면 감사함이 우러나온다. 그 힘은 천진하고 순수하며 사랑스럽다. 자신과 사랑에 빠지게 된다. 쉼 없이 은총이 내리고 자신과 사랑에 빠지는 가슴이라는 공간은 자신만의 성소이다.

가슴 안에 심장이 있다. 심장을 주의 깊게 바라본다면 심장의 경이로움에 놀라게 된다. 심장은 임신 3주에 이미 만들어지기 시작해 태아의 뇌가 생성되기 전에 이미 박동을 시작한다. 심장이 만일 70년 정도 박동한다면 조금도 쉬지 않고 하루에 10만 번씩 박동하며, 1년에 약 4천만 번, 평생 동안 30억 번 박동을 한다. 분당 7.5L 이상의 혈액을 내뿜으며 시간당 380L의 혈액을 9,600km(혈관의 총연장 길이로 지구를 두 바퀴 돌고도 남는 거리)를 순환시킨다[37]. 하트매트 연구소(HeartMath Institute)는 심장에 대해 선구적인 연구를 했다. 하트매트 연구소의 연구에 따르면 심장은 단순히 혈액을 뿜어내는 펌프 역할만 하는 것은 아니다. 심장은 우리의 느낌과 감정에 깊이 연결되어 있다. 뇌와 별개로 독자적인 지성을 가지고 있다. 스트레스를 동반하는 감정에 주의를 두면 심장은 일관성을 잃고 불규칙하게 박동한다. 반대로 심장에 주의를 두면서 감사, 자비, 기쁨 같은 고양된 감정을 떠올리면 심장은 일관되게 박동한다[38]. 이렇게 심장이 일관되게 박동할 때 우리 몸은 회복에 중요한 1,400개 이상의 생화학적 변화를 만들어 낸다[39]. 감사와 사랑에 주의를 충분히 두면 심장은 더 건강한 박동을 보이며 면역력에 중요한 면역 글로불린 항체 A(IgA[40])의 수치가 크게 상승한다[41]. 스트레스와 관련된 코르티솔의 농도는 크게 감소하고 항노화호르몬인 DHEA는 증가한다[42].

놀라운 점은 심장이 일관된 상태로 들어가면 뇌파도 동조한다는 것이다. 심장과 뇌의 동조는 심장 리듬이 10초마다 한 사이클을 끝낼 때(0.1Hz) 정확하게 일어난다[43]. 0.1Hz의 일관성 있는 주파수에 있을 때 우리는 깊은 직관의 상태로 들어가게 된다. 뇌파와 심장이 조화롭게 움직일 때, 생각이 명료해지고 더 큰 행복감을 느낄 수 있다.

노래가 일어나는 가슴은 해부학적인 심장뿐만 아니라 심장을 포함한 심장 주변의 공간, 에너지장까지 포함한다. 가슴 중심으로 산다는 것은 가슴이라는 공간을 의식하며 감사와 사랑을 느끼며 산다는 의미이다. 꽃피우는 삶에서 특히 중요하다. 비를 내리는 기도를 한 인디언은 다음과 같이 말했다.

어렸을 때 어르신들이 내게 기도의 비밀을 알려줬네. 비밀은 다음과 같아. 우리와 이 세계의 힘을 이어 주는 다리는 바로 우리의 가슴이네. 우리의 감정과 우리의 생각이 결혼하는 것은 바로 여기, 우리의 가슴이란 말이지[44].

화가 글렌다 그린이 예수님과 개인적 만남을 통해 나눈 이야기인 〈끝없는 사랑〉에는 다음과 같은 구절이 나온다. (『끝없는 사랑』에서 인용함. 미주 참조.)

●   외부만이 아니라 내면으로도 날마다 무한을 응시하시오. 무한은 드넓은 공간이나 지극히 미세한 것들에만 한정되는 주제가 아니오. 무한은 양적인 문제가 전혀 아니오. 사실 그건 질적인 거요. 당신의 가슴을 예로 들어 보죠. 내가 말하는 가슴이란 신체 기관의 하나인 가슴이 아니오. 비록 매 순간 당신 몸에 혈액을 공급하는 것이 심장이니만치, 신체 기관인 가슴을 진짜 가슴을 나타내기에 적합한 상징으로 삼을 수 있긴 하지만. 내가 말하는 가슴이란 당신 영혼 자체의 중심 초점을 말하는 거요. 그것은 당신의 영혼이 당신의 온갖 세속 감정들과 성스러운 자각들을 통합하여 무한 집적의 한 초점으로 모아들이는 렌즈요. 이 부위는 당신이 물질 존재로 있게 된 벽두부터 당신의 심장 뒤쪽이지만 심장보다는 약간 아래쪽에 있어 왔소. 이것이 창조주가 당신의 마음 안이 아니라 당신 내면에 설치한 권능의 원천이오. 마음은 단순히 종복에 불과하오. 그래서 마음은 긍정적인 충격을 받으면 제대로 잘 해내지만, 부정적인 충격을 받으면 영 제 역할을 못하는 거요. 가슴은 고귀한 지복의 감정들만이 아니라, 세속적인 온갖 감정들도 만들어 낸다오. 하지만 그냥 단순한 감정이 아니오. 그건 무한한 자각이고, 당신이 계속해서 흡수해 낼 모든 고귀한 의식의 토대요. 당신 삶의 대본 전체가 쓰이는 게 당신 존재의 중심부 안에 있는 권능에서요. 그러니 삶의 대본을 실현하거나 그것을 다시 쓰려면 마

음이 아니라 가슴에 따라 살아야 합니다. 당신의 마음은 그럴 힘이 없소. 하지만 당신의 가슴이 바란다면 무엇이나 실현될 거요[45].

심장은 그 자체만으로도 신비롭지만, 꽃피움에서 가슴의 역할을 알아차린다면 말로 표현하기 힘든 경이로움이 함께할 것이다. 가슴 안에 거하면서 노래를 할 수 있다면 머리는 가슴에 동조하여 오케스트라처럼 아름다운 화음을 낼 것이다. 가슴이 깊고 아름답고 신비로운 푸른 바다와 같다면 머리는 광활한 우주 같다.

머리 안에 우주에서 가장 복잡한 구조물인 뇌가 있다. 1.3kg 정도의 무게이며 자신의 두 주먹 크기의 작은 기관이지만, 여기에 우리가 느끼고 경험한 모든 자료가 담겨 있다. 이 자료를 처리하는 데 소비하는 에너지는 전구 하나의 소비량 정도이다. 사람의 뇌에는 1,000억 개 정도의 뇌세포가 있다. 각각의 뇌세포는 수만 개의 다른 뇌세포와 연결될 수 있다. 뇌세포들 사이에서 만들어질 수 있는 연결의 수가 적어도 수백조 개 정도 된다. 이는 우리 은하계에 속한 별의 수보다도 1,000배나 많은 숫자이다[46]. 뇌의 복잡성은 경이로울 정도이다. 이러한 연결의 더 놀라운 점은 이 수많은 연결이 고정되어 있지 않다는 것이다. 연결은 계속 달라진다. 이전 연결은 지워지고 새로운 연결이 이루어질 수 있다. 나이가 들어도 새로운 연결이 생길 수 있다. 끝없이 배우고 창조할 수 있다는 의미이다.

뇌파는 뇌 속의 신경세포가 활동하면서 발산하는 전파이다. 뇌파의 종류는 델타, 세타, 알파, 베타, 감마가 있다. 태어난 후 6세까지는 델타파와 세타파만 있다[47]. 델타파는 성인에서 수면 시에 보이는 가장 낮고 느린 뇌파이다[48]. 세타파는 성인에서 깊은 명상을 해야 보일 수 있는 뇌파이다. 이러한 델타파와 세타파가 6세 이전의 아이에서는 깨어 있을 때 보인다. 만 6세에서 12세 사이에는 주된 뇌파가 알파파로 바뀌고 만 12세 이후에는 베타파가 보인다. 따라서 6세 이전에 무언가를 경험하면 잠재의식 깊이 새겨지고 프로그램된다.[49] 이때 세상과 자신을 바라보는 방식이 정해지고, 렌즈의 종류가 정해지는 것은 어찌 보면 당연하다. 알파파가 주된 뇌파인 어린이 시기도 중요하다. 반대로 성인이 되어 다시 프로그램하고 렌즈를 바꾸기 위해서는 깊은 명상 상태로 들어가야 할 것이다.

뇌 중심부에는 편도체(amygdala)가 있다. 뇌의 변연계(limbic system)에 속하는 구조의 일부이다. 이는 원시적 두뇌(primitive brain)라고 불리며 현재 상황을 적으로 인식하여 분노 혹은 두려움을 일으킨다고 한다[50]. 편도체가 활성화되어 분노 혹은 두려움의 감정에 휩싸이게 되면 이성적으로 판단하기가 어려워진다. 우리가 부정적인 감정에 휘둘리며 그릇된 판단을 하고 갈등을 일으키는 경우가 이때이다. 편도체를 안정시키려면 어떻게 해야 할까? UCLA의 심리학자인 리버만(Matthew D Lieberman)은 부정적인 감정에 언어로 이름 붙이기(labeling)를 하는 실험을 했다[51]. 부정적인 감정에 '분노', '두려움'이라는 이름을 붙였더니 부정적인 감정이 줄어들고 보다 차분해졌다. 이는 꽃피움에서 알아차리고 높은 에너지를 선택하는 과정과 같다. 분노 혹은 두려움을 알아차리고 그것을 변화시키려 하지 않고 바라보고 알아주는 것은 높은 에너지를 선택하는 것이며 부정적인 힘을 상쇄시킨다.

2017년에 시행된 연구에 의하면 '감사'는 편도체에 긍정적인 영향을 준다[52]. 감사 명상을 한 후 뇌에 대해 기능적 자기공명영상(fMRI)을 촬영했더니 편도체가 안정적으로 변하고 감정도 평온해졌다는 것을 확인할 수 있었다. 감사는 가장 높은 수준의 에너지이다. 감사를 하면 분노와 두려움이 모두 상쇄된다. 감사라는 높은 수준의 에너지에 편도체는 공명한다. 편도체를 포함해서 뇌 중심을 이루고 있는 부분은 나의 어두운 면을 사랑하는 데 중요하다. 뇌 중심 부위에 어두운 기억이 엉겨 있기 때문이다. 이 부분을 가슴에서 우러나온 감사와 사랑으로 감싸 안는다면 치유와 회복이 일어날 것이다.

대뇌피질은 우리의 밝은 면을 사랑하는 데 중요하다. 이곳에서 소망을 이루는 데 필요한 상징들을 결정하기 때문이다. 대뇌피질을 통해 결정한 상징들을 자신만의 화실에 걸어 두면 그림 그리기는 완성된다.

우리 머리 속에는 우주에서 가장 복잡한 뇌가 있다.
우리 가슴 속에는 우주에서 가장 신비로운 심장이 있다.

가슴과 머리의 이중주를 통해 명상과 기도가 이루어진다.

16

명상, 기도, 선 禪

명상, 기도, 선 禪

명상과 기도는 모두 의식적으로 꽃을 피우는 행위이다. 선(禪, ZEN)도 그렇다. 삶의 매 순간이 꽃피움이 될 수 있겠지만, 일상의 반복되는 삶을 살다 보면 이야기 속에서 헤어나기 힘들다. 이 순간 신이 곁에서 은총을 주고 있음을 생생히 느끼기 어려울 때가 있고, 종종 이야기 속에서 자신을 희생자로 여길 때도 있다. 자신에게 창조력이 있다는 것을 쉽게 잊곤 한다. 내면에 힘이 있지만 이를 잊고 불안해한다. 자신을 불쌍하게 여긴다. 내면에 진실이 있다는 것을 알고 있다고 생각한다. 머리로만 알고 있는 진실이기 때문에 습관적으로 바깥에서 해결책을 찾으려고 한다. 이 순간 자신과 세상이 하나임을 어렴풋이 알고 있다. 자신은 온전히 여기에 있기만 하면 되고 세상도 있는 그대로 알아주기만 하면 된다는 것도 알고는 있다. 하지만 어제와 비슷한 풍경을 보면서 이야기 속으로 함몰되어 자신과 세상을 통제하려 한다.

이야기에서 벗어나 신의 은총을 느끼고 자신에 대한 사랑을 회복하기 위해, 자신만의 성소에서 가장 도움이 되는 자세로 자신만의 의식을 행할 수 있다. 이것을 바로 명상 혹은 기도라 한다. 명상과 기도는 꽃피움의 다른 말이다. 모두 꽃피움을 이루어 내는 행위이다. 선(禪, ZEN)도 꽃피움을 표현하는 또다른 말이다.

명상은 노래하는 일이고
기도는 그림을 그리는 일이다.
선(禪, ZEN)은 춤의 경지로 접어드는 일이다.

명상은 마음을 고요하게 하는 것이다. 마음을 어떻게 고요하게 하는가? 마음을 고요하게 '만들 수' 있을까? 마음은 고요하게 만들 수 없다. 마음은 고요해진다. 마음속 원숭이를 어떻게 조용하게 하겠는가? 원숭이를 감시하고 소리를 낼 때마다 주의를 주고 야단을 치면 조용해질까? 원숭이를 통제할수록 원숭이는 더 산만해질 것이다. 원숭이는 신(神)을 만나면 조용해진다. 신을 조우하면 할 말을 잃는다. 신을 만나기 전에는 쉴 새 없이 떠든다. 떠드는 내용은 크게 두 가지이다. 하나는 이 순간은 불완전하다는 것이다. 운이 다했든, 신에게 버림받았든 지금 위험하다고 떠든다. 또 하나는 자신은 지금 사랑스럽지 않다는 것이다. 자신이 부족해서 남에게 보이기 부끄럽다고 주장하기도 하고, 혹은 다른 사람이 나를 왜소하게 보이게 한다며 그를 증오해야 한다고 부추기기도 한다. 이 원숭이가 조용해질 때가 있는데, 바로 신(神)을 만날 때이다. 나를 넘어서는 더 큰 나, 나를 보살피는 어떤 존재, 감사가 우러나오는 어떤 현상 앞에서 조용해진다. 상황과 관계없이 나를 사랑하는 어떤 존재가 있다는 것을 알아차리는 순간, '나는 어떤 조건 없이도 충분히 사랑스러운 존재이다.'라는 명제가 사실이라는 것을 알게 된다. 그러므로 항상 감사함에 주의를 두어야 한다. 감사에 초점을 맞춘다는 것은 지금 은총을 받고 있음을 알아차리고 있으며, 신을 알아차리고 있다는 의미이다. 이것이 바로 명상의 정수(精髓)이다. 마음을 고요하게 하고 원숭이를 조용하게 하려는 모든 노력은 소용없다. 통제하면 빗나간다. 멋진 옷을 입고 조용한 사원에 앉아서 눈을 감고 있어도 그는 명상의 상태에 도달하지 못한다. 반대로 세상 어디에 있든 나만의 사원인, 가슴속에서 나에게 헌신하는 심장을 알아차리고, 파도와 같은 호흡을 알아차리고, 그 주변 공간을 알아차리며 감사할 수 있다면 그녀는 명상 중이다. 외부 조건에 관계없이 나를 사랑해 주는 어떤 존재가 있다. 내가 어떤 상태이든, 내 안에는 다이아몬드가 있다. 이를 인지하고 있을 때 가슴에서 노래가 흘러나온다. 따라서 명상은 꽃피우는 삶에서 노래의 차원이다.

기도는 절대자와 대화하는 행위이다. 절대자를 만나서 소명과 소망을 건네주는 의식이다. 이를 무의식적으로 하지 않고 의식적으로 행한다. 대부분 기도는 절박한 상태에서 한다. 무언가 내 힘으로 도저히 할 수 없을 때, 주변 상황을 통제할 수 없을 때 마지막이라는 생각으로 기도를 할 때가 많다. 두려움이 기도의 첫 단추일 때가 많다. 두려움을 첫 마음으로 가지면 노래는 흘러나오지 않는다. 노래가 흘러나오지 않으면 절대자를 만날 수 없다. 나만의 화실에 들어갈 수 없다. 대부분의 기도가 응답을 받지 못하는 이유이다. 상황이 어려울 때 감사한 마음을 낼 수 있다면 그는 어떤 상황도 변화시킬 수 있다. 언제든 신을 만날 수 있기 때문이다. '범사에 감사'하는 일이 그토록 중요한 이유이다. 꽃피우는 이는 상황이 어려울 때 최후의 방법으로 기도하지 않는다. 늘 기도한다. 사실 내가 혼자 할 수 있는 일이 단 하나라도 있을까? 신의 도움 없이 숨을 쉬고 생명을 유지할 수 있을까? 수십조의 세포가 흩어지지 않고 나를 위해 고도로 조직화되어 엄청난 화학 반응들을 쉴 새 없이 일으키며 항상성을 정교하게 유지하는 모습은 경이롭다. 이러한 균형을 유지하며 존재하는 것도 놀라운데, 책을 읽고 사유하며 식사하고 걷는 일은 기적이다. 물 위를 걷는 것이 기적이 아니라, 땅을 딛고 걷는 것이 기적이다. 꽃피우는 사람은 매 순간이 신의 도움이 필요하다는 것을 알고 늘 기도한다. '쉴 새 없이 기도하라.'라는 말을 실천한다. 늘 기도하는 마음으로 살지만, 그럼에도 힘든 일을 겪을 수 있다. 이때에도 감사하는 마음을 내고 자신만의 화실에 들어가서 나와 주변 사람들을 축복한다. 내가 가장 행복한 모습을 선택하고, 내 주변 사람들도 평화로운 모습을 상상한다. 따라서 기도는 꽃 피우는 삶에서 그림의 차원이다.

명상은 노래하는 것이며 기도는 그림 그리는 것이다. 명상과 기도는 꽃피움을 완성하는 데 필요한 퍼즐이다. 따라서 명상을 하면서 꽃을 피운 사람도 있고 기도를 통해서 꽃을 피운 사람도 있다. 건강도 꽃피움의 결과이기 때문에 명상을 통해 건강을 회복한 사람도 있고 기도를 통해 건강을 회복한 사람도 있다. 많은 건강 문제가 꽃피움을 통해 해결되지만 가장 빠르게 효과 여부를 볼 수 있는 것이 피부 문제이다. 비슷한 피부 문제를 노래 부르기와 그림 그리기로 어떻게 해결하는지 살펴보자. 먼저 명상을 통해 사마귀가 치유된 예다. 조 디스펜자의 이야기를 들어 보자. (『브레이킹, 당신이라는 습관을 깨라』에서 인용함. 미주 참조.)

● 나의 강연에 참석한 사람 중에 호세Jose라는 남자가 있었다. 그는 내게 자신이 이십대였을 때 처음 명상을 하면서 겪은 이야기를 들려주었다. 그 당시 그의 왼쪽 손에는 콩알만 한 크기의 사마귀가 열 개나 있었다. 그는 너무 창피해서 항상 주머니 속에 왼손을 넣어 숨기고 다녔다.

그러던 어느 날 누군가가 명상에 관한 책을 한 권 건네주었다. 그 책은 그저 호흡에 집중하고 마음이 몸의 장벽을 넘어 확장되도록 하라는 내용이었다. 어느 날 밤 그는 그 명상을 한번 해보기로 결심했다. 순식간에 그는 그동안 지나친 집착으로 위축돼 있던 상태에서 벗어나 확장되고 열린 집중 상태로 옮겨갔다. 익숙한 성격에서 벗어나 그 뻔한 생각과 느낌이 아닌 다른 무언가가 되었다. 시도 때도 없이 나오던 습관적인 생각의 패턴에서 벗어나 자아가 확장되는 경험을 한 것이다. 이 일이 일어나고 무언가가 바뀌었다.

다음날 아침 잠에서 깨어보니 사마귀 열 개가 모두 사라지고 없었다! 너무 놀라고 기쁘면서도 어떤 영문인지 알고 싶어 사방을 살펴보았지만 아무것도 없었다. 그는 사마귀가 모두 어디로 사라졌는지 알 수 없었다고 했다. 나는 그에게 몸 안의 질서를 유지하는 우주 지성이 자연스럽게 자기 일을 한 것뿐일 거라고 말했다. 마음에 일관성이 커진 만큼 그것을 반영한 더 큰 질서를 창조한 것 말이다. 그의 새롭고 주관적이며 일관된 마음이 객관적이고 일관된 상위의 마음과 연결되자 그 안의 엄청난 힘이 그를 치유한 것이다[53].

호흡을 통한 명상을 하면서 그는 자신보다 더 큰 존재와 하나가 되었다. 더 큰 존재가 되어 가슴에서 노래하게 되었다. 노래하는 상태에서 평소에 할 수 없었던 회복을 하게 되었다. 높은 진동수가 건강하지 못한 진동수를 상쇄했다. 높은 진동수에 온몸의 세포들이 공명하면서 몸은 다시 질서를 찾았다.

기도는 마음에 어떤 심상을 그리는 일이다. 상상하는 일이다. 상상을 통해 사마귀가 없어진 예가 있다. 앤드류 와일의 이야기를 들어 보자. (『자연치유』에서 인용함. 미주 참조.)

● 나는 이런저런 방법으로 사마귀가 사라지는 상상을 함으로써 실제로 사마귀를 제거한 사람을 많이 보았어요(이런 상상은 성인보다 어린이들이 더 잘하며, 사마귀가 저절로 사라지는 비율도 어린이들이 더 높죠). 왼손에 난 커다란 사마귀 때문에 나를 찾아온 남자가 있었어요. 의사들은 사마귀를 한두 차례 이상씩 지져 없앴으나, 언제나 다시 자라났다고 해요. 나는 그에게 매일 취침 전과 기상 후 몇 분간 하얀 빛이 사마귀 둘레를 감싸고 있는 상상을 하라고 했어요. 그는 내 말을 따라 한 달간 열심히 해 보았으나 사마귀는 아무런 변화가 없었어요. 그래서 나는 그를 이미지 요법사에게 보냈는데, 치료사는 이 남자와의 첫 면담에서 그가 토목공사용 증기삽에 대단히 관심이 많다는 것을 알았어요. 그는 어릴 적부터 증기삽과 불도저 같은, 땅을 파고 고르는 장비들만 보면 가슴이 뛰었다고 해요. 이미지 요법사는 그에게 매일 아침 저녁으로 증기삽이 자신의 사마귀를 긁어내는 것을 상상해 보라고 했어요. 그가 시키는 대로 하자 일주일 만에 효과가 나타나기 시작했어요. 2주가 지나자 사마귀는 거의 흔적이 없을 만큼 줄어들었고, 얼마 지나지 않아 완전히 사라져서 다시는 재발하지 않았다고 했어요[54].

잠들기 전과 잠에서 깨어난 후는 잠재의식에 비교적 쉽게 접근

할 수 있는 때이다. 충분히 이완되어 있는 시간이다. 이때 상상을 하면 자신만의 화실에 그림이 걸린다. 이미지 요법사가 권한 방법은 건강의 최종적인 그림이 아닌, 건강해지는 과정에 대한 그림이다. 최종적인 그림을 상상해도 되고, 건강해지는 과정에 대해 상상해도 된다. 다만, 자신이 그 그림을 믿어야 한다. 환자는 하얀 빛이 사마귀를 감싸는 상상으로는 사마귀가 없어진다는 '느낌'을 얻지 못했지만, 증기삽이 사마귀를 긁어내는 상상으로는 병이 낫는 '느낌'을 얻을 수 있었다.

그림을 그릴 때에는 직접 형태를 그릴 수도 있지만, 언어의 안내를 받아서 심상을 떠올리기도 한다. 직접 형태를 보고 상상하는 방법은 '비전 보드', '원하는 것의 사진첩'등이 있다. 언어의 안내를 받는 일은 '확언', '종이에 쓰기', '자기암시', '최면'등이 있다. 언어의 안내를 받으면 수월하게 상상할 수 있다. 최면이 효과가 있었던 경우를 살펴보자. (『EFT로 낫지 않는 통증은 없다』에서 인용함. 미주 참조.)

● 　　1952년에 있었던 일입니다. 영국의 퀸 빅토리아 병원에 15세 소년이 치료를 받으러 왔어요. 그 소년은 심한 피부병을 앓고 있었어요. 온몸이 수많은 사마귀로 뒤덮여 있었습니다. 특히 팔과 다리는 마치 코끼리 피부 같았죠. 피부는 온통 다 갈라져서 피와 진물이 줄줄 흐르고 있었어요. 무어라는 성형 전문의는 소년의 손가락에 자가피부 이식술을 시도하려 했어요. 그런데 마취

전문의인 저는 지나가다 치료 광경을 보게 되었어요. 제가 말했죠. "최면을 시도해 보면 어떨까요?" 성형 전문의는 그렇게 해 보자고 답했고요. 저는 소년의 병이 그저 좀 심한 사마귀라고 생각했어요. 당시에 사마귀는 기전은 잘 모르지만 최면으로 잘 치료된다고 알려져 있었죠. 저도 최면으로 사마귀를 치료해 본 경험이 있었어요. 저는 일단 한쪽 팔부터 치료하기로 마음먹었습니다. 다음 날 소년에게 최면을 걸며 말했어요.

"이제 이 팔은 나아서 새 살이 돋아난다."

저는 최면을 마친 후 일주일 뒤에 소년에게 다시 오라고 했어요. 소년이 다시 왔을 때 한쪽 팔은 깨끗해진 상태였고, 의기양양해진 저는 당시 수술 중이던 무어에게 소년을 데려갔죠. 수술방이 다 보이는 유리창에서 소년의 팔을 번쩍 들어 보이자, 멀쩡히 나은 팔과 아직 여전히 아픈 팔은 빛과 그림자처럼 확실히 대조되었어요. 수술 중에 그 모습을 본 무어는 갑자기 비틀거리며 신음을 질렀어요.

"하느님, 이럴 수가!"

이에 당연하다는 듯 저는 말했어요.

"보세요, 사마귀는 최면으로 잘 치료된다구요."

"사마귀? 이건 사마귀가 아냐. 선천성 어린선형 홍피증(congenital ichthyosiform erythroderma)이야!"

선천성 어린선형 홍피증은 치료가 쉽지 않아요. 그저 심한 사마귀로 보았던 이 병은 사실 심각한 선천성 유전 질환으로 온몸이 사마귀로 뒤덮이고 그 틈 사이로 출혈과 세균 감염이 일어나기 쉬웠어요. 대부분 소년기를 못 넘기고 사망하게 되는 무서운 희귀병이었어요. 저는 최면으로 꾸준히 이 소년을 완치시켜서 그 결과를 한 의학 저널에 발표했고 온갖 대중 매체의 관심을 받게 되었어요. 다큐멘터리의 제작팀은 40년 전의 그 소년을 수소문 끝에 찾았는데, 그는 여전히 건강하게 생존하고 있었어요. 저의 순진한 믿음이 난치성 질환을 완치시켰어요[55].

사마귀처럼 보이지만, 사마귀보다 훨씬 치명적인 피부 질환은 내면의 그림이 바뀌자 치유되었다. 심상화, 최면, 자기암시 등을 통해 자신만의 화실에 걸린 그림을 건강한 그림으로 바꿀 수만 있다면 건강해질 것이다.

선(禪, ZEN)은 심오하고 난해한 개념이다. 나의 식대로 간결하게 표현해 보면, 선(禪, ZEN)은 신과 함께 추는 춤이다. 나와 나를 포함한 모든 배경이 어우러져서 열쇠와 자물쇠처럼 아귀가 완전하게 맞아가면서 경계가 모호해지고, 내가 사라지면서 보는 자도 없고 듣는 자도 없으며 경험하는 자도 없어지는 상태이다. 애쓰려는 마음이 사라져서 무위로 행하게 되고 물처럼 살아가게 된다. 내가 아닌 그것이 앉고 그것이 일어서고 그것이 활을 쏜다. 마치 저절로 이루어지는 것 같다. 애쓰며 행하는 것 같지 않지만 최상의 결과를 낸다. 이 경지를 장자는 수려하게 표현하고 있다.

● 　　　포정(백정)이 왕을 위해 소를 잡는데 손 놀리는 동작은 최상의 춤이었고 쓱쓱 칼질하는 소리는 최고의 음악이었다. 왕이 탄복하며 그 비결을 묻자 포정은 이렇게 대답한다. "제가 귀하게 여기는 것은 기술이 아니라 도(道)입니다. 제가 처음 소를 잡을 때는 온통 소만 보였으나 3년이 지나자 소의 전체 모습은 보이지 않고 지금은 마음으로 소를 대할 뿐 눈으로 보는 법이 없습니다. 감각을 멈추고 마음이 가는 대로 움직입니다. 천리(天理)에 의지하여 큰 틈새에 칼을 찔러 넣고 소의 몸 구조에 맞추어 빈 결을 따라갈 뿐입니다. 아직 한 번도 심줄이나 뼈를 건드려 본 적이 없습니다. 솜씨 좋은 백정은 일 년에 한 번 칼을 바꾸는데 살코기를 베기 때문이고, 보통의 백정은 한 달에 한 번씩 칼을 바꾸는데 뼈를 치기 때문입니다. 지금 제가 쓰고 있는 칼은 19년이 되었고, 그동안 잡은 소가 수천 마리인데도 칼날이 마치 숫돌에서 막 새로 갈아낸 듯합니다. 뼈와 근육이 엉켜 모여 있는 곳에 이를 때마다, 시선을 한곳에 집중하고, 손놀림을 더디게 합니다. 그 상태로 칼을 매우 미세하게 움직여서, 스르륵하고 고기가 이미 뼈에서 해체되어 마치 흙이 땅에 떨어져 있는 듯하면, 칼을 붙잡고 우두커니 서서 사방을 돌아보며 머뭇거리다가 제정신으로 돌아오면 칼을 닦아서 간직합니다[56]."

　　말로 표현할 수 없는 것을 말로 표현하면 난해해진다. 물의 경지에 이르고자 하면 빗나간다. 그러나 계속되는 실패를 맛보다가 그 경지에 이르는 것을 포기한 순간 그 경지가 찾아오기도 한다. 애쓰지 않겠다고 결심하는 것은 도움이 안 된다. 겨냥하지 않겠다고 노력하는 것은 도움이 된다. 욕심을 버리겠다고 말하는 것도 도움이 안 된다. 이 순간을 그림으로 보지 않겠다고 생각해도 도움이 안 된다. 꽃을 만들지 않고 꽃을 피우겠다고 해도 여전히 거짓 꽃만 남는다. 그저 감사하겠다고, 춤을 추겠다고 마음먹는 것이 더 수월하다. 이 순간을 그림으로 보지 않고 춤으로 보겠다고 결심하자.

명상, 기도 그리고 선(禪, ZEN)은 모두 노래, 그림, 춤의 다른 이름들이다. 꽃피움의 다른 면들이다. 모두 알아차리기와 알아주기를 통해 이루어진다. 네 가지 보물, 알아차림, 감사, 사랑, 상상이 어우러져서 피어난다. 이제 퍼즐의 모든 조각들이 모였다. 하지만 이 퍼즐 조각들이 모였다고 해서 퍼즐이 완성되는 것은 아니다. 퍼즐 조각들을 알아보기 힘들 수 있다. 퍼즐 조각임을 알아보아도 퍼즐 조각들을 맞출 엄두가 나지 않을 수도 있다. 두려울 수도 있다. 마음이 성급해질 수도 있다. 꽃피움을 방해하는 이 모든 것들 뒤에는 '이야기'가 있다. '이야기'를 모르고서는 네 가지 보물들은 얼음 속에 박제된 퍼즐 조각일 뿐이다.

17

이야기

이야기

이야기가 없다면 과연 우리는 누구일까?

사람은 과연 어떤 존재인지 묻는다면, '이야기를 사랑하는 존재'라고 답하겠다. 우리는 이야기를 너무 좋아한다. 우리는 모이기만 하면 내가 겪었던 이야기를 하고 상대방이 겪은 이야기를 듣는다. 누군가에게 들었던 이야기도 한다. 어제 본 드라마 이야기를 한다. 주인공을 사랑하며 상대역을 증오한다. 주말에는 어떤 영화를 볼지 고민한다. 드라마와 영화는 봐도 봐도 새로운 드라마와 영화들이 계속 나와서 나의 욕구를 채워 주고, 나를 지루하지 않게 한다. 드라마와 영화는 많은 대본과 소설에서 나왔다. 인터넷에는 많은 사람들의 사연이 떠돌아다니고, 무료 만화들도 넘쳐난다. 우리는 일하지 않을 때는 드라마와 영화를 보고, 일을 하면서도 책이든 인터넷이든 어떤 매체를 통해 무언가를 읽는다. 드라마, 영화, 책, 인터넷 웹 페이지, 이들 모두는 '이야기'이다. 그중 가장 많은 이야기가 흘러나오는 곳은 바로 우리 마음속이다. 우리는 가끔 마음이 하는 이야기를 알아차리지만, 대부분은 마음이 이야기를 계속하고 있다는 것을 모른다. 마음이 이야기를 얼마나 하는지 알아보면 놀랄 지경이다. 캐나다 퀸스 대학교에서 시행한 연구에 의하면 평범한 하루 일상을 보내는 건강한 성인들은 하루에 평균 6000번 이상의 생각을 한다. 8시간의 수면 시간을 제하면 1분당 평균 6.5번의 생각 전환이 일어난 셈이다. 어떤 한 생각을 한 후 10초도 안 되어 다른 생각을 한다는 것이다[57]. 우리는 아침에 잠에서 깨어나 밤에 잠들 때까지 외부의 이야기와 내면의 이야기들 속에 파묻혀 지낸다. 마음은 이야기를 너무나, 너무나 사랑하고 좋아한다. 이야기 안에는 마음이 좋아하는 모든 것들이 있다. 과거, 현재, 미래라는 시간이 있다. 악당과 영웅, 동료와 적, 원수와 은인, 연인과 배신자 등, 모든 가치의 양단에 서 있는 인물들이 있다. 문제와 갈등과 각성, 해결, 또 다른 문제들이 끊임없이 생긴다. 사건과 사고들은 흥미진진한 줄거리를 만들어 낸다. 두려움, 분노, 증오, 수치심, 죄책감, 슬픔, 외로움, 통쾌함, 열등감, 우월감, 안도, 모든 감정이 뒤섞여 있다. 이 순간 나는 큰 영혼과 분리되어 있으며 심지어 버림받았고, 나는 무언가 부족하다. 무언가 결핍되어 있고 나의 참모습은 수치스럽기에 들키면 안 된다. 이를 주장하고 싶은 마음은 이야기를 너무나 좋아한다. 마음 자체가 이야기라고 보일 정도이다. 이야기가 없는 곳에는 마음도 없다.

인류가 의사소통을 하기 시작하면서 이야기는 입에서 입으로 전해졌다. 문자가 만들어진 후에는 더욱더 빠르고 안전하게 그리고 더 넓게 퍼지고 세대를 넘어 전해졌다. 인쇄술이 발달하면서 이야기는 많은 사람들에게 동시에 전달될 수 있었다. 컴퓨터와 인터넷이 발달하면서 이야기가 만들어지고 전달되는 속도와 힘은 비약적으로 증가했다. 그 많은 이야기들 중 어떤 이야기는 강렬해서 지금까지도 회자된다. 그 이야기들은 여러 문화와 예술의 모티브가 된다. 부모들은 아이들에게 여러 신화, 전설, 동화 들을 읽어 준다. 이야기는 책으로 만들어지고, 연극으로 상연되며, 영화가 된다. 비슷한 주제, 비슷한 주인공, 비슷한 악당들이 등장하는 새로운 이야기들이 끊임없이 나온다. 이야기는 작가만 쓰는 것이 아니다. 우리들 각자는 매일 자신만의 이야기를 만들고 그 이야기 속에서 살아간다. 어린 시절부터 겪은 경험들과 읽고 배운 여러 이야기들을 서로 섞어서 우리만의 이야기를 만든다. 그 이야기에 백설공주가 섞여 있다면 나는 나에게 독사과를 먹일 누군가를 조심해야 한다. 나를 도와줄 일곱 난쟁이들을 찾아야 한다. 미운 오리 새끼 이야기가 섞여 있다면, 나는 지금 내 가치를 아직 드러내지 못해서 사람들에게 사랑받지 못한 존재이다. 나는 언젠가, 아름답고 강한 어떤 존재가 되어 큰 성공을 하며 내 가치를 드러낼 것이다. 로미오와 줄리엣의 이야기가 모티브가 된다면, 사람들이 반대하는 이 사랑을 지켜 내야 한다. 그 사랑이 비극으로 끝날지라도. 이렇게 강렬한 이야기가 아닐지라도 우리에게는 우리만의 이야기가 있다. 그 이야기에서 동료와 적이 있고 선생과 제자가 있으며, 구원자와 배신자가 있다. 나에게 호감을 지닌 사람이 있으며 나를 밀쳐 내려는 사람이 있다. 나를 보고 우월감을 느끼려는 사람도 있고, 나의 동정을 받고 싶은 사람도 있다. 나를 곁에 두어 외로움을 지우려고 하는 사람이 있으며 나를 귀찮아하는 사람도 있다. 그리고 오늘 하루도 여러 맥락으로 해석된다. 오늘은 지루한 하루일 수도 있고, 승리의 날이 될 수도 있고, 비극적인 하루일 수도 있다. 이 모든 것이 이야기 속에 있다. 이야기는 시간이라는 축을 가지고 있다. 과거와 현재, 미래를 관통하는 뼈대에 여러 사건과 여러 인물들이 씨실과 날실처럼 직조되어 실제 같아 보인다. 이야기는 기억과 같은 말이다. 기억은 이야기로 이루어진다. 어린 시절의 기억, 어제의 기억 모두 시간과 장소를 가지고 있으며 등장인물이 있다. 어린 시절 집 앞마당에서 어머니와 술래잡기를 했던 기억도 이야기이다. 이 이야기에는 아련함과 애틋함이 있다. 아버지에게 핀잔을 들었던 기억도 이야기이다. 아버지는 나에게 별 뜻 없이 웃으시면서 "이 녀석, 이것도 못하면 어떡하니?"라고 말씀하셨지만 나는 이 이야기를 아직도 기억하고 있다. 이 이야기에는 서운함과 자신에 대한 수치심이 들어 있다. 그 이야기가 계속 재생된다면 나는 현재에도 아버지의 핀잔을 듣고 있는 셈이다. 어른이 되어서도 어떤 일을 앞두고 자신감이 사라지고 두려움에 가슴이 답답해지지만, 왜 이런지 도통 알 수 없다. 어떤 일을 잘 하려고 할 때마다 어린 시절의 그 이야기 속으로 빨려 들어가 아버지의 핀잔을 듣고 있는데도 말이다.

이야기 속에는 시간, 인물, 사건이 있을 뿐 아니라 감정이 엉겨 있다. 감정이 강렬하게 엉기면 그 이야기는 스스로 생명을 지니게 된다. 이야기에 감정이 똘똘 뭉쳐서 생명과 에너지가 저장되면 크고 작은 태엽이 된다. 어떤 계기에 의해 태엽이 풀리기 시작하면 숨어 있던 이야기는 되살아나서 활동을 시작한다. 나는 강한 힘으로 그 이야기 속으로 소환된다. 대부분, 조용히 소환된다. 나는 이야기에 소환되었는지도 모르게 순식간에, 자연스럽게 이야기 속으로 납치된다. 이야기에 휩쓸리면 지금 여기에 존재할 수 없다. 이야기 속에서 희생자나 가해자가 되어서 두려움이나 분노 혹은 죄책감을 경험한다. 그 감정이 새로운 렌즈가 된다. 이 순간을 바라볼 때 이 렌즈가 사용된다. 그래서 이 순간을 있는 그대로 볼 수가 없다. 이야기에 휩쓸렸는지 어떻게 알 수 있을까? '지금 평온한가?'라는 질문이 가장 훌륭하다. 마음이 평온하지 않고 기분이 나쁘다면 이야기 속에 있다.

기분이 나빠지는 과정을 구체적으로 살펴보자. 내가 깨어 있지 않다면 이 순간을 그림으로 보게 된다. 전체 그림의 일부분을 보고 예전에 내가 힘들었던 그때와 비슷함을 알게 된다. 내 앞에 있는 그가 입었던 옷의 색깔이 이야기 속의 그가 입었던 옷과 비슷할 수도 있다. 그녀가 사용하는 향수가 또 그러할 수도 있다. 그 방의 분위기가 계기가 되어 이야기가 떠오를 수도 있다. 이 일은 무의식적으로 일어난다. 자신은 이 과정을 모른다. 자신도 모르게 어떤 이야기가 떠오르지만, 자신은 그 이야기를 떠올렸는지도 모를 것이다. 이야기 속에서 느낀 감정만 안다. 이야기 속에 있기 때문에 기분이 나빠졌지만, 그 이야기 자체는 명확하게 떠오르지 않는다. 이 순간 때문에 기분이 나빠졌다고 오해한다.

이야기를 되살아나게 하는 원인이 외부에만 있는 것은 아니다. 장소와 시간, 만나는 사람이 매번 바뀌어도 바뀌지 않는 것이 있다. 바로 자신이다. 자신은 항상 그 상황 속에 있다. 문제가 있는 곳에는 늘 자신이 있다. 어느 순간부터 자신이 문제의 근원이라고 생각한다. 외부가 문제가 아니라 자기 자신이 계기가 되어 부정적인 이야기가 자동적으로 떠오른다. 부정적인 경험을 많이 할수록 자기 자신이 계기가 되어 부정적인 이야기가 활성화될 가능성이 높다. 이런 경우 사람들은 자주 다음과 같이 말한다.

"내가 항상 문제야."

"나는 항상 이래, 늘 이런 식이야."

"이렇게 될 줄 알았어. 기대한 내가 바보지."

이렇게 되면 부정적인 감정은 지속적이고 만성적이게 된다. 특별한 이유가 없어도 늘 무기력하며 마음은 가라앉고, 울적하며 불안하다. 친구와 가족은 이곳은 걱정할 것 없으며 안전하다고 설득하지만 효과가 없다. 자신은 이곳에 없기 때문이다. 지금 자신은 전쟁이 벌어지는 이야기 속에 있기 때문이다.

원인이 외부 조건이든 자기 자신이든, 마음은 나를 그 이야기 속으로 데려간다. 나는 이제 이 순간 이곳이 아닌 예전 그 장소에 있게 된다. 힘들었던 그때의 그 사람들을 보고 있다. 두려움 혹은 분노가 생긴다. 스트레스 반응이 시작된다. 하지만 마음은 두려움 혹은 분노가 지금 이 순간 때문이라고 판단한다. 내 앞에 있는 사건과 사람을 두려움과 분노의 렌즈로 바라보게 되면 사건과 그 사람의 모든 면이 두려워지고 위협으로 느껴진다.

이 순간은 지금 오해를 받고 있다. 이 순간은 완전히 새로운 순간이다. 찬란하게 빛나고 있다. 마음은 그것을 모른다. 아니, 안다고 생각한다. 예전 그때와 같거나 적어도 유사하다고 생각한다. 겉으로는 이 순간 행복한 척하거나, 아무 문제가 없는 척하고 앞에 있는 사람에게 미소를 짓고 있을지 모르지만 마음은 경직되어 있고 머릿속은 복잡하다. 우리가 어떤 상황에서 혹은 누군가를 만난 후 녹초가 되거나 에너지가 고갈되는 경우가 바로 이런 경우이다. 우리는 이 순간을 맞이한 것이 아니라 지옥을 다녀온 것이다. 지옥을 다녀왔으니, 당연히 두려움과 분노에 휩싸이고 에너지는 바닥난다. 그 상황에서 괜찮은 척하는 시도가 성공할 때도 있지만, 스트레스를 감당할 수 있는 쓰레기통이 가득 차서 더 이상 통제할 수 없을 때 우리는 더 이상 참지 못하고 폭발한다. 어느 순간 도망쳐 버리고 모든 것을 포기하거나, 분노를 쏟아 낸다. 이때 주위 사람들은 놀란다. 늘 조용하고 문제가 없어 보이는 사람이 어느 순간 연락을 끊거나, 만남을 중단하거나, 그동안 쌓였던 분노를 쏟아 내기 때문이다. 이렇게 이야기에 휩쓸려 두려움과 분노의 렌즈로 이 순간을 오해하고 왜곡하여 자신의 적으로 생각하고 다투게 된다.

이야기에 빠져 있으면 일차적으로는 이 순간에 있지 못하고 이 순간을 오해하게 된다. 이차적으로는 비사랑 감정이 또 다른 사건들을 끌어당기는 일이 생긴다. 즉, 두려움은 새로운 두려워할 일들을, 분노는 새로운 분노할 일들을 끌어당긴다. 비슷한 에너지는 서로 끌어당기기 때문이다. 악순환이 생긴다. 상대방을 이야기 속에서 두려워할 사람으로 바라보면 그는 나를 어느샌가 함부로 대할 것이다. 분노의 감정을 숨기고 상대방을 바라보면, 그는 무의식적으로 나를 피하거나 나와 다투려 할 것이다.

우리는 하루의 많은 시간을 이야기 속에서 지낸다. 이야기 속에서 살아가는 일이 나쁜 일일까? 아니다. 세상에 나쁜 일, 좋은 일은 없다. 좋고 나쁨은 사람의 판단이다. 판단은 맥락에 따라 바뀐다. 도움이 되는 일, 도움이 되지 않는 일이 있을 뿐이다. 이야기는 꽃 피움에 도움이 될까? 그럴 수도 있고 그렇지 않을 수도 있다. 이야기는 노래를 해야 할 때 도움이 되지 않는다. 춤을 출 때도 도움이 되지 않는다. 하지만 그림을 그릴 때 이야기는 도움이 된다. 새로운 삶을 창조할 때는 이야기가 도움이 된다. 의식적으로 '나는 아름다운 음악을 만들어서 사람들의 마음에 감동과 영감을 줄 것이다.'라는 자신만의 이야기를 선택한다면 그렇게 될 것이다. 그림을 그릴 때 이야기는 유용하다. 이야기를 창조하면 머릿속에 생생히 그림이 그려지기 때문이다. 즉, 이야기는 뜨거운 불과 같아서, 의식적으로 사용하면 꽃피움에 큰 도움이 되지만 무의식적으로 휩쓸리면 위험하다. 의식하지 못하고 이야기에 휩쓸리는 순간 노래하지 못하고 이야기 속에서 어두운 진동수를 뿜어낼 것이며, 어두운 감정에 연결된 그림을 나의 미래로 삼을 것이며, 그 순간 춤을 추러 온 천사들과 전쟁을 하게 될 것이다.

이야기는 보통 의식 아래에서 진행되어서 알아차리기 어렵다. 깨어 있지 않다면 휩쓸리기 쉽다. 이야기에 반응하지 말고 의식적으로 대응하자. 어떻게 반응하지 않고 지혜롭게 대응할 수 있을까? 우리에게는 알아차림, 감사, 사랑, 상상이라는 네 가지 보물이 있다. 알아차림과 알아주기라는 마법이 있다. 감정과 느낌이 나침반이 되어 줄 것이다.

나는 지금 현존을 보고 있는가? 아니면 이야기를 보고 있는가? 평온한 가운데 감사와 사랑의 감정이 있다면 현존을 보고 있다. 설렘, 기쁨이 있다면 현존을 보고 있다. 그 외의 비사랑 감정이 있다면 기억을 보고 있다. 두려움이 있거나 분노가 있거나 지루함이 있다면 나는 현재에 있지 않고 이야기 속에 있다. 감사하거나 사랑하는 상태가 아니라면 이야기 속에 있는 것이다. 어떤 이야기 속에 있는 것인가? 많은 이야기들이 있겠지만 크게 두 종류이다.

'원하는 그림을 가지지 못하는 사람이 되는 이야기'가 첫 번째이다.

'싫어하는 그림을 만나야 하는 사람이 되는 이야기'가 두 번째이다.

첫 번째 이야기부터 살펴보자. 마음은 그림을 원한다. 어떤 특정한 상황을 원한다. 바라는 그림처럼 보여야 한다. 마음이 좋아하는 이야기는 다음과 같다.

- 원하는 것을 가지는 이야기
- 원하는 것을 할 수 있는 이야기
- 원하는 사람이 되는 이야기

우리는 사랑받을 가치가 있는 사람처럼 보이길 원한다. 사람마다 원하는 그림이 있다. 원하는 만큼 돈을 벌거나 가치 있는 물건을 갖거나, 원하는 사람과 함께 있는 그림을 원한다. 내가 돋보이는 그림이 보이면 안도한다. 그 원하는 것이 눈앞에 있는데 놓치거나 다른 사람에게 빼앗기는 그림이 보이면 고통을 느낀다.

두 번째 이야기를 살펴보자. 싫어하는 이야기는 다음과 같다.

- 내가 틀린 사람으로 밝혀질 이야기
- 내가 나쁜 사람으로 밝혀질 이야기
- 내가 쓸모없는 사람으로 밝혀질 이야기
- 소중한 것을 잃어야 하는 사람으로 밝혀질 이야기
- 내가 버림받을 사람으로 밝혀질 이야기
- 내가 희생자가 될 이야기

이 두 가지 이야기는 매우 강력한 것으로, 우리는 삶의 어느 순간 자신과 굳은 약속을 한다.

하나는 '나는 어떤 희생을 치르더라도 그 그림을 꼭 갖겠어.' 또 하나는 '나는 어떻게 해서든 그 그림은 피하겠어.'이다. 어떤 사람은 '나는 어떤 희생을 치르더라도 부자가 되겠어.'라고 결심하고, 어떤 사람은 '나는 어떻게 해서든 나와 내 가족이 무시당하는 상황은 피하겠어.'라고 결심하기도 한다. 우리가 알든 모르든, 우리는 두 장의 그림을 가지고 있다. 늘 이 두 그림을 이 순간과 비교하고 있다. 이 순간을 그림으로 보고 내가 가지고 있는 두 장의 그림을 비교해 바라던 대로 되고 있으면 안도하고, 그렇지 않으면 불안해하고 두려워하고 분노한다. 이 두 장의 그림이 핵심이며 이 그림을 중심으로 이야기가 가지를 친다. 이야기 속에는 나의 그림자, 나의 아이가 역할을 맡고 있다. 보통은 희생자 혹은 가해자이다.

이야기 속에 있는 자신을 데려와야 한다. 어떻게 이야기 속에 갇힌 자신을 구할 수 있을까? 높은 수준의 존재 상태에서 이야기를 알아차리고 이야기를 알아주어야 한다. 모든 문제의 해결책은 '알아차리기와 알아주기'이다. 감사함의 에너지를 지니고 감정을 알아차리고 이야기 속의 나를 찾아야 한다. 그리고 알아주어야 한다. 나와 상대방과 이야기를 알아주어야 한다. 그러면 이야기는 사라진다. 알아차리고 높은 에너지로 알아주면 해결되는 것이다. 나에게는 외부 환경보다 느낌, 감정이 더 진실이다. 이러한 느낌, 감정이 일어나는 상황은 어떤 상황일까? 나의 수치스러운 면이 들키기 전의 느낌일 것 같다. 그럼 그 느낌이 옳다. 나는 외부 환경의 어떤 면에 촉발되어 그러한 상황으로 들어간 것이다. 그 상황 안에 있는 아이를 만나서 조건 없이 사랑을 전해 주어야 한다.

현재에는 문제가 없다. 이야기 속에 문제가 있다. 기억 속에 문제가 있다. 이 순간은 오해받는다. 이 순간은 늘 새롭고 완벽하지만, 마음은 이야기에 사로잡혀서 이 순간을 왜곡한다. 우리는 이 순간을 제대로 본 적이 없다. 당신을 세 살 어린이의 엄마 혹은 아빠라고 가정해 보자. 당신의 작은 집에 중요한 손님이 오기로 했다. 그 손님이 왔을 때 아이는 큰 소리로 울기 시작했다. 손님과의 대화에 집중할 수가 없었다. 손님도 불편한 기색이었다. 아이를 타일러 보기도 하고 혼내기도 했지만 아이는 울음을 그치지 않았다. 방이 더워서 그런지, 배고파서 그런지 도무지 알 수 없었다. 결국 손님과의 대화는 엉망이 되었다. 그 아이가 운 이유는 발바닥에 가시가 박혔기 때문이었다. 아이는 왜 아픈지 몰랐다. 그저 울 뿐이었다. 많은 부모들도 아이들이 왜 우는지 모른다. 그저 달래다가 화를 내거나 포기한다. 가시를 알아차리고 가시를 빼 주는 부모는 많지 않다. 우리의 삶은 대부분 이런 식이다.

천사가 내 앞에 있는데 내 안의 아이는 울어 댄다. 그 아이는 이 현실 때문에 우는 것이 아니다. 이야기가 가시처럼 박혀 있기 때문이다. 이야기에 사로잡혀 있기 때문이다. 이야기가 마음에 박혀 있어서 나를 잡고 있다. 나는 그 이야기 속에 있다. 나는 이 순간에 있지 않고 이야기 속에 있다. 이야기 속은 힘들고 괴로운 곳이다. 나는 그곳에서 정말 많이 힘들었으며 고통스러웠다. 사람들은 그것을 모른 채, 지금 이 순간은 안전하고 위험한 곳이 아니라고 나를 안심시키려 한다. 하지만 나는 이 순간을 두려워하는 것이 아니다. 이야기 속 그 상황을 두려워하는 것이다. 사람들은 그 이야기를 모른다. 나 홀로 그 상황에 있다. 나조차도 그 이야기 속에 있는지 모른 채 그저 두려운 마음이 들 뿐이다. 그래서 지금 이토록 불안하고 두렵고 혹은 화가 나는 것이다.

우리는 현실을 도피하기 위해 술과 쇼핑과 놀이에 빠지는 것이 아니다. 우리는 현실을 만난 적이 없다. 현실을 만난 적이 없으니 현실을 도피할 수도 없다. 우리는 이야기 속에 빠져 있다. 우리가 빠져 있는 이야기가 싫어서, 이야기를 잊고 싶어서 술과 쇼핑과 놀이에 빠진다. 술과 쇼핑과 놀이에 빠져 시간과 돈과 에너지를 써 버리고 나서 매번 후회한다. 다시는 여기에 빠지지 않겠다고 다짐한다. 하지만 우리는 지옥 같은 이야기 속에서 희생자가 되느니 술과 쇼핑과 놀이에 빠지는 편이 낫다고 무의식적으로 생각한다. 적어도 술과 쇼핑과 놀이에 빠지는 동안은 이야기를 잊을 수 있고 희생자나 가해자가 되지 않을 수 있다. 되고 싶지 않은 자신을 피할 수 있다. 또한 여기에 빠져 있는 동안에는 무언가 고양된 감정도 느낄 수 있다. 잠시간 자유로움도 느낄 수 있다. 절대로 하면 안 된다고 다짐했던 일을 하게 되면 홀가분함도 느낄 수 있다. 억압된 에너지가 풀려나오기 때문이다. 이러한 일이 반복되면 사고 패턴과 행동 패턴이 정형화되고 뇌 속에는 특정 회로가 생긴다. 이 회로가 활성화될 때 분출되는 신경전달물질과 호르몬은 우리를 중독시킨다. 우리는 익숙한 길을 더 선호하게 되고, 이러한 과정을 통해 중독된다. 바라는 그림을 얻기 위해, 보이고 싶은 자신을 위해 통제하는 방식에 익숙해지고 중독된다. 원치 않는 그림을 피하기 위해, 보이고 싶지 않은 모습을 내보이지 않도록 통제하는 방식에 익숙해지고 중독된다.

이야기에 중독되지 말자고 강하게 반복해서 결심하는 것은 근본적인 해결책이 아니다. 만일 이야기를 해체하여 참된 현실을 만난다면 어떨까? 황홀할 것이다. 감사할 것이다. 진실로 감정이 고양되고 더 높은 수준의 존재가 되어 과거의 습관을 깰 수 있다. 이야기는 파괴하고 없애야 할 악이 아니다. 이야기는 노래와 춤을 방해하지만 우리는 이들을 파괴하거나 없앨 수 없다. 우리는 이야기가 있는 이 삶을 의식적으로 선택했다. 이야기 '덕분에' 꽃피우는 삶에서 멀어질 수 있으며, 역설적으로 꽃피움의 삶에서 멀어지고 나서야 다시 꽃피움의 삶을 경험할 수 있게 때문이다. 따라서 이야기에 감사할 수 있다. 이야기 자체에 감사하며 이야기 속에 있는 자신과 상대방에게도 감사할 수 있다.

이야기는 바이러스와 비슷하다. 이야기는 우리를 중독시키기도 하지만 바이러스처럼 감염시키기도 한다. 이야기는 홀로 생존하지 못한다. 사람을 감염시켜서 우리 안에서 생존할 수 있다. 우리 안에 있는 시스템의 프로그램을 감염시켜 오류를 일으킨다. 바이러스처럼 사람에서 사람으로 퍼져 나간다. 독감이 유행한다는 뉴스가 나오면 독감 환자들이 늘어난다. 뉴스를 보면 머릿속에 이야기가 재생된다. 내가 병에 걸린 이야기이다. 그 이야기는 나의 면역계에 오류를 일으켜 실제로 독감에 걸리기 쉬운 상태가 된다. 그 이야기와 다투지 말자. 이야기 속 자신을 사랑하기만 하자. 이야기 속에서 자신에서 독감에 걸릴 일 없다고 설득하는 것은 효과가 적다. 이야기 속 자신이 들어야 하는 이야기는 사랑한다는 말이다. 이야기 속 자신을 사랑의 눈으로 바라보자. 어떤 경우라 해도 사랑한다고 말해 주자.

이야기를 해체하는 과정은 이야기를 있는 그대로 살펴보고 사랑하는 과정이다. 이는 이야기를 이해하는 과정이기도 하다. 이해는 사랑의 다른 말이다. 구체적으로 알아보자. 이야기를 해체하기 위해서는 우선 노래를 해야 한다. 즉, 가슴에 감사의 에너지가 켜져야 한다. 지금 신의 은총을 받고 있음을 알아차리고, 생명의 근원이 바로 자신의 중심에, 가슴에 있음을 알아차릴 때 감사의 에너지가 켜진다. 그동안 감사했던 일, 사랑했던 존재를 떠올리는 것도 도움이 된다. 사랑하는 이, 귀여운 아이들, 반려동물도 감사를 부른다. 가슴에 감사의 에너지가 켜지면 웜홀[58] 이 열리는 것 같다. 감사의 에너지가 켜진 가슴을 통해서는 원하는 곳에 손쉽고 빠르게 다다를 수 있는 것 같다. 가슴을 통해 감사함을 느끼면서 머리의 중심에 의식을 집중한다. 해부학적으로는 시상하부, 뇌하수체, 편도체, 뇌간이 모여 있는 곳을 바라본다. 해부학을 몰라도 좋다. 그저 머리의 중심을 떠올리자. 그 공간을 마음의 눈으로 바라보는 것만으로도 뇌파는 느려진다. 감사의 에너지가 충분하면 심장과 뇌는 동조한다. 명상 상태가 된다. 나를 붙잡고 있는 이야기가 머리 중심 어딘가에 있다고 생각하고 바라본다. 내가 느끼고 있는 비사랑 감정도 그 공간에 있다고 생각하고 바라본다. 그 감정을 바꾸려 하지 말고 있는 그대로 느끼면서 감정의 중심으로 들어간다. 가슴에 감사라는 웜홀이 있다면, 감정은 이야기의 좌표를 알려주는 나침반이며, 이야기 안으로 들어갈 수 있는 문(門)이다. 감정이 느껴지는 곳에 이야기가 있다. 감정을 있는 그대로 느끼면서 안으로 들어갈 수 있다. 그곳에 상처받은 자신과 상대방이 있다. 감정의 종류에 따라 이야기의 종류도 짐작할 수 있다. 느낀 감정이 두려움이라면 나는 내가 두려워했던 어떤 상황 속에서 희생자 역할을 했을 것이다. 나는 가해자인 상대방보다 약했기 때문에 공격당하거나 도망쳐야 했을 것이다. 느낀 감정이 분노라면 나는 상대방을 통제하려고 애썼지만 실패했을 것이다. 느낀 감정이 죄책감이라면 의도적이든 실수이든, 이야기 속에서 나는 가해자 역할을 했을 것이고 상대방에게 피해를 입혔을 것이다. 느낀 감정이 수치심이라면, 나는 이야기 속에서 부족하고 약하고 무능력한 사람이 되어 창피했던 어떤 경험을 했을 것이다. 감정을 통해 대략적인 이야기를 짐작할 수 있다. 또렷한 이야기가 떠오를 수 있다. 수 주 전 겪었던 일, 수년 전 겪었던 일들이 떠오를 수도 있다. 구체적으로 떠오르든 대략적인 짐작만 할 수 있든 괜찮다. 감정을 그대로 느끼면서 감정의 안으로 들어간다. 그리고 자신을 바라본다. 영화감독이 촬영 현장을 보듯이 감정 안의 나를 바라본다. 그리고 촬영이 끝난 후 모든 배우들에게 감사 인사를 하듯이 나 자신과 상대방에게 감사하자. 내가 이 경험을 함으로써 이 감정을 느낄 수 있었다고 말이다. 이 감정을 느꼈기 때문에 역설적으로 감사와 사랑이 무엇인지 알 수 있었다. 상대방에게도 감사한다. 내 감정에 이끌려서 그가 기꺼이 희생자 혹은 가해자 역할을 해 주었다. 이야기 자체에도 감사한다. 이야기에는 메시지가 있다. 교훈이 있다. 신이 숨겨 놓은 보물이 있다. 자신과 상대방과 이야기를 알아차리고 알아줄 때, 즉 감사하고 사랑할 때 이야기는 나를 놓아준다. '내 마음속 무언가에 끌려와 이 역할을 맡아 주어 감사합니다.', '나의 그림자, 아이를 드러나게 해 주어 고마워요.'라고 말하자. 그저 '감사해요, 사랑해요.'라고 말해도 좋다. 이 상황이 위험스러운 상황이 아니라고 설득하는 것보다 더 효과적이다.

이야기를 해체하는 과정을 전홍준 선생님은 아름답게 소개하고 있다. 다음의 예를 살펴보자. (『완전한 몸 완전한 마음 완전한 생명』에서 인용함. 미주 참조.)

● 한 할머니가 3년 전부터 심한 변비 때문에 고생하고 있다면서 나를 찾아왔습니다. 그동안 병원이나 한의원에서 줄곧 치료를 받아왔는데 약을 먹을 때만 조금 나아질 뿐, 별 차도가 없다가 근래에 와서는 이런 약조차 아무런 효과가 없다는 것입니다. 이 분의 병력을 알아보니 젊은 시절에는 대체로 건강했으나 5

년쯤 전부터 심한 요통에 시달리고 있었습니다. 서울의 한 대학 병원 척추센터에서 정밀 검사를 받았는데, 가벼운 골다공증 외에는 별다른 이상이 발견되지 않았습니다. 그런데도 몸은 아프니, 별수 없이 오랫동안 입원해서 치료를 받았으나 상태가 호전되지 않아서 이제는 허리 아픈 문제는 아예 포기해 버렸다고 합니다. 최근에 와서는 변비마저 심해져서 배는 터질 지경이지, 허리는 아파 제대로 누워 잠을 잘 수가 없지, 밤마다 날이 새기를 기다리느라 죽을 지경이라는 것입니다. 이렇게 살 바에야 차라리 죽어 버리는 게 낫겠다는 생각을 한 게 한두 번이 아닙니다. 이분은 자녀들을 모두 출가시키고 시골집에서 혼자 살고 있었습니다. 이 할머니의 유일한 낙이란, 자식들이 보내 주는 생활비를 한 푼 두 푼 아껴 저축하는 것이었습니다. 근 10년 동안 그렇게 모은 돈이 3천만 원 가량 되었습니다. 그런데 어느 날 같은 교회에 다니는 신도 한 분이 사업 자금이 급하다며 돈을 좀 빌려 달라고 했던 모양입니다. 2부 이자 정도면 은행에 넣어 두는 것보다 낫겠다 싶어 할머니는 그 돈을 몽땅 빌려주었습니다. 그런데 돈을 빌려 간 사람이 이자는커녕 몇 달 동안 얼굴조차 내밀지 않아 할머니는 은근히 불안해졌습니다. 수소문 끝에 그 사람의 집을 찾아가 보니 형편이 말이 아니었습니다. 돈 받기는 다 틀렸다 싶은 생각이 들면서도 하도 억울한 마음에, 큰소리도 쳐 보고 사정도 해 보았지만 소용이 없었습니다. 나중에는 주변 사람들이 보다 못해 이제 그만 돈을 포기하라고 설득할 지경이 되었습니다. 그래도 그 돈이 어떤 돈인데, 생각할수록 그 여자가 원망스럽고 분해서 밤이면 잠을 이룰 수가 없었습니다.

빚을 떼인 1년 가량 후부터 갑자기 허리가 아프기 시작했습니다. 허리가 아파도 보통으로 아픈 게 아니고 너무 심해서 안절부절 못할 지경이었습니다. 이 사정을 자식들이 알고 척추센터에 입원시켜 장기간 치료를 받게 하였지만 크게 호전되지 않고 고통은 계속될 뿐이었습니다. 여기에다 변비까지 겹쳐 고통이 이만저만한 게 아니었습니다. 교회에 나가 늘 기도하고 있지만 심신의 불편함이 근본적으로 해결되지는 않았습니다.

나는 이 할머니에게 '화해와 축복의 산책[59]'이나 '촛불 감사행[60]' 같은 방법을 통해서 불편하고 어두운 신념, 상념, 감정을 지우도록 하였습니다. "돈을 떼먹은 부인에 대한 원망과 배신감을 다시 떠올려 크게 표현하십시오. 그동안 억압당했던 감정들을 모두 드러내서 철저하게 다시 느끼고 큰 소리로 표현하십시오." 하고 안내했습니다. 5년 전의 충격적인 일로부터 그 후의 분노와 절망감을 철저히 다시 경험하게 했습니다.

이분은 밤에는 촛불을 켜 놓고, "아무개 씨, 당신을 원망했던 나를 용서하십시오. 당신을 사랑합니다. 감사합니다."를 반복해서 외며 축복을 보냈습니다.

처음에는 저항감이 생겨서 하고 싶지 않았지만 며칠째 되던 밤에는 돈을 떼먹은 그 여자가 정말로 사랑스럽게 느껴지기 시작했고 싫다는 생각은 모두 사라지게 되었습니다. 차츰 그 여자의 얼굴이 천사처럼 보이더니 나중에는 그녀의 얼굴이 눈부신 빛으로 빛나며 거룩하게 보이기까지 했습니다. 저절로 존경하는 마음이 생기고 감사하기까지 했습니다. 이분이 돈을 떼먹는 악역을 맡아 가면서까지 나의 영혼을 구원하고 있다고 느껴지니까 너무도 감사해서 눈물을 주체할 수가 없었습니다. 이 할머니는 며칠간의 단식과 몇 달간의 생식을 했는데 단식과 생식 기간에도 신념, 상념, 감정 다루기를 계속했습니다. 하루에도 몇 차례씩 웃는 연습을 하면서 "세상에서 내가 제일 행복하다."라고 상상했습니다. 정말 오랜만에 마음이 편안해졌습니다. 그 후 할머니의 요통과 변비는 거짓말같이 사라져 버렸습니다. 지금은 여생을 다른 사람을 도와주는 일에 바치겠다며 자원봉사로 즐거운 나날들을 보내고 있습니다[61].

변비와 허리 통증으로 괴로워하는 할머니는 이야기를 알아차리고 이야기 속 상대방을 알아주었다. 상대방이 이 역할을 해 주었음에 감사했다. 알아차림과 높은 에너지로 알아주는 과정을 통해 이야기는 해체되었다. 이야기가 해체되면 이야기와 연결되어 있는 신체 증상은 해결된다. 사건이 해결되기도 한다. 이야기 자체를 알아주어서 이야기로부터 자유를 얻는 예를 살펴보자.

● 낯선 지역에서 일을 시작한 지 얼마 안 되었을 때였습니다. 옆 건물에서 자영업을 하시는 분이 저에게 찾아왔습니다. 돈을 빌리기 위해서였습니다. 저는 돈을 빌려주고 싶지 않았습니다. 돈 거래는 해서는 안 된다고 생각했고, 가까운 지인들과도 돈

거래는 하지 않았습니다. 그는 자신이 도박에 빠져 많은 빚을 졌고 현재는 크게 후회하고 있다고 했습니다. 도박 중독 치료를 위해 정신과도 다닌다고 했습니다. 현재는 빚을 갚기 위해 닥치는 대로 돈을 모으고 있으며, 그러기 위해 일요일에도 일을 하고 있다고 했습니다. 그의 모습에서 진실한 마음을 느꼈습니다. 그래서 500만 원을 빌려주었습니다. 그리고 약속한 기일이 지나고 300만 원을 돌려받았습니다. 그러나 그 후로는 감감무소식이었습니다. 마음속에서는 조금씩 원망이 자라기 시작했습니다. 어느새 그의 모든 행동이 밉게 보였습니다. 문자도 보내 보고 직접 찾아가 보았지만 기다려 달라고만 할 뿐 돈을 갚지는 않았습니다. 지쳐 갈 즈음 저는 저 자신이 이야기 속에 빠져 있음을 알아차렸습니다. 지금 이 순간에도 감사할 일이 많지만, 나는 선한 사람인 나와 악한 사람의 그가 있는 이야기에 사로잡혀 있었습니다. 그 이야기 속에서 나는 옳은 사람, 그는 틀린 사람이었고, 나는 희생자였으며 그는 가해자였습니다. 저는 이야기 자체를 사랑하기로 했고 용서하기로 했습니다. 제가 그 이야기 속에서 옳은 사람이 되는 것에서 만족을 얻고 있음을 인정했습니다. 그런 자신을 인정하고 용서했습니다. 그리고 상대방도 용서했습니다. 이 일에 제가 모르는 보물이 있음에 감사하려고 했습니다. 그것만으로도 마음이 평온해졌습니다. 그로부터 몇 주 뒤, 그에게서 연락이 왔습니다. 돈을 아직 갚지 못해서 너무나 죄송하다며, 열심히 했으나 도저히 어려워 개인파산 신청을 했다고 합니다. 법원에 돈을 갚아야 할 명단에 제 이름을 적었다고 합니다[62].

　이야기를 알아차리고 이야기 속에서 자신에게 어떤 면이 있음을 솔직하게 인정하고 이야기를 새로운 맥락으로 보았다. 감사할 거리가 있는 이야기로 알아준 후 이야기는 자유를 얻었다. 자신도 이야기에 더 이상 얽매이지 않게 되었다. 이야기라는 가시는 빠졌다. 외부에 어떤 일도 하지 않고 내면에서 한 작업이지만 외부에 큰 영향을 주었고, 일은 해결되었다.

　이야기를 해제하기 위해 특정 기억을 찾아야 할까? 문제가 되는 특정한 기억을 찾아내야 문제가 해결될까? 최면을 받아서 유년 시절의 기억이나 전생을 떠올려야 할까? 꼭 그렇지는 않다. 최면이 도움이 될 수 있다. 우리는 많은 기억을 가지고 있다. 어릴 때 사탕을 못 받은 기억, 축구할 때 선생님에게 핀잔을 들었던 기억 등, 우리의 기억은 너무나 많다. 태아 때 기억, 전생의 기억, 조상의 기억까지 고려하면 더 많은 기억이 있다. 이 기억을 떠올리기 위해 최면을 꼭 받아야 하는 것은 아니다. 꽃피움의 삶에서는 지금, 유년 시절, 전생은 모두 지금 이 순간에 있다. 매 순간 우리는 이 순간을 인식한다. 인식은 이야기가 되어 기억으로 저장된다. 이야기로 저장될 때 우리가 가지고 있는 렌즈에 따라 기억은 크게 두 종류로 분류된다. 하나는 사랑받은 기억이고, 또 하나는 버림받은 기억이다. 우리는 이 순간의 특정 부분을 인식하고 판단한다. 모든 부분을 인식하지 못한다. 특정 실마리를 보고 사랑받고 있는지, 버림받고 있는지를 판단해 버린다. 그 실마리를 통해 어떻게 판단할지는 렌즈에 달려 있다. 우리는 그 렌즈를 통해 과거를 보았고, 지금도 보고 있다. 과거를 치유하면 현재도 치유되지만, 반대로 진실이다. 지금 이 순간을 치유하면 과거도 치유된다. 이 순간을 정화하면 과거도 정화되는 것이다. 이 순간은 과거의 모든 부분과 연결되어 있다. 지금 이 순간의 이야기를 알아주어도 과거를 치유할 수 있다. 가슴 안에서 감사를 선택하고 고양된 감정으로 자신을 응시하면 감사와 반대 파동을 지닌 에너지들은 상쇄되어 0이 된다. 녹아 버리는 것이다. 기억의 본질은 이야기이다. 현재에 대한 기억도 이야기이고 유년 시절, 인류의 집단 기억, 전생의 기억도 이야기이다. 이야기는 여러 등장인물과 사건이 섞여 있지만, 결국 두 가지 결론으로 귀결된다. 자신이 신에게 버림받았다는 이야기이고, 자신이 사랑스럽지 않다는 이야기이다. 이 두 가지를 바꿀 수 있다면 모든 것이 바뀐다. 다섯 살짜리 아이는 지금도 내 안에 있다. 이 순간 이야기를 사랑하면 렌즈가 바뀌고, 그 바뀐 렌즈로 현재뿐 아니라 모든 기억과 이야기를 다시 바라보게 된다. 감사하는 존재가 문제를 바라보면 해결된다. 사랑이 바라보면 정화된다. 항상 현재가 중요하다. 현재 나에게 영향을 미치는 이야기를 먼저 사랑하다 보면 먼 과거의 이야기도 떠오를 것이다. 그때 그 이야기를 사랑하면 된다.

이 순간은 오해받고 있지만, 자신도 오해받는다. 상대방은 나를 오해한다. 상대방은 나를 보고 있지 않다. 상대방도 사랑 속에 있지 않다면 이야기 속에 있다. 그는 이야기 속에서 나를 바라보고 있다. 정확하게 이야기하면 나를 보고 있는 것이 아니라 이야기 속에서 나라고 생각한 누군가를 보고 있다. 이야기 속 누군가를 보고 나에게 이야기를 한 것이다. 그는 사실 자신에게 이야기한 것이다. 자신의 어떤 모습을 나에게 투영시킨 것이다. 따라서 사랑 속에 있지 않은 누군가가 나에게 한 이야기는 사실 나에게 한 이야기가 아니다. 그가 한 말로 나를 정의할 수 없다. 그는 내가 누구인지 모른다. 내가 누구인지 정하는 것은 나 자신이다. 내가 누군지 알고 있는 사람은 드물다. 대부분 내가 아닌, 나라고 생각하는 어떤 사람에게 이야기하고 행하고 있다. 그를, 그녀를 용서하자. 나도 그들의 참모습을 놓칠 때가 있다. 자신이 무엇을 하는지 명확히 아는 사람은 드물다.

그때 예수님께서 말씀하셨다. "아버지, 저들을 용서해 주십시오. 저들은 자기들이 무슨 일을 하는지 모릅니다."

— 누가복음 23:34

용서는 이야기를 사랑할 때 이루어진다. 우리를 괴롭힌 어떤 사람을 직접 찾아가서 용서해도 좋겠지만, 우선 이야기 속에서 용서할 수 있다. 이야기 속에서 기꺼이 악역을 맡아 준 그 사람을 떠올리며 감사하고 사랑할 수 있다. 그 사람의 행복을 빌어 줄 수 있다. 그 사람의 상대역을 한 자신도 사랑하고 이야기도 사랑하여 이야기가 해체되면 이미 용서할 사람은 사라진다. 용서할 일은 사라지고 감사와 평온만이 남는다.

사랑받지 못한 이야기는 우리를 파괴한다. 이 순간 감사와 사랑이 없다면 마음은 이 순간을 사진기처럼 촬영하고 이야기로 포장하여 기억 속에 저장한다. 감사와 사랑이 없었을 때의 모든 기억이 트라우마이다. 트라우마의 크기가 제각기 다를 뿐이다. 이야기 속의 두려움과 분노가 강렬할수록 트라우마는 잠재의식 속에 깊이 저장된다. 그러므로 이 순간 감사하지 않고 사랑하지 않는다면 크고 작은 트라우마를 남기는 셈이다. 이를 다른 말로 업을 쌓는다고 한다. 업은 사랑받지 못한 이야기이다. 사랑받지 못한 이야기는 우리를 파괴한다. 우리가 괴롭고 힘들다면 이야기 속에 있는 것이고, 이 이야기는 사랑받지 못했다. 지금 평온하지 않다면 의식적으로 깨어서 감사의 마음을 일으키고, 감정을 통해 이야기 속으로 들어가 나 자신과 상대방과 이야기를 사랑할 때다. 사랑받은 이야기는 해체된다. 이야기도 자유를 얻고 나도 자유를 얻는다. 자유로워지면 매일 보던 익숙한 풍경이 새로워진다. 처음으로 제대로 이 순간을 바라보게 된다. 오해를 벗은 이 순간은 눈부시고 새롭고 따스하다. 황홀한 느낌 속에서 나는 새로운 미지의 세계로 발을 들여놓는다. 이 새로운 땅을 여행하기 위해 지도가 필요하다. 지금까지 소개한 네 가지 보물(알아차림, 감사, 사랑, 상상)과 세 가지 차원(노래, 그림, 춤)으로 여행할 수 있는 지도를 주겠다.

18

지도

지도

 살면서 평소와 다른, 특별한 순간을 만날 때가 있다.

 힘겨운 삶이 갑자기 멈추고 인식이 무한하게 펼쳐질 때가 있다. 무심코 본 노을이 너무나 아름답거나, 아기의 눈망울이 아주 맑아서, 바라봄만 있고 보는 사람이 사라지는 경우가 있다. 또는 아침 산책 길에 새소리가 무척 청아해서 새소리만 있고 듣는 사람이 사라질 때가 있다. 약육강식의 삶에서 누군가 자신을 지켜 주고, 보듬어 주는 느낌이 들 때가 있다. 그때 우러나온 작은 감사는 삶의 어둠을 모두 상쇄할 수 있다. 이루어지기에는 어렵다고 여긴 꿈이 우연처럼 이루어진 경우들은 잊히지 않는다. 애를 써도 뜻대로 안 되어 체념하자마자 소망을 돕는 일들이 마치 물 흐르듯이, 춤추듯이 일어날 때가 있다. 놀이처럼, 춤처럼 지금 여기에 있는 것 자체가 기쁨일 때가 있다. 이 시간이 영원하기를 바랄 할 때가 있다.

문제는 그러한 순간들이 드물다는 것이고, 어떻게 해야 다시 그러한 순간들을 만날 수 있는지 모른다는 것이다. 아니, 모른다는 것을 인정하면 다행이다. 대개 자신은 어떻게 해야 하는지 안다고 생각한다. 특별하고 경이롭고 사랑에 둘러싸이고 기적이 다발적으로 일어났던 그때를 기억 속에서 떠올리고, 그러한 자신을 흉내 내려고 한다. 하지만 이는 꽃을 만드는 과정이다. 꽃을 피우려고 애쓰면 꽃을 만들게 된다.

다른 사람들의 조언을 듣기 위해 책들을 찾아본다. 수많은 책을 읽노라면 저자들이 말하는 행복한 삶을 위한 법칙들이 모순처럼 보일 때가 있다. 어떤 책에서는 이미 소망을 이룬 척하며 살라고 한다. 하지만 또 다른 책에서는 모든 집착을 놓아 버리고 이 순간을 살라고 한다. 어떤 책에서는 열정적으로 살라 하고, 다른 책에서는 고요하고 차분하게 살라고 한다. 그러한 조언이 그 책의 저자들에게는 도움이 되었을 것이다. 그들도 어느 날 알게 된 삶의 비밀을 누군가와 나누고 싶었을 것이다. 그렇기에 시간과 노력을 들여 책을 내었을 것이다. 다만, 노래와 그림과 춤의 모든 부분이 담긴 지도가 아닌 어느 한 차원에서 보았던 지혜를 가지고 여행을 마칠 수는 없다. 시동을 거는 방법만 알고 자동차를 몰 수는 없다. 혹은 목적지를 내비게이션에 입력한다고 해서 여행이 모두 이루어지는 것도 아니다. 자동차의 시동을 걸고, 내비게이션에 목적지를 입력하고, 브레이크를 풀고, 액셀을 밟아야 한다.

액셀 밟는 법을 어느 날 알게 되었다고 모든 사람에게 액셀만 계속 밟으라고 할 수는 없다. 이 조언은 액셀을 어떻게 밟아야 할지 모르는 사람들에게는 도움이 되겠지만, 내비게이션을 사용할 줄 모르는 사람, 브레이크를 풀 줄 모르는 사람에게는 소용이 없다. 목적지도 입력하지 않았는데 액셀만 밟는다면 목적지와 전혀 관계 없는 곳으로 가 버릴 수도 있다. 브레이크가 걸려 있는데 액셀만 계속 밟는다면 자동차는 고장 날 것이다.

어떤 이는 항상 강한 신념으로 밀어붙여야 한다고 한다. 하고 싶은 일이 있으면 어떤 장애가 있어도 주변의 방해와 상대를 이겨 내고 승자가 되라고 한다. 이 조언은 그림을 그릴 때는 도움이 되겠지만, 춤을 출 때는 도움이 되지 않는다. 소망하는 것만 계속 상상하고 어떤 행동도 하지 않아도 된다고 주장하는 사람은 춤의 차원을 알지 못하는 사람이다. 복권을 사지도 않고 복권이 당첨되는 상상만 하는 사람과 같다. 홍수가 났을 때 신에게 구해 달라고 기도한 남자가 있었다. 헬기가 구해 주러 오자, 남자는 신에게 이미 기도했으니 신이 구하러 오실 거라며 헬기를 거절했다. 사실 신이 헬기를 보낸 것이지만, 춤을 추는 법을 모르면 곁에 있는 천사를 알아보지 못한다.

어떤 저자는 모두 덧없는 것이니 모든 욕심을 버리고 마음을 비우라고 한다. 춤을 추는 차원에서는 이 조언이 도움이 되겠지만, 그림 그리는 차원에서 체념한다면 자신의 진정한 소망은 드러나지 못한 채 생기를 잃게 된다. 욕구는 모두 나쁜 것으로 여기고 없애고, 나무라고, 창피한 것으로 여기기 쉽다. 하지만 욕구는 사라지지 않는다. 그림을 그리고 소망을 이루었을 때의 느낌을 미리 느껴야 풀린다. 욕구는 그림을 그릴 때 필요하다. 소중한 재료이다. 이 욕구를 잘 알아차리면 진정한 소망을 찾을 수 있다.

우리는 모두 코끼리를 만지고 있는 장님처럼 삶의 한 부분을 만지고 있다. 어떤 사람은 생의 어느 순간 신념을 갖고 소망을 이뤄낸 적이 있을 것이다. 또 다른 사람은 집착을 내려놓았더니 기적처럼 삶의 문제가 해결된 적이 있을 것이다. 하지만 모든 차원에서, 모든 영역에서 한 가지 방법으로 문제를 해결할 수는 없다. 어떤 이는 소망을 생생하게 상상하여 이룬 적이 있을 것이다. 이 경험이 극적이어서 상상만 하면 어떤 일도 하지 않아도 부자가 되고 성공할 수 있다고 오해할 수 있다. 당시 이들은 성공했을 때도 의식적이든 무의식적이든 노래를 부르고 그림을 그리고 춤을 추었다. 다만, 자신의 약한 고리, 자신이 그동안 잘 못했던 부분을 개선하면서 그 부분이 극적으로 느껴질 수 있다. 모두들 자신의 세계관에서 맞는 이야기를 했다. 진실을 이야기했다.

삶의 전체 지도를 주고 싶다. 높은 곳에서 삶의 모든 부분을 내려다보며, 삶의 전체 지도를 볼 수 있다면 모순처럼 보이는 이야기들을 이해할 수 있을 것이다.

지도를 이해하기 위해 다섯 가지를 먼저 알아야 한다.

첫째, 알고 있어야 할 한 가지가 있다. 꽃피우는 삶이 있음을 알아야 한다.

둘째, 꽃피우는 삶에 두 가지 조건이 중요하다. 하나는 지금 여기에 현존이 있음을 알아차려야 한다. 또 하나는 현존과 하나가 되어야 한다.

셋째, 현존은 세 가지 차원이 있다. 노래, 그림, 춤이라는 예(藝, ART)이다.

넷째, 예(藝, ART)를 위해 사람이 할 수 있는 네 가지 보물이 있다. 알아차림, 감사, 사랑, 상상이다. 감사, 사랑, 상상을 '알아주기'라고 한다.

다섯째, 꽃피움의 다섯 가지 단계가 있다. 감사, 사랑, 축복, 내맡김, 영감에 따르기이다.

꽃피우는 삶이 있다는 것을 아는 것이 첫걸음이다. 이러한 삶이 있다는 것을 모른다면 꽃을 만드는 삶이 전부라고 생각하게 된다. 이는 감옥 안에서 가장 훌륭한 죄수가 되려고 애쓰는 사람과 같다. 노예 중 가장 행복한 노예가 되려고 노력하는 사람과 같다. 진실은 감옥 밖에 풍요로운 땅이 있으며, 노예에서 벗어나 자유인이 될 수 있다는 것이다.

꽃피우는 삶을 살기 위해서는 이야기 속이 아닌 지금 여기에 있어야 하며, 높은 에너지 상태인 평화로움에 거해야 한다. 문제는 현존하여 평화로운 상태에 머무르는 것이 내가 혼자 할 수 있는 일이 아니라는 것이다. 현존하는 척, 평화로운 척할 수는 있으나 이

것은 꽃을 만드는 삶이다. 꽃피우는 삶에서 가장 먼 삶이다. 꽃의 반대말은 쓰레기나 오물이 아니라 조화(造花, 모형 꽃)이다. 조화는 꽃인 척하는 무엇이다. 그것이 무엇이건 간에 거짓이다. 현존하는 척, 평화로운 척하는 삶은 실패하기 쉽다. 현존과 평화가 무엇인지도 모르지만 작은 것에 감사하고 자기 자신에 진실한 사람이 오히려 꽃에 더 가까운 사람이다. 당신은 평화롭게 될 수 없다. 자신이 될 수 있을 뿐이다. 당신은 사랑이 될 수 없다. 자신이 될 수 있을 뿐이다. 다만, 당신이 된다면 자신도 모르게 평온해지고 사랑이 뿜어져 나올 것이다.

현존하여 평화로운 상태에 머무르는 것은 사람인 나 혼자 할 수 있는 일이 아니다. 신에게 맡겨야 할 부분이 있다. 지혜가 필요하다. 지혜란 삶이 노래, 그림, 춤이라는 세 가지 차원이 겹쳐 있음을 이해하는 것이다. 즉 예(藝, ART)에 대해 알아야 한다. 그리고 사람이 할 수 있는 일이 있으며 할 수 없는 일이 있음을 아는 것이다. 사람이 할 수 있는 네 가지가 있다. 이들은 보물과 같다. 알아차림, 감사, 사랑, 상상(想像)이다. 알아차리고 높은 에너지인 감사, 사랑, 상상을 선택하는 것이 비밀 중의 비밀이다. 감사, 사랑, 상상을 다른 말로 바꾸면 '알아주기'이다. 대상을 알아주는 방법들인 것이다. 알아준다는 것은 통제, 억압, 회피, 무시처럼 낮은 에너지 대신 높은 에너지를 선택한다는 것이다. 알아차리고 높은 에너지를 선택하면 공명과 상쇄를 통해서 만물의 가장 기본적인 수준에서 진동 수준이 바뀐다. 입자들은 재배열한다. 노래가 흘러나온다. 그림은 그려진다. 춤은 완성된다. 상처는 회복된다. 꽃은 피어난다.

이 과정을 다섯 가지로 나열해 보자.
이 과정은 감사, 사랑, 축복, 내맡김, 영감에 따르기로 이루어져 있다.
이 다섯 가지 단계는 모두 '알아차림'과 '높은 에너지를 선택하기'로 이루어져 있다.

1. 감사: 노래의 전반부이다. 자동차의 전원을 켜는 단계이다. 식당에 들어서는 단계이다. 신을 알아차리고 감사를 고백하는 것이다. 신이라 해도 좋고 큰 자아, 본성, 진리라고 불러도 좋다. 다만, 지금의 나보다 더 크고 나의 생명을 유지시켜 주고 만물을 관장하는 무언가를 알아차리는 것이 첫 시작이다. 이름도 없으며 형상도 없으므로 공간에 의식을 두는 것이 가장 수월하다. 모양이 없이 드나드는 호흡을 알아차리기만 해도 분석적인 뇌는 조용해지고 뇌파는 느려질 것이다. 이때 나지막하게 고백한다. "하느님(자신이 부르는 신의 이름), 감사합니다." 신을 알아차리고 높은 에너지인 감사를 선택하는 것이다. 이때 심장과 뇌는 동조하고 노래는 흘러나온다.

2. 사랑: 노래의 후반부이다. 브레이크를 푸는 단계이다. 식당에 완전히 들어오는 단계이다. 자신을 사랑하는 것이며, 특히 자신

의 어두운 면을 사랑하는 것이다. 우리는 퍼즐을 완성시키는 마지막 한 조각을 항상 가지고 있다. 바로 자기 자신이다. 자신을 온전히 사랑할 때 마지막 퍼즐을 맞추게 된다. 퍼즐이 완성되면 경계는 사라진다. 평화롭지 않다면 자신을 사랑할 때이다. 자신을 알아차리는 것이 먼저이다. 자신을 알아차리는 방법은 두 가지이다. 하나는 '감정'이고, 또 하나는 '이야기'이다. 감정을 알아차려 보자. 평화롭지 않다면 자신을 사랑하지 않는 상태일 것이다. 이때 평화를 대신하는 감정은 크게 두려움 혹은 분노이다. 감정을 알기 위해 자신에게 직접 물어볼 수 있다. "지금 두렵니? 아니면 무엇에 화가 났니?" 불편감이 느껴지는 부분을 알아차려서 간접적으로 알아볼 수도 있다. 어깨가 불편하며 경직되어 있고 움츠러들어 있다면 두려움이 원인일 수 있다. 가슴이 답답하고 열감이 있으면 무언가에 화가 났을 수 있다. 정해진 답은 없다. 자신을 어린아이로 보고 관심을 갖고 관찰하면 스스로 답을 찾을 수 있을 것이다. 어떤 경우에는 단순히 두려움이나 분노가 아니라 더 세분화된 감정을 찾을 수도 있다. 두려움의 다른 이름은 공포, 불안, 슬픔, 수치심, 죄책감이다. 불행의 원인은 자신이며, 자신이 무능하기 때문이라는 생각이 숨어 있다. 바꾸어야 하는데 바꿀 수 없다는 생각도 숨어 있다. 분노의 다른 이름은 격노, 증오, 짜증, 질투, 비난, 기대이다. 모두 불행의 원인이 다른 사람 탓이며 어떻게든 강제로 바꾸어야 한다는 생각이 숨어 있다. 이렇게 감정을 찾았다면 그 감정을 소중하게 다룬다. 숨기거나 비난하거나 더 좋은 감정으로 바꾸려고 하지 않다. 높은 에너지를 선택한다. 바꾸려는 기대 없이 고요히 바라보는 것이 좋다. 또한 그 감정에 감사하고 사랑하는 것도 훌륭한 선택지이다. 사랑한다는 것은 받아들인다는 것이고 그 감정을 온전히 느낀다는 것이다. 감정의 중심부로 들어가 보자. 감정의 중심부에 들어가는 것에 저항이 생길 수 있다. 온전히 느끼는 것에도 저항이 생길 수 있다. 하지만 그 저항을 놓아 버릴 수 있다면 마법이 일어난다. 감정의 중심은 다가가기 두려울 수 있으나 용기를 내서 들어가게 되면 텅 비어 있거나 평화로울 것이다. 혹은 다른 감정으로 변해 있을 수 있다. 그럼 변모한 그 감정 안으로 다시 들어간다. 감정들의 여러 층을 지나면 강 같이 흐르는 평화를 만나게 된다. 가슴으로 노래하게 된다. 감정을 온전히 느낄 때 여러 기억이 떠오를 수 있다. 그 기억도 사랑의 눈으로 바라보자. 당시에 당신 주변에 있었던 사람들이 떠오른다면, 그들에게 그 당시에 왜 그랬는지 물어보자. 당시에 그들은 그들의 존재 상태에서 최선을 다했다는 것을 알게 될 것이다. 그럴 수밖에 없었다는 것을 이해하자.

    이야기를 알아차리는 것으로 다가가도 된다. 평화롭지 않을 때 자기 자신을 있는 그대로 받아들이지 못하고 있다. 그때 자신에게 할 수 있는 보석 같은 질문 두 가지는 다음과 같다.

    "나는 지금 어떤 사람인 척하고 있을까?" "나는 지금 어떤 사람이라고 밝혀지는 것이 두려운 걸까?" 이 두 가지 질문은 자신을 자유롭게 한다. 이 질문을 자신에게 한다면 작은 자아가 자신을 괴롭히는 과정이 끝난다. 작은 자아, 내면의 아이는 작은 그림카드를 가지고 있다. 그림카드에는 바라는 그림이 있기도 하고 무서워하는 그림이 있기도 하다. 어떤 아이는 자신이 가지고 있는 카드에 그려진 그림처럼 꾸며야 자신이 행복하다고 믿는다. 끊임없이 이 순간과 자신의 그림카드를 비교해서 다른 부분이 있으면 비슷하게 꾸민다. 또 어떤 아이는 이 순간이 자신의 그림카드와 비슷해지면 불행해진다고 믿는다. 만일 외부 상황이 그림카드와 비슷해질 조짐이 보이면 불안해하고, 화를 내고, 어떻게 해서든 그림과 비슷해지는 것을 피하려 한다. 나와 주변 사람을 통제하려고 한다. 이전의 힘들었던 경험을 다시 하고 싶지 않기 때문이다.

"나는 지금 어떤 사람인 척하고 있을까?"라는 질문은 바라는 그림의 카드가 무엇인지 알게 해 준다.

"나는 지금 어떤 사람이라고 밝혀지는 것이 두려운 걸까?"라는 질문은 원하지 않는 그림의 카드가 무엇인지 알게 해 준다.

어떤 그림 카드를 가지고 있는지 알았다면 자신에게 이야기해 주자. "지금 모습 그대로 사랑해. 다른 사람인 척하지 않아도 돼. 네가 걱정하는 그 사람이라고 밝혀져도 나는 너를 정말로 사랑해." 작은 자아에게 필요한 것은 사랑이다. "너는 훌륭해. 가치 있어. 네가 원하는 대로 일이 잘 될 거야."라는 말은 잠시 안도하는 데는 도움이 되겠지만 곧 의심과 불안을 불러일으키며, 다시 두려움과 분노가 생기게 된다. 작은 자아가 진정 듣고 싶어 하는 것은 "조건 없이 너를 사랑한다."라는 말이다. 자신이 부족해 보여도 그저 사랑한다는 말이 듣고 싶었던 것이다. 무조건, 언제나 사랑한다고 고백하는 것이 진정한 해결책이다.

3. 축복: 그림 그리기이다. 욕구와 일치하는 상징을 그리는 것은 축복하는 것이다. 축복은 사랑의 다른 이름이기도 하다. 냅킨에 그림을 그리는 단계이며, 내비게이션에 목적지를 입력하는 단계이다. 욕구를 알아차리며 명상 상태로 자신만의 화실로 들어가는 것이다. 자신을 사랑하는 것이며, 특히 자신의 밝은 면을 사랑하는 것이다. 화실에서 자신이 선택한 상징을 마음으로 그리는 것이다. 그리고 이미 이루어졌음을 미리 느끼고 감사하는 것이다. 명상 상태는 노래를 부르는 상태와 유사하다. 다만, 조금 더 내면으로 들어가 뇌파를 조금 더 낮추는 과정이 필요하다. 공간에 의식을 충분히 더 두고 호흡에 의식을 더 두고 충분히 감사하고 사랑한다면 이윽고 시간과 몸을 벗어나 가능성의 장을 알아차릴 수 있다. 비어 있지만 비어 있지 않은 그곳이 당신만의 화실이다. 그곳에서 자신의 욕구가 실현되었을 때의 모습, 즉 소망이 이루어진 모습을 생생하게 떠올리고 오감으로 경험하고 느낀다. 그 과정을 올바르게 한다면 고양된 감정이 흘러나오고 욕구는 충족되고 마음은 평안해질 것이다. 그림을 그리는 차원에서 현존이 이루어진 것이다. 내비게이션에 목적지는 입력되었다. 요리사에게 주문이 전달되었다.

4. 내맡김: 춤추기의 전반부이다. 웨이터가 춤을 위해 데려온 사람을 알아보는 단계이다. 그림 그리기가 잘 되었다면 당신과 춤

을 추기 위해 천사들이 등장한다. 때로는 이들을 한눈에 알아보기 어려울 수 있다. 춤을 추러 온 천사들을 알아차리는 것이 먼저이다. 그리고 높은 에너지인 내맡김을 선택한다. 내맡김은 감사와 사랑의 다른 이름이다. 지금 이 순간이 완벽하며 온전하다는 믿음이다. 다만, 방향이 중요하다. 천사들은 나와 그림을 그리기 위해 온 것이 아니다. 춤을 추러 왔다. 자신과 대상을 그림으로 본다면 판단하게 되고, 온전하지 않다고 생각하고, 통제하게 된다. 그림으로 보지 않겠다고 결심하는 것은 도움이 안 된다. 분홍색 코끼리를 생각하지 않겠다고 결심하는 것과 같다. 춤을 추러 온 천사들을 알아차리겠다고 결심하는 편이 훨씬 더 도움이 된다. 또한 자신의 소망을 이룰 수 있도록 도와주는 힘에 감사를 하는 것이 도움이 된다. 받은 축복을 알아차리는 것이다. 작은 것에도 감사를 하는 것이다. 행복, 풍요, 일, 건강 면에서 감사한 부분을 알아차리고 인정하고 감사하는 것은 천사를 알아봐 주는 일이다. 춤추는 상태로 접어든다.

5. 영감에 따르기: 춤추기의 후반부이다. 실제로 춤을 추는 단계이다. 완전히 내맡겼다는 의미는 100% 만족했다는 의미이다. 원하는 티를 내지 않고 완벽하게 평화로운 척을 할 수 있다는 의미가 아니라 완전히 내려놓았다는 의미이다. 이 순간 나와 대상이 온전함을 이해했다는 의미이다. 신이 춤을 청하러 왔고, 지금 소망이 이루어지는 과정 중에 있으며, 모든 과정에 감사한다는 것이다. 소

망하는 바가 이루어져도 좋고 이루어지지 않아도 된다는 뜻이다. 이 상태에서 영감을 받는다. 징조, 동시성이라 불리기도 한다. 어떤 아이디어가 생기고 어떤 충동이 생긴다. 이때 영감은 생각의 형태일 수 있고 이미지의 상태일 수 있다. 연락한 지 오래되었던 친구일 수 있다. 서점에서 우연히 본 책일 수 있다. 눈앞에 있는 읽을 거리일 수 있다. 꿈일 수도 있다. 오늘 만난 사람일 수 있다. 천사는 다양한 모습으로 우리를 찾아온다. 어떤 행동이 물 흐르듯이 나온다. 몰입하는 상태이고 흐름 속에 있는 상태이다. 활쏘기에서 '그것'이 나오는 시점이다.

감사, 사랑, 축복, 내맡김, 영감받기의 다섯 단계는 계속 순환한다.

알아차림과 높은 에너지를 선택하는 것이 가장 기본적인 원칙이고 사람이 할 수 있는 일이다. 이 원칙으로 감사하고 사랑하고 축복하며 내맡기고 영감을 받은 상태로 행동한다. 그렇게 하면 노래는 흘러나오고 그림은 그려지고 춤은 완성된다. 자신의 욕구가 소망이 되어 이루어진다. 그 뒤 다시 자신을 들여다보면 새로운 욕구가 생기고, 그 욕구에 맞는 새로운 상징을 선택하고, 또다시 소망화한다. 다시 노래하고 그림 그리고 춤춘다. 현존하며 자신은 또다시 비워진다. 꽃은 피고 또 핀다.

이 과정은 어떤 곳에서도 신을 알아차리고 감사를 고백하며 자신을 쉼 없이 알아차리고 사랑하는 과정이기도 하다. 알아차리고 감사하고 사랑하고 축복하고 내맡기고 춤추는 것이 모든 것이다. 꽃피우는 삶에 들어선 순간 소망은 이미 이루어졌다. 춤은 이를 표현할 뿐이다. 따라서 돈을 수년간 모아서 부자가 되고 오랫동안 노력하여 높은 지위에 오르고 건물을 완성해야 꽃이 피는 것이 아니다. 매일매일 꽃이 필 수 있다. 나이가 들어 일을 못한다고 해서 쇠락한 것이 아니며 난치병을 진단받았다고 해서 삶이 끝난 것이 아니다. 누군가에게서 이별을 통보받았다고 해서 희생자가 된 것이 아니다. 누구나 어떤 상황이든 어디에 있든, 어떤 조건을 가지고 있든 알아차리고 감사하고 사랑하고 축복하고 춤을 추면 꽃피울 수 있다.

이 다섯 단계에 대한 선언은 다음과 같다.

노래
1. 감사: 하느님(부처님)! 감사합니다!
여기에 숨어 있는 말을 포함해서 진술하면 다음과 같다.
(공간 혹은 호흡을 알아차리며) (나의 생명과 삶을 주관하는 나보다 더 큰 어떤 존재인) 하느님! (지금 나와 함께 계셔 주셔서) 감사합니다!

2. 사랑: 나는 나를 인정하고 사랑한다.

여기에 숨어 있는 말을 포함해서 진술하면 다음과 같다.

나는 (이 순간 깨어서 나 자신의 어두운 면을 알아차리고 바꾸려 하거나 숨기려 하지 않고) 나를 인정하고 (있는 그대로 느끼고 수용하고) 사랑한다.

그림

3. 축복: 나는 지금 새롭게 창조한다.

여기에 숨어 있는 말을 포함해서 진술하면 다음과 같다.

(삶의 주인인) 나는 (이 순간 삶이 어려워 보이고 나 자신이 부족해 보이지만, 삶에 감사하고 자신을 사랑한다.) 지금 (내가 소망하는 상징들을 누리고 있는 자신을) 새롭게 창조한다.

춤

4. 내맡김: 지금 모든 것이 온전합니다. 나는 모든 것을 당신께 내맡깁니다. 나는 모든 것에 완전하게 만족합니다.

여기에 숨어 있는 말을 포함해서 진술하면 다음과 같다.

(그림으로 본다면 많은 것이 불완전하게 보입니다. 통제해야 할 것이 많아 보입니다. 하지만 지금 이 순간을 어떻게 보아야 할지에 대한 선택권은 나에게 있습니다. 나는 춤으로 보기를 선택합니다. 춤으로 본다면) 지금 모든 것이 온전합니다. 나는 모든 것을 당신께 내맡깁니다. 나는 모든 것에 완전하게 만족합니다.

5. 영감에 따르기: 지금 여기에서 천사들이 춤을 청하고 있다면 지금 내가 할 수 있는 작은 일은 무엇일까?

여기에 숨어 있는 말을 포함해서 진술하면 다음과 같다.

(그림으로 본다면 모든 일을 내가 통제해야 할 것 같지만 춤으로 보기를 선택한다면 내가 할 수 있는 일만 하면 됩니다.) 지금 여기에서 천사들이 춤을 청하고 있다면 지금 내가 할 수 있는 작은 춤은 무엇일까?

하느님! 감사합니다!
나는 나를 인정하고 사랑한다.
나는 지금 새롭게 창조한다.
지금 모든 것이 온전하다.
지금 내가 할 수 있는 작은 춤은 무엇일까?

이 다섯 문장이 당신의 진언(眞言, 만트라)이 된다면 삶은 바뀔 것이다. 꽃피우는 삶으로 들어설 것이다.

운동을 잘하기 위해서 기본기가 중요하듯이, 꽃피움의 삶을 위해서도 기본기가 중요하다. 가장 중요한 기본기는 근원에게 감사하는 힘과 자신을 사랑하는 힘과 소망을 의식적으로 표현할 수 있는 힘이다. 기본기를 위해서 매일 할 수 있는 세 가지 의식을 권한다.

첫 번째 의식은 감사 일기이다. 예쁘고 아담한 노트를 마련한다. 노트 첫 장에서는 살면서 가장 감사한 일들을 세 가지 이상 적는다. 많이 적어도 좋다. 다음 장부터 오늘 감사한 일 세 가지를 적는다. 세 가지를 쓸 수 없는 날에는 노트 첫 장에 살면서 가장 감사했던 일 중에 몇 가지를 빌려 써도 된다. 예를 들면 다음과 같다.

- 삶을 행복하게 할 수 있는 지혜를 알게 되어 감사합니다.
- 아내를 만나게 된 일에 감사합니다.
- 우리 아이들을 만나게 되어 감사합니다.
- 오늘 일이 해결되어서 감사합니다.
- 오늘 고마운 사람을 만나서 감사합니다.
- 오늘 좋은 책을 읽어서 감사합니다.
- 오늘 힘든 일을 겪어 낸 자신에게 감사합니다.

미국의 방송인인 오프라 윈프리는 감사 일기를 쓰기로 유명하다. 그녀는 자신의 성공의 이유가 감사라고 생각한다. 요즘도 아무리 바빠도 감사 일기를 쓴다고 한다. 감사 일기를 쓰면 감사하는 힘이 근육처럼 커진다. 평소에 키운 감사 근육은 힘들 때 나를 지켜 줄 것이다. 감사의 대상은 무한하다. 세상에 대한 감사, 신에 대한 감사, 사람에 대한 감사, 예기치 않은 행운 등 목록은 끝이 없다. 여기에 자신에 대한 감사도 포함되어 있으면 좋겠다. 자신에 대한 감사는 자기 사랑으로 자연스럽게 연결되기 때문이다.

감사 일기를 쓰는 것 외에도 하루에 틈날 때마다 감사함을 표현한다면 더 없이 좋은 수행이 된다. 우리의 두 눈은 이 순간을 그림으로 바라보고, 나 자신과 앞에 있는 대상을 물질로 인식하지만, 나 자신의 참모습은 밝은 빛이라고 생각하고 앞에 있는 대상의 참모습도 밝은 빛이라고 생각하자. 나의 생명을 주관하고 만물을 관장하는 생명의 근원, 삶의 근원도 눈부시게 밝게 빛나는 빛이라고 생각하자. 그 빛에게 감사해하고 사랑을 고백하자. 처음에는 어색하지만 어느 순간 가슴이 따뜻해지고 편안해지고 황홀해지고 시원해질 것이다. 나의 가슴 안에서도 근원에 공명하여 무언가 밝게 빛나게 된다. 내가 정말 고맙게 생각하는 일, 소중한 어떤 사람, 귀여운 반려동물을 생각해도 가슴은 빛나게 된다. 가슴에 자리 잡고 있는 밝은 빛이 나의 참모습이다. 그 빛에 이끌려 내가 소중하게 생각하고 감사하게 생각하는 일들과 고마운 사람들과 반려동물을 만나게 되었다. 그 빛 덕분에 모든 것이 가능해졌다. 그 빛이 있음에 순수하게 감사하자. 감사할 때마다 그 빛이 더 강하게 빛난다고 생각하자. 그 빛 안에 몸을 담그고 계속 감사하고 사랑하자. 어느새 그 빛이 사방으로 퍼질 것이다. 이 상태는 감사에 온 마음과 몸을 헌신하는 일이고 모든 것을 신에게 내맡기는 상태이다.

두 번째 할 의식은 거울을 볼 때마다 자신에게 '아무개야, 고마워. 사랑해.'라고 말하는 것이다[63]. 세수를 할 때마다, 샤워를 할 때마다 거울에 비친 자신에게 이야기한다. 거리를 걷다가 유리창에 비친 자신에게도 이야기한다. '고마워. 사랑해.' 이 말은 처음에는 하기가 힘들다. 누구나 힘들다. 우리는 생각보다 자신을 사랑하지 않는다. 하지만 이 방법은 매우 강력해서 자신을 진심으로 받아들이고 사랑할 수 있게 된다. 삶을 어떻게 살아야 하는지 모르는 상태에서도 자신은 이 험한 삶을 잘 견뎌 주었다. 이 점을 인정하고 거울 속 자신의 눈을 들여다본다면 고마움이 솟아날 것이다. 자신을 사랑하는 마음이 샘솟을 것이다. 거울이 없다면 손을 가슴에 얹고 내면을 바라보면서 자신에게 '고마워, 사랑해.'라고 고백할 수 있다. 삶에서 어떤 경우에도 자신을 비난하지 않는다. 그저 자신이 지금 여기에 있음을 고맙게 여기고 조건 없이 사랑하는 것이다. 이는 자신이 망가지도록 놔두는 것을 뜻하는 게 아니다. 그것은 사랑이 아니다. 자신을 사랑하는 것은 자신을 방임하는 것이 아니다. 자신을 통제하는 것도 아니다. 중요한 개념이라 다시 강조하면, 자신을 사랑한다는 것은 자신이 어떻게 되든 무관심한 것도 아니고 성공한 사람처럼 보이도록 꾸미는 것도 아니다. 자신을 사랑한다는 것은 자신의 성장을 허용하는 것이다. 세 농부가 씨앗을 뿌리고 물을 주었는데 씨앗이 잘 자라지 않는 경우를 생각해 보자. 첫째 농부는 이미 할 일을 다 했다고 생각하고 그저 지켜본다. 두 번째 농부는 조바심에 다시 흙을 파내고 씨앗을 다시 꺼내본다. 몇 번을 씨앗을 꺼냈다가 다시 심기를 반복해도 변화가 없었다. 그는 다른 사람에게 들키기 싫어 어느 날 밤 모형 꽃을 심어 놓았다. 세 번째 농부는 씨앗의 힘을 믿되 자신이 할 수 있는 일을 한다. 빛이 더 잘

들도록 주변 잡초를 정리하고, 영양을 공급하기 위해 거름을 뿌린다. 해충을 잡고, 흙이 마르지 않도록 정성을 다한다. 세 번째 농부만이 가짜 꽃이 아닌 속까지 진실한 꽃을 피울 수 있을 것이다. 자신을 사랑한다는 것은 세 번째 농부와 같은 마음을 지닌다는 것이다. 자신을 믿되 성장할 수 있도록 정성을 쏟는다. 정성을 쏟고 싶은 마음이 저절로 들기 위해서는 자신에 대한 믿음과 사랑을 회복해야 한다. 조건 없이 자신이 지금 존재한다는 것 자체에 고마워하고, 지금 이 상태로도 충분히 사랑스럽다고 고백하는 일은 자신과의 관계를 건강하고 튼튼하게 한다. 거울을 보며 자신에게 사랑을 고백하는 과정이 특별한 이유이다.

세 번째 의식은 자신의 소망을 의식적으로 표현하는 것이다. 자신이 자주 보는 곳에 소망하는 물건, 직업, 사람, 돈에 대한 사진들을 모아 놓는다. 사진을 모아 놓는 장소는 핸드폰, 컴퓨터, 비전보드 등 어떤 것도 관계없다. 일 년에 한 번 만들어 놓으면 매일 손쉽게 바라볼 수 있다. 핵심은 내가 소망하는 것을 나 자신이 스스로 정했다는 것이다. 소망을 의식적으로 표현했다는 것이다. 이렇게 사진들을 정해 놓았으면 가장 소망하는 것 세 가지를 노트에 매일 적는다. 소망 일기는 감사 일기를 적는 노트에 적어도 좋고 따로 만들어도 된다. 매일 세 가지 정도만 적어도 좋다. 소망이 이루어지면 다른 소망을 적기 시작한다. 소망은 긍정적이고 현재형으로 표현하고 구체적으로 적는다. 예를 들면 다음과 같다.

- 나의 몸은 점점 더 튼튼해져서 30분간 달릴 수 있다.
- 나는 시력이 점점 더 좋아져서 멀리 있는 글씨도 명확하게 볼 수 있다.
- 나는 나의 가치를 알아보는 사람을 만난다.
- 나는 햇볕이 잘 들고 교통이 편리한 아파트 2층에서 살게 된다.
- 나는 올해 8월에 하와이에 여행을 간다.
- 나는 2025년 12월 31일까지 주 40시간 이하로 일하면서 경제적으로 풍요로워진다.
- 나는 올해 말까지 나의 소망을 이루기 위해 만나야 할 사람들을 만나고 정보를 얻는다.

잠들기 전에는 가장 빨리 이루어졌으면 하는 소망을 한 가지 상상하는 습관을 들이자. 잠들기 전에는 몸과 마음이 이완되어 잠재의식에 접근하기 쉬워진다. 이때 소망이 이루어진 모습을 의식적으로 선택하여 상상하고 행복한 느낌에 젖어 잠이 들면 소망은 잠재의식 속에 스며든다. 소망이 잠재의식 속에 자리를 잡으면 그 소망은 온갖 경로를 통해 손쉽게 이루어질 것이다. 소망을 입으로 여러 번 말하는 확언도 나의 소망을 의식적으로 표현하는 한 방법이다. 가장 이루고 싶은 소망을 열 가지 이하로 적어서 늘 가지고 다니며 확언을 하는 것이다. 아침저녁으로 잠깐 시간을 내어 소망을 눈으로 보고, 속으로 읽으며, 입으로 소리 내어 읽으면 어느 순간 잠재의식 속으로 스며든다. 씨앗이 뿌려진 것이다. 말은 신비로워서 생각과 행동을 이어 준다. 생각은 속도가 너무나 빠르기 때문에 알아차리고 선택하기가 쉽지 않다. 원치 않는 생각을 뜻대로 지우기 힘들다. 행동은 느리고 잘못된 행동은 수습하기가 쉽지 않다. 말은 우리가 충분히 알아차릴 수 있고, 선택할 수 있다. 내가 어떤 말을 사용하는지는 충분히 알아차릴 수 있다. 원치 않는 말은 하지 않기로 선택할 수 있다. 원하는 말을 선택해서 표현할 수 있다. 하고자 하는 말을 미리 정해서 하루에 백 번이고 천 번이고 외울 수 있다. 이렇게 말을 반복하면 생각에 영향을 미치고 행동에 영향을 미친다. "나는 지금 은총을 받고 있다. 나는 지금 이대로 온전하다. 나는 소중하다. 나는 날마다 모든 면에서 점점 더 좋아진다." 이 말을 하루에 백 번씩 백 일 이상 한다면 나는 내가 하는 말을 믿을 것이며, 나의 생각은 바뀌어서 새로운 신념이 될 것이다. 나의 행동은 이 말과 생각에 걸맞을 것이다. 말은 신에게 감사를 고백할 때뿐만 아니라 자신을 사랑하는 데에도 사용할 수 있다. 소망을 표현하는 데에도 사용할 수 있다.

감사 일기, 거울 보며 자신을 사랑하기, 소망을 표현하기는 매일 하는 기본 의식이다. 이 세 가지 의식만 실천해도 삶은 놀랄 만큼 달라질 것이다. 더 건강해지고 더 풍요로워지며 더 큰 성공을 손쉽게 이루어 낼 것이다. 세 가지 의식으로 충분히 기본기가 잡혔다면 꽃피움 명상을 할 수 있다.

감사 일기를 쓰고 거울에 비친 자신에게 사랑을 고백하는 방법으로 수십 년 된 응어리를 녹인 환자에 대한 이야기를 살펴보자.

● 제 환자 중에 69세 여성 분이 계십니다. 고혈압으로 약을 드시고 계십니다. 이분은 우울증과 불안증에 불면증도 있는 분이었습니다. 젊은 시절 마음고생을 심하게 하신 분이라 응어리가 많은 분이었습니다. 수십 년간 우울증으로 힘들어하셨습니다. 아침에 눈을 뜨면 죽고 싶다는 생각이 항상 제일 먼저 들었다고 합니다. 죽고 싶은 마음에 옥상에도 올라가 보고, 베란다에서 아래를 내려다보곤 하다가 자녀 생각에 매번 포기했다고 합니다. 그분에게 매일 감사 일기를 쓰시기를 권해 드렸습니다. 거울을 볼 때마다 자신에게 고맙다고, 사랑한다고 이야기하시라고 했습니다. 수개월이 지나도록 차도가 없는 것 같았습니다. 늘 표정이 어두웠습니다. 하지만 그분은 계속 감사 일기를 쓰고 있었습니다. 그리고 제가 권해 드린 대로 거울을 볼 때마다 자신에게 고맙다고, 사랑한다고 이야기하셨습니다.

2022년 4월 27일 혈압약을 받으러 오셨습니다. 전에 없이 밝은 얼굴이었습니다. 평온한 모습으로 우울감이 사라지고 마음이 기쁘다고 하셨습니다. 그 경험이 극적이어서 날짜도 기억하고 계셨습니다. 2022년 4월 17일, 즉 10일 전부터 우울하지 않고 마음이 평안하다고 하셨습니다. 마음에 기쁨이 가득하다고 합니다. 아침에 눈을 떠도 죽고 싶은 마음이 사라졌다고 합니다. 그러한 기쁨이 10일 이상 계속된다고 합니다. 이런 일은 수십 년간 처음 있는 일이라고 합니다. 환자 분은 저에게 감사하다고 하셨지만 제가 오히려 환자 분께 진심으로 감사했습니다. 수개월 동안 포기하지 않고 감사 일기와 자기 사랑을 계속해 주셔서 감사했습니다. 저는 감사하는 마음, 자신을 사랑하는 마음이 수십 년 된 응어리를 녹였다고 생각합니다. 환자 분에게 4월 17일 그날 어떤 좋은 일이 있었는지 여쭈어 보았습니다. 어떤 일이 있었던 것은 아니라 하셨습니다. 평소와 비슷한 날이었는데 그날부터 갑자기 마음이 달라졌다고 합니다. 저도 정말 기뻤습니다. 사람의 마음이 평온해지는 과정은 늘 경이롭습니다. 이 환자 분은 4월 17일 이후 수개월이 지난 현재까지 평온함과 기쁜 상태를 유지하고 있었습니다. 저는 정신건강의학과 의사가 아니고 내과 의사입니다. 모든 우울증 환자분들이 약을 드시지 않고 감사 일기를 쓰면 호전된다고 생각하지 않습니다. 우울증이 심하신 분은 정신건강의학과 선생님께 진료를 받아야 합니다. 하지만 우울증에 대한 진료를 받으시든 받지 않으시든 감사하는 마음과 사랑하는 마음을 의식적으로 선택하는 일은 중요하다고 생각합니다[64].

'꽃피움 명상'을 소개한다. 이 명상은 앞서 소개한 지도를 통해 명상하는 방법이다. 이 명상을 통해 꽃피울 수 있다면, 삶의 모든 부분이 꽃피움 명상으로 이루어진다는 것을 알게 될 것이다. 삶 전체가 명상이 된다. 조용한 곳에 자리를 잡는다. 앉아도 좋고 서 있어도 좋다. 다만, 허리는 부드럽게 폈으면 한다. 땅에서부터 무게 중심을 잘 맞추어 편다면 허리와 목은 펴지고 힘이 거의 들지 않을 것이다. 막대를 수직으로 조심스럽게 세울 때처럼 무게 중심을 잘 잡자. 무게 중심을 잡는 과정은 집중이 필요하다. 무게 중심을 잡는 동안 마음은 이미 어느 정도 고요해지고 잠재의식을 향한 문은 열리기 시작한다.

가슴의 공간을 바라보자. 그곳에는 심장과 폐와 성스러운 힘이 있다. 나만의 사원이 있다. 그 공간과 힘을 바라보자. 가슴에 나를 늘 지켜 주고 은총을 내려 주는 신이 있음을 알아차리자. 그리고 나지막하게 마음속으로 고백하자. "감사합니다!" 가슴이 밝아지고 따뜻해지고 노래하기 시작한다. 가슴의 에너지를 찾기 힘들다면 그동안 살면서 가장 감사한 일을 떠올려도 된다. 가장 사랑하는 사람, 사랑스러운 아이, 반려동물을 떠올려도 된다. 감사한 일, 감사하는 존재, 사랑스러운 존재에 집중하면 가슴 안 공간 어딘가에 불이 켜진다. 그 에너지가 있음에 감사하고 그 에너지를 사랑하면 그 에너지는 커지기 시작한다. 사실, 감사한 일 때문에 가슴 에너지를 느낄 수 있었던 것이 아니라 가슴 에너지 때문에 감사한 일이 생겼고 사랑스러운 일이 생겼다. 가슴 에너지가 있었는지 잘 몰랐을 수도 있지만 가슴에는 늘 신이 있으며 에너지가 있다. 감사하는 일에 주의를 두면 그 에너지를 보다 잘 느낄 수 있다. 그 에너지가 있음에 감사할 수 있고 그 에너지를 사랑할 수 있다. 이를 알아차리면 에너지가 점차 강해진다. 어느새 사방으로 퍼져 나가려 한다. 그 에너지에 호흡을 결합하자. 숨을 내쉴 때마다 그 에너지가 더 밝아지고 강해진다고 생각하자. 신이 언제 어디서나 외부 조건에 관계없이 나에게 은총을 내려주고 있음을 알게 되면, '내가 얼마나 사랑스러운 존재이길래 이토록 나를 사랑하는지!'라는 앎에 이르게 된다.

이제 가슴의 노래로 자신을 사랑하자. 그 노래, 에너지는 의식을 따라간다. 즉, 마음의 눈으로 바라보는 곳으로 간다. 자신의 머리 중심을 바라본다. 편도체, 시상하부, 뇌하수체, 송과체, 나비뼈[65]가 있는 머리 중심을 부드럽게 바라본다. 해부학적인 구조를 정확하게 알지 못해도 괜찮다. 그저 머리의 중심 공간을 부드럽게 바라보자. 그 머리 중심의 공간을 바라보면 뇌파는 더욱 느려지기 시작한다. 그러다 머리 중심 부위 어딘가에 자신의 어두운 부분이 느껴지면 그 부분을 바라본다. 그 부분은 어둡게 보이고, 뭉친 느낌이 난다. 그 부위를 바라보고 있으면 좋지 않았던 기억이 떠오를 수 있다. 어제 있었던 일일 수도 있고 오래전 일일 수도 있다. 기억의 패턴은 비슷할 것이다. 같은 렌즈 때문에 생긴 일이기 때문이다. 그 기억을 감사의 에너지로 알아주자. 부드럽게 바라보면 그 기억에 엉겨 있는 감정은 상쇄되어 녹아 버린다. 기억 자체를 곱씹으며 옳고 그름을 따지지 말자. 감정만 바라보며 그 기억과 이야기의 중심에 있는 어린아이를 찾아보자. 그 아이를 그저 안아 주고 알아주자. "그때 많이 놀랐겠구나! 미안해. 견뎌 주어 고마워. 사랑해." 마음에 걸렸던 힘든 일이 있었다면 가슴에서 감사의 에너지를 일으킨 후에 머리 중심에 시선을 고정한 후 바로 그 힘든 일을 떠올리며 그 일로 놀랬던 아이를 먼저 안아 주어도 된다. 자신에게 이렇게 이야기해 주자. "나는 나를 인정하고 사랑한다." 이렇게 자신의 어두운 부분을 사랑한다. 나뿐만 아니라 상대방도, 이야기 자체도 사랑한다. 자신의 어두운 이야기를 사랑하고, 상대방을 사랑하고, 나를 사랑하는 것은 어두운 부분을 '이해'하는 것과 같다. 이야기를 이해하는 것이고 이야기를 해체하는 과정이다. 이해는 사랑과 같은 말이다.

이야기를 이해한 후 다시 머리의 중심을 사랑의 눈으로 바라보자. 우리 내면에 정말 훌륭한 의사와 수리공이 살고 있는 것 같다. 그 의사는 어떤 병에서도 회복시키고, 수리공은 삶의 어떤 문제도 고친다. 그 의사와 수리공은 튼튼한 성 안에 살고 있는 것 같다. 그 성 안에 있는 의사와 수리공을 깨우려면 이중 잠금장치를 열어야 한다. 이중 잠금장치는 각각 가슴과 머리에 있다. 이중 잠금장치는 비밀번호를 입력하는 것도, 열쇠를 넣어야 하는 것도 아니다. 홍채를 인식하거나 안면을 인식하는 것도 아니다. 잠금장치는 어떤 진동수에 의해 열린다. 가슴에 있는 첫 번째 잠금장치는 감사의 진동수에 의해 열린다. 지금 신이 곁에 있어 은총을 주시고 있음을 알아차려서 감사함을 느낀다면 문은 열린다. 머리에 있는 두 번째 잠금장치는 사랑의 진동수에 의해 열린다. 내가 있는 그대로 사랑스러운 존재임을 알아차리고 조건 없이 사랑하게 되었을 때 문은 열린다. 이 문이 열리는 것을 방해하는 것은 이야기이다. 이야기는 컴퓨터의 바이러스처럼 오류를 일으킨다. 감사로 가슴의 문을 열고 이야기를 이해한 후 다시 머리의 중심을 사랑의 눈으로 바라보면 드디어 두 번째 잠금장치가 열리고 성의 문이 열린다. 이 두 개의 문이 열리면 내면의 훌륭한 의사와 수리공은 눈을 뜨고 자신의 일을 한다. 가슴에서 감사를 느끼고 그 마음으로 나의 머리의 중심을 응시하면 무언가 일이 생긴다. 어떤 치유적인, 기적이라고 해도 좋을 어떤 일이 일어난다.

그다음 자신의 밝은 부분을 사랑하자. 미리 자신의 욕구로부터 소망을 알아야 한다. 그리고 상징을 정한다. 그리고 가슴에서 감사의 마음을 일으킨다. 그리고 자신의 눈썹 사이를 바라본다. 스크린을 상상하며 소망이 모두 이루어진 모습을 생생하게 상상한다. "나는 지금 새롭게 창조한다." 소망이 이루어져 기뻐하고 감사하는 모습을 실감 나게 상상한다. 짜릿하고 황홀한 느낌이 들게 된다. 이 느낌이 들면 자신의 밝은 모습을 사랑하는 과정이 완결되었다는 뜻이다.

그리고 다시 가슴 안의 감사를 느끼며 눈을 뜬다. 눈에 보이는 모든 것이 천사들이라 생각하자. 이 순간 나와 춤을 추러 온 천사들이다. 모든 것이 온전하고 완전하고 새롭다고 생각하자. 가슴에서 감사와 사랑이 흘러나온다고 생각하자. 주변 모든 것을 축복하자. 감사하자. 이 과정은 내맡김이다. 평온에 잠겨 있는 상태에서 영감이 떠오를 때가 있다. 이제는 춤을 출 수 있다. 그럼 바로 그 일을 하자. 영감이 떠오르지 않는다면 평온한 마음으로 평상시의 일을 시작하자. 평상시의 일이지만, 평상시와 다른 마음으로 하게 될 것이다. 물처럼 부드럽게 행할 것이다. 몰입할 것이다. 할 일이 없다면 영혼이 기뻐하는 일을 해도 좋다. 말 그대로 춤을 추어도 좋고 노래를 해도 좋고 악기를 연주해도 좋다. 자연 속에서 달릴 수도 있다. 요리를 할 수도 있다. 자신만의 취미를 해도 좋다. 무엇이든 기쁨이 솟아오르면 된다. 그 과정 속에서 영감은 더욱 쉽게 다가올 것이다. 영감은 바로 떠오를 수도 있고 길을 가다가 떠오를 수도 있다. "지금 모든 것이 온전하다. 지금 내가 출 수 있는 작은 춤은 무엇일까?"

꽃피움의 명상은 감사, 이해, 사랑, 축복, 내맡김으로 이루어져 있다. 단계마다 20초씩 100초가 걸릴 수도 있고, 1분씩 5분이 걸릴 수도 있다. 이렇게 꽃피움의 명상을 하게 된다면 건강 상태가 비약적으로 좋아질 것이다. 질병이 있다면 건강이 회복될 것이다. 사건, 사고는 줄게 될 것이다. 여러 행운이 뒤따를 것이다. 소망이 수월하게 이루어질 것이다. 모든 것에 감사할 것이고 자신의 모든 면을 사랑할 것이다. 쉬지 않고 기도하게 될 것이다. 항상 기뻐할 것이고 평온할 것이다. 전 생애가 꽃피움이 될 것이다.

지도를 주었다. 지도를 가지고 있는 것과 지도를 보며 여행을 하는 것은 다르다. 지도 안을 여행할 수는 없다. 실제(實際) 땅을 밟아야 한다. 지도를 얻는 순간 어디든 갈 수 있을 것 같지만 실제 삶을 살아갈 때는 어려움이 생길 것이다. 여러 의심과 장애가 생길 것이다. 가장 큰 장애는 매일 똑같아 보이는 삶에 똑같이 반응하는 나의 습관이다. 지도를 볼 때는 삶이 뚜렷해 보였는데 다시 삶을 바라보면 어제와 같은 삶인 듯하다. 나는 어제와 같이 반응한다. 신이 명확하게 보일 줄 알았는데 흐릿하다. 자신 안에 있는 태엽도, 춤을 청하는 천사도 흐릿하다. 초점이 맞지 않는 듯하다.

안경이 필요할 때다.

19

안경

안경

내면의 자유는 노력을 통해서 얻어지는 것이 아니다.
그것은 무엇이 진실인지를 '보는 것'을 통해서 이루어진다.

— 붓다

발견을 위한 참다운 항해는 새 땅을 찾아내는 것보다도
세상을 새로운 눈으로 보는 데 의의가 있다.

— 마르셀 프로스트

지도를 보면서 여행할 때를 생각해 보자.
지도에는 여러 선들이 있고, 선들이 만나서 면을 이룬다. 선들은 길일 수도 있고 강일 수도 있다. 면들은 밭일 수도 있고 산일 수도 있다. 정교한 지도는 우리가 있는 곳에서 목적지까지의 경로를 명확하게 보여 주며 우리가 가야 할 안전한 길과 피해야 할 장애물도 보여 준다. 하지만 지도는 실제(實際)가 아니다. 실제의 땅에는 바람이 불고 비가 내리기도 한다. 땅에서 하늘까지 끊김 없이 부드럽게 이어져 있다. 숲과 들판도 명확하게 구분되지 않는다. 실제에는 선이 없고 면이 없다. 시냇물과 숲과 산과 들판이 어우러져 있으며 그 사이로 많은 길들이 얽혀 있다. 이러한 배경을 품고 낮과 밤이 바뀌고 있다. 땅에는 기하학적 기호가 없다. 지도와 실제가 다르기에 실제를 보면 혼란스러울 수 있다. 하지만 우리는 지도를 보며 한결 수월하게 여행을 한다. 왜냐하면 우리는 새로운 눈을 가지게 되었기 때문이다. 새로운 눈은 실제를 바라보면서 지도에서 보았던 나의 위치와 목적지를 알아채고 그 사이에 선들과 면들을 찾아낸다. 새로운 눈을 갖기 위해서는 훈련이 필요하다. 혼란스러워 보이는 자연에서 지도에서 보았던 표지물을 보기 위해서는 연습이 필요하다.

꽃피우는 삶을 위해서도 새로운 눈, 안경이 필요하다. 꽃피우는 삶을 위한 지도를 손에 넣었지만, 우리의 삶이 지도인 것은 아니다. 지도에서는 노래와 그림, 춤이 명확하고 단순하다. 신이 곁에 있다고 했다. 자신을 다른 사람으로 바꾸려고 하지 않고, 있는 그대로 사랑하기만 하면 된다고 약속했다. 자신의 화실에서 그림만 그린다면 무엇이든지 이루어진다고 했다. 언제라도 춤을 추기를 기다리는 천사들이 있다고 했다.

하지만 지도에서 눈을 돌려 주변을 보면 당황스럽다. 삶은 어제와 그리 다른 것 같지 않다. 주변에는 나를 힘들게 하는 문제들이 여전히 많다. 주변 사람들은 여전히 나를 이용하려고 한다. 내 마음을 알아주는 사람은 없고 요구하는 사람들만 있다. 정말 이곳에, 내 곁에 신이 있는 것일까? 나는 정말 열쇠를 가지고 있는 것일까? 나는 소망을 그려도 되는 것일까? 정말 이 순간 통제하지 않아도 되는 것일까? 나의 소망을 상상하려고 하지만, 소망이 이루어지지 않았을 때의 모습이 떠오른다. 가능성의 장, 나의 화실은 어디에 있는 것일까? 꿈을 향해 가려 하면 힘든 일이 나를 막는 것 같다. 주변 사람들도 어렵겠다고 말을 한다. 오늘도 성공보다 실패가 더 많았다. 정말 신이 나를 도와주시는 것일까? 나와 춤을 추기 위해 온 천사들은 어디에 있을까?

우리는 모두 렌즈를 가지고 있다. 렌즈를 통해서 세상을 보고 나 자신을 본다. 같은 곳을 바라본다고 해서 같은 것을 보는 것은 아니다. 어떤 렌즈로 바라보느냐에 따라 지옥과 천국이 결정된다. 여러 렌즈들이 있지만, 가장 중요한 렌즈는 두 가지이다.

하나는 '신은 언제 어디서나 내 곁에서 은총을 내려주고 계신다.'이고,

또 하나는 '나는 조건에 관계없이 사랑스럽다.'이다.

이 두 가지 렌즈를 가지고 있다면 항상 천국에 살 것이다. 질병과 사고와 갈등과 불행의 가장 근본 원인은 두 가지 렌즈 때문이다.

하나는 '나는 신에게 버림받았다.'
그리고 또 하나는 '나는 어떤 조건이 부족해 사랑스럽지 않다.'이다.

이 두 가지 렌즈로 왜곡된 세상을 본다면 온갖 문제들이 생긴다. 꽃피움의 삶을 위해서는 훌륭한 안경이 필요하다.
가장 먼저 해야 할 일은 알아차리는 것이다.
노래를 부를 때는 신을 알아차리고 자신을 알아차린다.
그림을 그릴 때는 가능성의 장을 알아차린다.
춤을 출 때는 춤을 추기 위해 찾아온 천사들을 알아차린다.
꽃피우는 삶에서 자주 마주치는 장애물을 알아볼 수 있는 안경이 필요하다. 알아차리기 위해서는 새로운 눈이 필요하다. 즉 안경이 필요한데, 이 안경은 이전과 다른 초점으로 세상을 보도록 도와준다. 마치 매직아이처럼 같은 풍경을 보되 초점을 달리해서 숨어있는 표지들을 볼 수 있다.

하나씩 살펴보자. 먼저 노래의 차원이다. 신은 삶과 동의어이다. 현재와 같은 말이다. 나보다 더 큰 존재이며 지성을 가지고 있다. 그 지성은 우리의 심장을 뛰게 하고, 세포 분열을 일으키고, 수

많은 화학 반응을 일으킨다. 나의 이성적인 논리를 이해하고 감정을 알아챌 수 있는 지성이기도 하다. 수많은 기적과 동시성을 일으키는 신이기도 하다.

이러한 신을 어떻게 알아차리는가? 신을 알아차리기 어려운 것은 신이 너무 작아서가 아니다. 신이 어디에 숨어 있어서가 아니다. 너무나 크고 명백하기 때문에 오히려 알아차리기 힘든 것이다. 바로 나를 둘러싸는 삼라만상이 신이다. 신은 특정한 형상이 없으며 매 순간 같은 모습인 적이 없기에 알아차리기가 힘들다.

신을 알아차리기 위해서는 연습이 필요하다.

이때 세 가지 방법이 도움이 된다.

하나는 공간을 알아차리는 것이다. 몸의 내부에 있는 공간을 의식하거나 사물들 사이의 공간, 사물을 둘러싸는 공간, 모든 사물을 둘러싸는 무한한 공간을 알아차리는 것 모두 효과가 있다. 공간은 신과 유사한 속성이 있다. 일정한 형상이 없다. 공간을 의식하면 뇌는 휴식한다. 뇌파는 일정해지고 느려지기 시작한다. 또 하나는 전체를 바라보는 것이다. 모든 만물과 그 사이 공간들 모두가 신이기 때문이다. 나무가 아닌 숲을 보는 방식이다. 좁은 주의가 아닌 넓은 주의로 전체를 보면 전체는 시시각각 끊임없이 흐르는 강물처럼 매번 새롭다. 따라서 대상화할 수 없고 뇌는 조용해진다. 노을이 지는 들판에 앉아서 멍하게 전체를 바라보거나 강가에 흐르는 강물을 말없이 바라보고 있을 때 자신을 잊고 인식이 열리는 경우가 바로 그때이다. 마지막으로 호흡을 알아채는 것이다. 들숨과 날숨은 나 자신이 일으킬 수도 있지만 나의 개입 없이 일어날 수도 있다. 나의 무의식은 몸의 지성과 같은 말이고 신이란 의미기도 하다. 숨에 개입하지 않고 들숨과 날숨을 바라보는 것은 신을 의식하는 것과 같다. 바닷가에서 파도를 무심하게 바라보듯이 호흡을 바라본다면 명상 상태로 들어갈 것이다. 해안가에 파도가 밀려들어오고 쓸려 나가듯, 호흡이 내 몸 안으로 들어오고 다시 밖으로 나간다. 신이 나의 생명을 유지하기 위해 숨을 불어넣는다고 생각하면 감사함이 흘러나올 것이다. 세 가지 방법 중 어느 방법을 사용해도 된다. 어느 방법을 통해서든 이 순간이 적들에 둘러싸인 전쟁터나 욕망과 증오가 끓는 드라마가 아니라는 것을 알게 된다. 이러한 방법들을 통해 투쟁의 상태에서 휴식의 상태로 들어가면 같은 풍경을 바라보더라도 전혀 다르게 대응하게 된다. 투쟁의 상태에서는 약육강식의 정글에서 생존을 위해 털을 곤두세우고 있어야 한다. 휴식의 상태에서는 나를 감싸고 있는 신과 함께 은총이라는 햇볕을 쬐며 관조하게 된다. 신을 알아차리기 어려운 상황에서는 다음과 같이 질문을 던져 보는 것도 도움이 된다.

'이렇게 힘들고 어지러운 상황에서도 신은 내 곁에 있을까?'

질문을 하고 고요함과 함께 기다린다면 마음 깊은 곳에서 신이 당연히 지금 내 곁에 있음을 알아채게 된다. 이로써 노래하는 상태로 접어든다.

그림의 차원에서는 명상 상태가 조금 더 깊어져야 한다. 뇌파는 좀 더 느려지고 일관되어야 한다. 따로 시간을 내어 충분히 공간,

숲 전체, 호흡을 지속적으로 알아채고 높은 에너지인 감사와 사랑을 선택한다면 어느새 작은 나는 큰 나와 동일한 진동수로 진동하면서 큰 나와 하나가 될 것이다. 작은 나는 투명해져서 어느새 사라질 것이다. 이를 '자신을 비운 상태'라고 표현하기도 한다. 나를 큰 자아에 맡겨 버린 상태이다. 시간을 넘어서고 몸을 넘어선 상태이며, 가능성의 장에 도착한 상태이다. 가능성의 장은 모든 가능성이 있는 양자 수프라고 하기도 한다. 자신만의 화실에 도착한 것이다. 이곳에서 상상한 그림은 화실에 걸리게 되고, 우주는 이 그림을 이루기로 결정한다. 매일 일정한 시간 그림을 그리기로 결심하자. 매일 되도록 같은 시간, 같은 공간에서 의식을 하듯이 화실에 방문하는 것이 좋겠다. 의식적으로 그림을 그리지 않으면 무의식적으로 나의 두려움을 그리게 되고, 다른 사람이 주입한 그림을 그리게 된다. 내가 주인이 되어 나만이 화실에 들어가야 한다. 도둑이 몰래 들어가 그림을 그리게 해서는 안 된다.

　그림을 그리는 일은 자신이 어떤 사람인지 결정하는 일이다. 자신을 새롭게 선택하는 일이고 창조하는 일이다. 이때 조심할 점은 자신이 누구인지 정하는 순간 그 반대가 되는 배경도 자동적으로 창조된다는 점이다. 예를 들어, 나를 '정의로운 사람'으로 선택한다면, 그 순간 자동적으로 '불의한 사람들'을 창조하게 된다. 불의한 사람들이 있어야 내가 정의로운지 알 수 있기 때문이다. 나를 '선생'으로 창조한다면 '제자'들을 창조하게 된다. 즉, 무지한 사람들을 창조한다. '구원자'가 되려면 '낙오자'들이 필요하다. 이러한 과정을 모른다면, 창조를 의식적으로 하면서도 투쟁하게 된다. 피로하고 괴로운 삶을 피할 수 없다. 정의가 되기 위해 불의를 창조하지 말자. 구원자가 되기 위해 낙오자를 창조하지 말자. 선생이 되기 위해 무지한 자를 창조하지 말자. 옳은 사람이 되기 위해 그릇된 생각을 가진 자를 창조하지 말자. 옳은 사람이 되기를 선택하기보다 행복한 사람이 되기를 선택하자. 승자가 되지 말고 은총에 감사하는 사람이 되자. 쟁취한 사람이 되지 말고 온전한 사람이 되자. 빼앗는 사람이 되지 말고 풍요 속에 있는 사람이 되자.

춤의 차원에서는 의도를 가지고 알아채는 것이 도움이 된다. 어떤 상황에서도 그림이 아닌 춤으로 바라보기로 결심한다. 같은 상황에서도 소망을 이루어지는 방향으로 작용하는 힘을 알아채기로 결심한다. 내 앞에 있는 대상을 춤의 대상으로 인식한다. 대상이 예쁘고 못생기고를 판단하기 전에 열쇠와 자물쇠로써 온전함에 주목한다. 지금 여기에 함께 있는 것이 기적임을 떠올린다. 이 순간과 조화를 이루는 데 어떤 춤이 도움이 될지에 초점을 맞춘다. 대부분의 봉사와 친절은 춤에 가장 가깝다. '내 앞에 있는 대상에게 어떻게 봉사하고 친절을 베풀까?'라는 질문의 답은 춤에 가장 가깝다. 나를 희생해서 다른 이를 기쁘게 하는 것이 아니라, 내가 기꺼이 나의 시간과 나의 재능으로 잠깐 베푸는 친절은 이 순간을 조화롭게 한다. 대상과 내가 하나가 되게 한다.

어떤 상황을 만나도 물 반 잔의 비유처럼 현재 나를 도와주는 부분, 내가 이미 받은 축복을 알아차리고 감사한다. 그 과정을 끊임없이 실천한다면 집착과 두려움, 분노는 사라지게 된다. 이 순간에 100% 만족하게 된다. 그때 비로소 보이지 않던 천사들이 보이게 된다.

여행을 하는 중에 여러 장애물을 만날 수 있다. 장애물이 있다는 것은 여행을 시도한 게 잘못이라는 의미가 아니다. 꽃피우는 삶에도 여러 장애물이 있다. 하지만 그 장애물이 길을 잘못 들었다는 의미인 것은 아니다. 다만 장애물을 볼 수 있는 안경이 필요하다. 장애가 생기는 이유는 작은 자아가 천성적으로 통제하려고 하기 때문이다.

〈예 藝 Art〉편 '내가 아는 가게'에서 자주 만나는 장애물을 다음과 같이 비유했다.

● 하지만 그 가게에 있는 사람들이 모두 원하는 음식을 먹을 수 있는 것은 아니었습니다. 어떤 사람은 가게 앞에서 노래를 부르지 않고 막무가내로 안으로 들어오려고 합니다. 또 어떤 사람은 뭐가 불안한지 슬프고 어두운 노래를 부르는 것입니다. 그 사람들은 결국 가게 안에 들어오지 못했습니다. 가게에 들어온 어떤 사람은 웨이터에게 무례하게 음식을 가져오라고 소리치고 있었습니다. 다른 사람은 간절하게 음식을 달라고 사정하고 있었습니다. 하지만 웨이터는 아무것도 못 들은 듯이 지나치고 있었습니다. 어떤 사람은 냅킨에 그림을 그리지만, 이내 다른 그림을 그리고 또 다른 그림을 그립니다. 냅킨이 너무 부드럽고 얇아서 찢어지기도

했습니다. 그 사람들 역시 음식을 볼 수 없었습니다.

한 여성은 아름다운 노래를 부르고 들어와 냅킨도 건네고 잔뜩 기대한 표정으로 웨이터를 바라보고 있었습니다. 웨이터가 데리고 온 사람은 발을 저는 작은 사내였습니다. 그 여성은 망설이며 웨이터와 그 작은 사내를 번갈아 바라보다가 결국 한숨을 쉬면서 식당을 나갔습니다. 나는 사람들에게 이 가게의 주문법을 알려주고 싶었습니다. 사람들에게 큰 소리로 방법을 말했습니다. 하지만 아무도 귀를 기울이는 것 같지 않았습니다. 안타까운 사람들도 있었습니다. 어떤 사람들은 음식이 나오지 않자 너무나 화가 났는지 메뉴판과 테이블로 음식을 만들려고 했습니다. 메뉴판을 가위로 오리고 테이블을 톱으로 자르고 있었습니다. "겨우 성공을 해서 음식 모양이 나오더라고 그건 음식이 아니잖아요!" 하고 나는 소리쳤지만 그 사람은 내 말을 듣고 오히려 나를 이상하게 보았습니다. 한 남자는 음식을 주문을 해 놓고도 음식이 나오지 않을까 봐 테이블 위에 엎드려 눈을 감고 있었습니다. 한 여자는 춤도 추지 않고 식당에서 나오는 텔레비전만 하염없이 보고 있었습니다. 누구에게도 내 목소리는 들리지 않는 것 같았습니다. 나는 잠깐 주위를 돌아보다가 내 자리에 앉아 음식을 맛있게 먹고 식당을 나왔습니다.

감사와 사랑의 노래를 부르지 못하면 가게 안에 들어서지 못한다. 배가 고플 때 감사와 사랑의 노래를 부르는 것은 쉽지 않다. 삶이 힘들 때 삶에게 감사하기는 쉽지 않다. 나 자신이 밉고 초라하고 못마땅할 때 자신에게 사랑한다고 말하는 것은 어렵다. 많은 이들이 가게 안에 들어서지 못한 이유이다. 삶이 조화롭지 못하다고 느낄 때 자신에게 해야 할 두 가지 질문이 있다.

"나는 지금 삶에게 감사하고 있는가? 혹은 원망하고 있는가?"

"나는 나를 진심으로 사랑하고 있는가? 혹은 통제하려고 하는가?"

이는 삶에 감사하지 못하고 자신을 사랑하지 못하는 자신을 책망하려는 것이 아니다. 자신을 비난하는 것은 또 다른 악순환이다. 그저 자신의 상태를 알아채기만 하자. 내 안의 어린아이는 어린아이답게 힘들 때 감사하기 싫어한다. 자신을 사랑하기 힘들어한다. 부드럽게 알아채기만 하자. 알아채고 부드럽게 바라만 보아도 이미 초점은 이동하고 안경을 쓴 상태가 된다. 삶을 원망하는 것에서 감사로 마음을 돌리는 순간, 자신을 다른 사람으로 만들려고 하는 대신 자신이 어떤 사람으로 밝혀져도 사랑하겠다고 결심하는 순간, 어느새 가게 안에 들어서게 된다.

그렇게 하기 어려운 이유는 노래의 차원이 눈에 잘 보이지 않기 때문이다. 눈에 잘 보이지 않는 이유는 작은 자아가 계속 이야기를 하기 때문이다. 이야기는 노래를 부르기 어렵게 한다. 이 순간에 반응하게 한다. 반응이라 함은 분노하거나 두려워하게 한다는 뜻이다. 싸우거나 도망가게 한다. 자신 안에 있는 아이를 알아채면 다시 노래에 초점이 맞춰진다.

가게 안에 들어서면 웨이터에게 주문이 담긴 냅킨을 건네야 한다. 바쁜 삶 속에서 우리는 웨이터와 냅킨을 볼 수 없다. 따로 시간을 내어 가능성의 장으로 들어가야 한다. 그리고 신중하게 선택하여 매일 같은 그림을 그린다. 마음을 바꾸지 않는다. 상황이 좋지 않다고 해서 불행해하는 그림을 그리지 않는다. 항상 같은 그림을 생생하게 그린다면 웨이터는 나의 진정성을 알아차린다. 주문이 되었다.

춤추는 차원에서 춤을 추지 않고 그림으로 보게 된다면 마음은 판단하게 된다. 그림으로 보기 시작하면 저항은 자동적으로 일어난다. 마음은 여러가지 판단을 하겠지만, 공통된 생각은 '이 순간은 잘못되었다. 부족하다.'이다. 그리고 이러한 생각이 밑받침되어 우리가 보이는 태도는 세 가지이다.

첫째, 통제하려고 한다. 분노와 관련되어 있고 싸우려는 태도이다. 어떻게 하든 원하는 그림으로 꾸미려 한다. 가게 안에서 테이블을 톱질하고 메뉴판을 가위질하는 사람을 보면 어리석다고 생각할 것이다. 이는 씨앗이 싹트기를 기다리지 못하고 씨앗을 으깨어 버무려서 원하는 모양을 만들려는 모습과도 같다. 이 또한 어리석은 모습이다. 하지만 우리가 실제로 이렇게 한다. 이 순간은 거대한 가게이고 큰 씨앗이기도 하다. 우리는 이 순간이 싹트기를 기다리지 못하고 이 순간을 통제하려고 한다. 이 순간을 원하는 모습으로 꾸미려 한다. 테이블을 톱질하고 메뉴판을 가위질하는 사람은 분명히 어리석어 보인다. 씨앗을 으깨어 버무려서 원하는 모양을 만들려는 모습도 확실히 현명하지 않다. 하지만 실제 삶에서 우리가 이렇게 하는 이유는 꽃을 만드는 삶 외에 다른 삶이 있다는 것을 모르기 때문이다. 늘 꾸미는 삶만을 살았다면 노래를 하고 그림을 그리고 춤을 추는 삶이 있음을 모른다. 따라서 꽃피우는 삶이 있음을 아는 것이 가장 먼저다. 그리고 꽃피우는 삶이 있음을 안다고 하더라도 그러한 삶이 작동하고 있음을 믿지 못한다면 예전과 같이 꽃을 만드는 삶을 살게 된다. 의식적으로 꽃피우는 삶을 살아 보아야 한다. 연습이 필요하다. 노래하고 그림 그리고 춤을 추었을 때 삶이 어떻게 변화하는지 여러 번 경험한다면 꽃피우는 삶을 진정으로 믿게 된다. 어렵고 힘든 상황에서도 꽃피우는 상태로 접어들 수 있다. 실제 삶에서 우리가 어리석은 결정을 하는 또 하나의 이유는 이야기 속에 휩쓸려 버리기 때문이다. 이야기는 안경을 벗긴다. 안경이 없으면 초점은 다시 이전과 같이 흐릿해지고, 눈앞의 대상은 싸워야 하는 적이나, 이용해야 할 사람이나, 피해야 하는 괴물로 보인다. 이야기에 대해 깨어 있어야 이야기에서 벗어나 초점을 유지할 수 있다.

둘째, 두려워한다. 두려움으로 얼어 버린다. 천사가 춤을 청하러 왔지만, 천사를 알아보지 못하고 실패할 것이라 생각한다. 버림받을 것이라 생각한다. 두려움으로 어떤 행동도 하지 못하고 눈을 감고 있다. 음식을 주문해 놓고도 음식이 나오지 않을까 봐 테이블 위에 엎드려 눈을 감고 있는 사람과 같다. 타조가 머리를 땅에 묻고 있는 모습과 같다. 이러한 상태를 피하려면 내면에서 항상 감사와 사랑의 노래가 흘러나와야 한다. 감사와 사랑은 두려움을 녹여 버린다.

셋째, 무시하려고 한다. 문제가 없는 척한다. 어떤 행동을 하지만 통제하려는 것이 아니고 아예 다른 행동을 한다. 식당에서 나오는 텔레비전만 하염없이 보고 있는 사람과 같다. 나는 다 내려놓았는데 이루어지지 않았다고 푸념한다. 내려놓았다는 것은 텔레비전을 보며 즐거워했다는 것이 아니다. 웨이터가 데려온 천사를 알아보고, 기꺼이 받아들이고, 내가 할 수 있는 부분을 했다는 뜻이다. 즉, 삶을 외면하지 않으면서, 삶을 바로 보면서 그림으로 판단하지 않아야 한다. 내려놓는 것은 꽃피우는 사람에게 가장 어려운 도전일 수 있다. 삶이 어렵지 않을 때부터 이 순간을 춤으로 보는 연습이 필요하다. 지금 이 순간이 완전히 새롭고 완벽하고 온전한 순간임을 알아차리는 연습이 필요하다. 그 자체가 명상이다. 눈을 뜨고 하는 명상이다. 다만, 깨달은 사람이 되려는 의도를 가지고 명상을 하면 안 된다. 더 나은 사람이 되려는 의도를 품고 명상을 한다면 명상이 아니라 또 다른 꽃을 만드는 삶이 된다. 그 미묘한 차이가 커다란 차이를 만든다. 첫 마음이 중요하다. 초심자의 마음이란 무지한 마음이 아니라, 첫 마음을 알아차리는 마음이다.

안경을 쓰고 초점을 유지하는 일이 처음에는 버겁게 느껴질 수 있다. 처음 여행 가는 곳에는 지도를 들고 가야 하며, 골목마다 지도를 펼치고 영토와 지도를 비교해 보아야 한다. 영토와 머릿속의 지도를 일일이 대응하며 골똘하게 생각한다. 이 과정이 버거워서 지도를 치워 버리고 아무 방향으로 가지 않는다. 처음 자전거를 배울 때처럼 어색하고 힘들 수 있다. 실패하고 바라는 결과가 나오지 않을 수 있다. 하지만 여행 간 곳에 집을 짓고 한 달 두 달 살게 되면 지도는 더 이상 필요하지 않다. 이미 머릿속 지도는 영토가 되었다. 꽃을 피우는 삶을 살기로 온 마음으로 한 달 두 달 살아간다면 노래와 그림과 춤은 우리가 살고 있는 집이 된다. 자연스러운 삶이 된다. 항상 안경을 쓰게 된다. 어렵게 배웠던 자전거는 어느새 익숙해진다. 어색함도 없고 자연스럽다. 처음에는 자전거 타기가 스트레스였으나 이제는 자전거 타기는 휴식이다. 꽃피우는 삶도 같다.

어떤 안경을 쓰고 있느냐가 모든 것을 결정한다. 왜곡된 렌즈를 본래의 렌즈로 바꾸는 방법은 감사와 사랑이다. 감사와 사랑은 얼마나 심오한가! 감사한다는 것은 대상을 당연한 것으로 여기지 않고 신의 선물로 여긴다는 의미이다. 그 자체가 신을 인정한다는 뜻이다. 신은 없으며 이 세상은 오로지 물리적인 인과율만이 적용되는 곳이라면 감사할 일은 없다. 일이 잘 되면 오로지 자신이 잘 해서 잘 된 것이다. 일이 잘 안되면 자신을 비난하거나, 세상을 비난할 뿐이다. 감사한다는 것은 감사할 대상이 있다는 의미가 숨어 있다. 나 혼자 이 일을 한 것이 아니라 어떤 존재의 도움이 있었기에 가능했다는 선언이다. 겸손함은 이 일이 나 혼자 한 일이 아니라는 것을 알 때 생기는 감정이다. 내가 성공한 것은 하늘이 도왔기 때문임을 알기 때문이다. 하늘이 돕지 않았다면 내가 아무리 능력이 있고 노력을 해도 안 된다는 것을 알기에 겸손해진다. 자신감은 하늘이 항상 나를 돕는다는 것을 알 때 생기는 감정이다. 아무리 힘든 일이 있어도, 앞날이 어두워 보여도 내가 사람으로서 할 일을 한다면, 노래하고 그림 그리고 춤을 춘다면 하늘이 돕는다는 것을 알기에 어떤 일이 있어도 자신감이 솟아오른다. 겸손함과 자신감은 항상 함께 다닌다. 감사를 하는 행위 안에 겸손함과 자신감이 숨어 있다. 감사는 그 무엇보다 신이 곁에 있음을 인정하는 선택이다. 감사 안에 이 모든 의미가 녹아 있다.

자신을 사랑한다는 것은 또 얼마나 심오한가! 자신이 어떻게 자신을 사랑한다는 것인가? 자신을 사랑한다는 것은 자신을 사랑할 수 있는 더 큰 존재가 되었음을 인정한다는 뜻이다. 자신보다 더 큰 존재가 되어 자신을 소중하게 여긴다는 것이다. 자신을 사랑할 때마다 작은 자아에서 벗어나 더 큰 존재가 된다. 그 자체가 자신의 존재 상태를 상승시킨다. 자신이 자신을 사랑할 수 있다는 것은 나는 이 몸이 전부가 아니며, 나의 직업이 전부가 아니며, 나는 이들보다 더 큰 무엇이라고 인정한다는 것이다. 자신을 사랑할 수 있는 사람만이 남도 사랑할 수 있다. 자신을 사랑하는 사람은 작은 자아에서 벗어나 큰 자아가 되었다. 큰 자아 안에는 나도 있고 내 앞에 있는 그녀도 있다. 따라서 내가 작은 자아에 갇혀 있을 때에는 그녀를 사랑할 수 없지만, 작은 자아에서 벗어나 큰 자아가 된 후에는 그녀도 사랑할 수 있다. 자신을 사랑함에 이 모든 의미가 스며 있다.

힘든 일이 있을 때마다 잠시 멈추고 자신을 살피자. "나는 혹시 신에게 버림받았다고 생각하고 있는 것일까? 나는 어떤 사람인 척 하고 있을까? 어떤 사람이 되는 것이 두려운 것일까? 내가 가지고 있는 것에 '감사해 보자.' 그리고 이 문제와 가장 관련이 깊은 감정 안으로 '들어가 보자.' 그 안에 아이가 보인다면 그 아이를 '사랑해 보자.' 이유를 떠나서 '많이 놀랐겠구나.'라고 말해주자." 결과는 염려하지 말고 이렇게 해 보자. '감사해 보자, 들어가 보자, 사랑해 보자.'를 강조한 것은 이를 의무감이나 기대를 가지고 하기보다는 마음을 비우고 무심하게 해야 효과가 있기 때문이다.

꽃피우는 삶이라는 새로운 삶에 들어선 것을 환영한다. 이 책이 지도와 안경이 되었으면 한다.

가장 바라는 것은 입맞춤이 되는 것이다. 이 책이 입맞춤이 될지는 신만이 아실 것이다.

20

입맞춤

입맞춤

모순적인 말이지만 있는 그대로 나 자신을 받아들일 때 나는 바뀔 수 있다.

- 칼 로저스

애벌레가 세상이 끝났다고 생각하는 순간 나비로 변했다.

- 속담

꽃피우는 삶은 매 순간 창조하는 삶이다. 밀가루 반죽 같은 자신을 원하는 자신으로 만들기 위해 계속 매만지는 방식으로 이루어지지 않는다. 만화 영화가 한 장 한 장 새로운 그림들로 이루어져 있듯이 꽃피우는 삶은 매 순간 새로운 단편들로 창조된다. 한 장 한 장이 온전한 종이로 이루어 있듯이 매 순간은 온전하다. 많은 종이들을 차례로 넘기면 자연스러운 동작이 보이듯이 우리는 매 순간 창조물들을 차례로 열람한다. 양초에 불을 붙이면 불꽃은 매 순간 새롭다. 매번 불꽃은 연소하며 사라지고 새로운 에너지로 새로운 점화가 일어난다. 과거의 불꽃이란 없다. 모든 순간이 새로운 불꽃이다. 시냇물에 발을 담그면 발에 부딪히는 시냇물은 매번 다르다. 매 순간 새로운 물이다. 같은 시냇물에 두 번 발을 담글 수 없다.

진정으로 꽃피움의 삶을 살게 된다면 이 순간 신이 곁에 있음을 알아차리게 된다. 그 있음에 감사하면 신과 같은 진동수로 진동한다. 꽃피움의 삶은 자신을 알아차리는 삶이기도 하다. 자신을 있는 그대로 알아차리고, 통제하지 않고, 그대로 사랑하면 역설적으로 자신은 사라진다. 자신의 안으로 들어가 다른 세계로 다시 펼쳐 나오는 것과 같다. 자기 자신이라는 열쇠로 이 세상이라는 자물쇠의 안으로 들어가 새로운 세상의 문 밖으로 나오는 것과 유사하다. 자신보다 더 큰 어떤 존재와 하나가 되고, 자신을 통제 없이 온전히 감싸 안는 과정 동안 자신은 투명해지고 비워지고 사라진다. 이 과정은 입맞춤과 같다. 자신에 대한 감각이 사라졌다가 다시 정신이 들면, 즉 정신이 나갔다가 다시 들어오면 무언가 달라져 있다. 자신도 모르게 꽃은 피워졌다. 꽃향기에 나비들이 모여든다. 나비들의 날갯짓으로 수많은 기적과 징조들이 연달아서 생긴다.

꽃피우는 삶은 매 순간 크고 작은 입맞춤으로 이루어진다. 그것만으로도 삶은 행복하고 충만하고 기쁘다. 하지만 더욱더 진정한 마음을 내어서, 더욱더 정성을 들여서 한마음으로 신을 알아차리고 신에게 모든 것을 내맡긴다면, 자신의 모든 면을 순수한 마음으로 사랑한다면 깊은 입맞춤이 이루어진다. 자신의 모든 면은 질적으로 달라지고 다시는 예전의 자신으로 돌아갈 수 없다. 이미 내면에 커다란 평안의 강이 생겨 버렸기 때문이다. 이 강물은 깊고 넓어서 어떤 외부의 이야기로도 흐름을 바꿀 수 없다.

이와 같은 입맞춤을 '탈바꿈', '거듭남', '각성', '깨달음' 등으로 부르기도 한다. 이러한 과정은 크게 세 가지 경로로 이루어진다.

첫째, 신을 알아차리고 완전히 하나가 되었을 때 일어난다.
둘째, 자신을 알아차리고 완전하게 받아들였을 때 일어난다.
셋째, 첫째와 둘째 과정이 동시에 진행할 때 일어난다.

이 세 가지 과정을 삶에서 실제 일어난 예를 통해서 알아본다면 가슴에 더욱 와닿을 것이다.

첫째 예부터 들어보자. 신을 알아차리고 완전히 하나가 되었을 때 일어난 경우이다. 한 남자가 겪은 일이다.

●   평범한 어느 날에 그 일이 일어났습니다. 나는 일

을 마치고 퇴근하고 있었습니다. 가로수길을 걸어가고 있었습니다. 오른편에는 초등학교가 있었습니다. 해는 이제 막 지고 있어서 멀리서 노을이 보이고 있었습니다. 마지막 햇살은 나뭇잎 위에서 반짝이고 있었습니다. 아름다웠지만 어제보다 더 아름답지는 않았습니다. 나는 홀로 걸어가면서 이런저런 생각을 하다가 이러한 물음에 다다랐습니다. '신은 이 순간에도 내 곁에 있을까?' 나의 대답은 '그렇다.'였습니다. 내가 알고 있는 신은 언제 어디서나 항상 나의 곁에 계시기 때문입니다. 그렇다면 지금도 신이 함께 계실 거라 생각했습니다. 내가 오늘 무언가 대단한 일을 하지 않아도 나와 함께 하실 거라는 생각이 들었습니다. 그러자 내 눈앞에 펼쳐진 이 모든 것이 신인 것처럼 느껴졌습니다. 이 순간은 나의 퇴근을 위해 존재하는 것이 아니라 그 자체로 온전하고 새롭고 완전하다는 결론에 도달했습니다. 나는 신이 계시는 곳에 이미 도착했음을 알아차렸습니다. 감사함이 가슴에 차오르는 것을 느꼈습니다. 그 순간 모든 것이 완벽해 보였습니다. 무언가 초점이 맞춰진 듯 마음속에서 딸깍하는 것이 느껴졌습니다. 길게 뻗은 나무들과 그 사이로 조용히 부는 바람, 나뭇잎 위에서 춤추는 햇살, 멀리서 들리는 아이들의 웃음소리. 시간이 멈추었다는 것을 알았습니다. 오늘 있었던 힘든 일과 내일의 근심은 모두 다 증발해 버렸습니다. 그날은 평범했지만 특별했습니다. 평온함이 깊은 곳에 뿌리내렸기 때문입니다

66)

그의 이야기는 신을 알아차리고 완전히 하나가 되는 과정을 보여 주고 있다. 그는 어떤 순간에도 예외 없이 신이 존재함을 알아차렸다. 신이 존재한다면 지금은 무엇을 위한 수단이 아니라 그 자체로 온전한 순간이다. 그렇다면 통제할 필요가 없다. 춤을 출 수 있을 뿐이다. 신을 알아차리고 신에게 감사하는 순간 신과 하나가 된다. 즉 신과 같은 진동수로 진동한다. 신과 하나가 된 사람의 표식은 어떤 모양새가 아니다. 표식은 내면에 새겨진다. 그는 아름다움을 느끼고 평온함 속에 머문다. 종종 내면의 표식은 외부로 펼쳐지기도 하지만, 늘 그런 것도 아니며 그것에 마음 쓸 필요는 없다.

두 번째 예이다. 브랜든 베이스의 경험으로, 자신을 알아차리고 완전하게 받아들였을 때 일어난 경우이다. 브랜든 베이스는 항상 자신보다 남을 더 우선시하곤 했다. 봉사를 중요시한 나머지 봉사가 자신보다 우선이었다. 어느 날 한 영적 지도자가 다음과 같이 이야기하는 것을 들었다. "불편한 감정이 있을 때 그 감정과 함께 있으면서 그대로 느낀다면 그 감정 한가운데에서 평화를 찾게 될 겁니다." 이 이야기를 듣고 브랜든은 5일간 오로지 홀로 있어 보기로 했다. 그녀의 말을 들어보자. (『치유, 아름다운 모험』에서 인용함. 미주 참조.)

● 나는 내 인생의 가장 중요한 문제 중 하나와 정면으로 마주하기 위해 거기에 있었어요. 그리고 나의 정체성을 살펴보고, 무엇이 나를 여기에 이르게 했는지 찾아보고, 또 그 모든 것

의 중심에 무엇이 있는지 찾아내기 위해 거기에 있었어요. 그것은 간단한 일 같지 않았어요. 순수하고 열린 마음으로 의자에 앉아 있었으나 도대체 어디서부터 시작해야 할지 떠오르지 않았어요. 나는 너무나 외로웠어요. 나에게는 가야 할 길을 가르쳐 주고 도와줄 스승이 전혀 없었어요. 내 손을 잡아줄 남편도 옆에 없었죠. 나는 철저히 혼자였어요. 다시 한번 나는 나의 계획을 방해하는 일을 하지 않기로 굳은 결심을 했어요. 그래서 사람들에게 전화를 걸지 않고, 걸려오는 전화도 받지 않겠다고 다짐했어요. 닷새 동안은 집중된 마음을 흐트러뜨릴 수 있는 중독에 절대 빠지지 않기로 다짐했습니다. 나는 "어떤 감정을 경험하더라도 저항하지 말고 그것을 기꺼이 받아들여라."라는 영적 스승의 말대로 진심으로 실천해 볼 작정이었어요. 나는 의자에 앉았어요. 5분쯤 지나자 땀이 났어요. 내 도움을 필요로 하는 어떤 사람의 전화도 받지 않을 거라고 생각하니 심장이 뛰기 시작했어요. 나의 마음은 내가 만족시켜야만 했던 내 삶의 모든 사람들에 대한 상념으로 가득했어요. 나는 마음을 가라앉히기 위해 명상을 해 보기로 결심했어요. 그러나 그것 역시 어려웠어요. 명상이 두려움을 더욱 격렬하게 정면으로 불러들였죠. 이런 질문이 떠올랐어요. 만일 내가 남에게 봉사하지 않고, 해야 할 봉사가 없으며, 또 봉사할 사람이 아무도 없다면, 그렇다면 나는 누구인가? 마음이 혼란해지고 피할 수 없는 거대한 두려움이 밀려왔어요. 해야 할 봉사가 없고, 봉사를 해 줘야 할 사람이 없다면, 거기엔 아무것도 존재하지 않을 것이라는 두려움이 나를 힘들게 했어요. 나는 그 두려움과 정면으로 맞서기로 마음먹었어요. 그 감정을 회피하지 않고 오히려 그 감정을 완전히 느껴보기 위해, 또 필요하다면 그것에 압도되어 보기 위해 나 자신을 그저 내맡기기로 했어요. 나는 "저항하지 말고 기꺼이 받아들여라."라는 스승의 충고를 간직하고 있었어요. 그래서 나는 팔걸이를 쥔 채 의자에 앉아 그 두려움의 에너지를 완전히 느끼기 위해 나 자신을 내맡겼습니다. 온몸이 땀으로 흠뻑 젖은 듯했어요. 두려움을 기꺼이 받아들이자 나는 나의 내면으로 들어가기 시작했어요. 나는 외로움으로 빠져들었어요. 외로움이 너무 커서 마치 방 전체가 외로운 듯했어요. 의자와 벽에서도 외로움이 분출되는 것 같았어요. 외로움이 너무 깊어 방 안의 모든 분자들이 외로움으로 진동하고 있는 듯했죠. 외롭지 않은 곳은 단 한 곳도 없어 보였어요. 그러나 나는 여전히 맹세를 지키고 있었습니다. 나는 어떤 감정에도 저항하지 않았어요. 그저 그 감정 속에 머물면서 그것을 완전히 느끼고 나 자신을 그 감정의 중심에 놓았어요. 나는 이런 고독을 느껴본 적이 없었어요. 그것이 이토록 고통스러운 줄 미처 몰랐어요. 그럼에도 나는 결코 그런 감정을 피하지 않았어요. 시간이 조금 지나자 나는 외로움에서 나와 다른 감정의 층으로 빠져들었어요. 나는 감당할 수 없을 것만 같은 깊은 절망을 느꼈어요. 해야 할 봉사가 없다면 봉사할 대상이 없다면, 그렇다면 산다는 게 뭐란 말인가? 너무 혼란스러워서 그냥 그만두고만 싶었어요. 기꺼이 패배를 인정하고 이대로 죽고 싶었습니다. 완전한 절망과 무력감이 이처럼 철저하게 뒤섞여 내리누르는 고통은 이번이 처음이었어요. 절망 그 자체였으며, 피할 곳이 어디에도 없었어요. 절망으로 완전히 녹초가 된 것 같았습니다. 바로 그때 나는 또 다른 층으로 들어가고 있었어요. 이번에는 블랙홀이나 완전한 공허처럼 보이는 나락의 가장자리에 서 있는 듯했어요. 기분 나쁜 식은땀이 온 몸에 흐르며 공포가 밀려왔어요. 그 안에 들어가면 죽을 것만 같았어요. 나는 얼어붙은 듯 한 치도 움직이지 않으며 저항했습니다. 스승이 어떤 얘기를 할지라도 그 파멸의 암흑 속으로 들어가라는 말을 나는 따르고 싶지 않았습니다. 내면의 눈으로 보니 나는 나 자신의 죽음, 아니면 내가 브랜든으로 알고 있던 사람의 죽음을 마주하면서 그 죽음의 가장자리에 얼어붙은 채 그대로 서 있었어요. 공포가 엄습하면서 눈물이 흘러내렸고, 나는 손으로 의자를 꽉 움켜쥐었어요. 나는 무의식의 어두운 공허 속에 있는 무엇과도 마주할 수 없었어요. 시간이 흐르며 공포로 지쳐갔지만 나는 여전히 움직이지 않겠다는 내 결심을 지키고 있었어요. 블랙홀에 나를 내맡길 수도 없고 그럴 마음도 없었어요. 단지 자신과의 약속을 어기지 않으려고 나는 꿈쩍도 하지 않았어요. 어찌 보면 공포에 얼어붙은 채 무엇을 해야 할지 몰랐던 것입니다. 여전히 나는 움직이지 않고 있었어요. 시간이 흐르고 마침내 의문이 하나 떠올랐습니다. 만약 내가 이곳을 절대로 떠날 수 없다면, 그리고 영원히 여기 갇혀 있게 된다면 어떻게 될까? 그 순간 이상한 일이 벌어졌어요. 마치 내 의지가 끝내 항복하는 듯했어요. 나는 그냥 내맡겼어요. 그러자 자연스럽게 무의식 속으로 떨어지면서 말로 형용할 수 없는 평화가 찾아왔어요. 방 전체가 평화로 가득 채워졌어요. 방에서는 평화가 분출되고 있었어요. 나는 평화였고 또한 방 안의 모든 것이었어요. 평화, 그리고 표현할 수 없는 사랑이 방 안에 가득했어요. 나는 삶 자체의 근원인 사랑이었습니다. 나는 진동하는 분자였고 그것들 사이의 모든 공간이었어요. 방 안의 모든 것들이 반짝이는 평화로 빛나는 듯했으며, 동시에 깊고도 부정할 수 없는 깨달음이 생겼어요. 그것은 이 평화가 스쳐지나가는 것이 아니고 나의 외부에 존재하는 것도 아니라는 깨달음이었습니다. 그것은 나였습니다. 나는 바로 나의 영혼으로 빠져들었던 것입니다. 그리고 내 영혼은 모든 것이었어요. 나는 경계 없음, 한계 없음, 영원함, 그리고 무한함을 느꼈습니다. 마치 내 안에서 삶의 모든 것이 생겨나면서 내가 마치 우주가 도달할 수 있는 한계 너머에 닿은 것처럼 느껴졌습니다. 나는 그것이 '모든 이해를 초월하는 평화'라는 것을 깨달았어요. 그것은 이해를 넘어서고, 정신의 인식을 넘어서는 평화였어요. 나는 나 자신이 순수의식이고 완전한 자유이며 무한한 사랑이라는 것을 알았습니다. 그 순간부터 사랑과 평화가 나 자신인 듯 나와 함께 존재했어요. 나는 그것이 나임을 알았습니다. 그것은 스쳐가는 상태가 아닌 나의 참모습이었습니다. 그저 스쳐가는 게 아니라 내 중심에 있는 나의 존재였습니다. 이것이 바로 유일한 진리이며, '근원'이었습니다. 그것은 영적인 스승이 이야기했던 것과 똑같은 방식으로 일어났습니다. 모든 느낌의 중심에 바로 평화가 있었어요. 그것은 근원적인 평화였습니다. 나는 참 자아, 곧 나의 영혼을 알아채지 못하도록 나를 덮고 있던 감정의 층들 속으로 자연스럽게 들어갔습니다. 이 층들은 지금껏 나의 참 자아를 감쪽같이 숨겨 왔던 베일이었습니다. 나는 한 번에 한 겹씩 베일을 벗겨내며 한 층 한 층 들어갔습니다. 마치 양파 껍질을 벗기는 것과 같았어요. 내가 그 층들의 가장 깊은 곳에서 발견한 것은 흠없이 완벽하고 더없이 아름다운 완벽한 다이아몬드였습니다. 그것은 어떤 말로도 표현할 수 없는 빛나는 보석이었습니다[67].

브랜든 베이스는 자기 자신을 있는 그대로 받아들였다. 자신과 깊이 입맞춤했다. 자신을 어떤 상태로 만들려 하지 않았다. 평화를 만들지 않았다. 평화를 꾸미지 않았다. 그녀는 평화롭게 될 수 없었다. 자신만이 될 수 있었다. 그리고 자신이 되는 순간 평화로워졌다.

세 번째 예이다. 신을 알아차리고 완전히 하나가 되면서 자신 또한 알아차리고 완전하게 받아들였을 때 일어난 경우이다. 에크하르트 톨레의 이야기이다. (『지금 이 순간을 살아라』에서 인용함. 미주 참조.)

● 나는 서른 살 무렵까지도 극심한 우울증에 시달렸습니다. 걱정과 불안 속에서 절망의 나락에 떨어지곤 했습니다. 그때의 나를 생각하면 까마득한 전생의 일처럼 여겨지고, 나 아닌

다른 사람의 인생을 살았던 것처럼 느껴집니다. 스물아홉 번째 생일이 지나고 얼마 되지 않은 어느 날 밤, 나는 절망적인 두려움에 사로잡혀 있었습니다. 그런 느낌 속에서 헤맨 것이 한두 번이 아니었지만, 그날의 두려움은 여느 때보다 강렬했습니다. 밤의 적막 속에서 윤곽만 희뿌옇게 보이는 방 안의 가구들, 먼 곳에서 들려오는 기차 소리, 그 모든 것이 너무나 낯설었습니다. '내가 왜 여기에서 이런 삶을 살아야 한단 말인가?' 모든 것이 아무 의미도 없었고, 삶 자체가 끔찍스럽기만 했습니다. 무엇보다 지긋지긋했던 것은 나 자신이 어떤 식으로든 존재하고 있다는 사실이었습니다. '도대체 왜, 무엇 때문에 이런 고통의 짐을 짊어지고 살아야 한단 말인가? 무엇 때문에 이런 힘겨운 싸움을 벌여야 한단 말인가?' 지상에서 흔적도 없이 사라져 버리고 싶은 깊은 갈망이 먹장구름처럼 나를 뒤덮기 시작했습니다. '이런 식으로는 더 이상 살 수 없어. 도대체 나는 왜 이 모양이지?' 그런 생각이 머릿속에서 계속 맴돌 때 불현듯, 그것이 얼마나 이상한 생각인지를 깨달았습니다. 나 자신을 못마땅해하는 나는 누구인가? 내가 하나가 아닌 둘이란 말인가? 내가 나 자신을 견딜 수 없다고 느낀다면, 나는 둘이어야 마땅하다. 평소의 내가 있어야 하고, 나를 못마땅하게 여기는 또 하나의 내가 있어야 한다. 그렇다면 어느 쪽이 진짜 나인 것일까? 갑작스러운 이런 깨우침에 머릿속은 일순간 모든 작동을 멈추어 버렸습니다. 의식은 생생했지만, 더 이상 아무 생각도 나지 않았습니다. 그러고는 다음 순간, 알 수 없는 에너지의 소용돌이 속으로 빨려 들어가기 시작했습니다. 처음에는 천천히, 그러다가 점점 속도가 빨라지더 군요. 두려움이 몰려왔습니다. 온몸이 떨리기 시작했습니다. 그때 "저항하지 말라."는 목소리가 가슴속에 울려 퍼졌습니다. 나는 텅 빈 공간 속으로 빨려 들어갔습니다. 그 공간은 바깥의 어딘가에 있 는 것이 아니라, 나 자신의 안쪽에 있는 것 같았습니다. 갑자기 모 든 두려움이 사라지면서 그냥 아득한 공간 속으로 떨어져 내리는 데도 나는 스스로를 방치하고 있었습니다. 그 후 무슨 일이 일어났 는지에 대해서는 아무 기억도 나지 않습니다. 나는 창밖에서 새가 지저귀는 소리를 들으며 깨어났습니다. 전에는 한 번도 들어 본 적 이 없는 소리였습니다. 아직 눈을 감은 채 나는 찬란한 다이아몬드 의 영상을 보았습니다. "그래, 다이아몬드가 소리를 낼 수 있다면 바로 이런 소리가 날 거야." 나는 눈을 떴습니다. 새벽의 첫 햇살이 커튼을 통해 스며들고 있었습니다. 빛이라는 것은 우리가 아는 것 보다 훨씬 더 많은 것들을 품고 있다는 것을, 생각이 아닌 느낌으 로 알 수 있었습니다. 커튼을 통해 스며드는 부드러운 빛은 사랑 그 자체였습니다. 눈물이 왈칵 솟았습니다. 나는 자리에서 일어나 방 안을 서성거렸습니다. 너무나 익숙한 방이었지만, 한 번도 제대로 본 적이 없다는 사실이 떠올랐습니다. 방금 새로 태어난 것처럼 모 든 것이 싱싱하고 신선했습니다. 연필이나 빈 병 따위를 하나씩 집 어 들고 들여다보며, 그 활기찬 아름다움에 연신 감탄사를 터뜨렸 습니다. 그날 나는 시내 곳곳을 헤매고 다녔습니다. 갓 태어난 아 기처럼 지상의 삶 전체가 내 눈에는 온통 기적으로 보였습니다[68].

에크하르트 톨레는 자기 자신을 못마땅해할 때 이상함을 느꼈다. 결함을 지닌 자신과 그런 자신을 비난하는 또 다른 자신이 있어야 한다. 자신을 미워하는 감정과 생각에 함몰될 수도 있었으나 그러지 않았다. 조금 더 높은 곳에서 전체를 조망했다. 못마땅한 자신을 관찰하는 더 큰 자아가 있다는 것을 처음으로 알아차렸다. 자신 안에 있는 두려움이라는 감정을 알아차렸다. 그 감정에 저항하지 않았다. '저항하지 말라.'라고 하는 신의 음성에 따랐다. 그러자 텅 빈 공간 속으로 빨려 들어갔다. 그 공간이 자신의 내면에 있다는 것을 알아차렸다. 그 안으로 저항 없이 들어간 순간 평화에 도달했다.

깨달음을 추구할 때 가장 저지르기 쉬운 실수는 '깨달은 척'하는 것이다. 깨달은 사람을 흉내 내고 그 사람의 표정, 행동, 말을 그럴 듯하게 흉내 낸다면 깨달을 수 있다고 믿는 것이다. 이 방법은 깨달음에서 멀어지게 한다. 평화로움을 추구하는 사람은 평화로운 척하기 쉽다. 부자가 되고 싶은 사람은 부자인 척하기 쉽다. 도움이 되는 방법은 이렇다. 진실로 깨닫기 위해서는 현재 깨닫지 못하고 무지한 자신을 온전히 알아차리고 자신이 되는 것이다. 진실로 평화롭기 위해서는 불안해하고 두려워하며 분노에 찬 자신을 그대로 받아들여야 한다. 속까지 부자가 되려면 지금의 자신이 되어야 한다. 이 의미는 자신의 가난한 상태를 바라보고 가난함에 초점을 맞추라는 의미가 아니다. 가난함을 곱씹는 것은 지금 현실에 낮은 에너지로 반응하는 것이다. 알아주기를 하는 것이 아니라 반응하는 것이다. 알아주기를 한다는 것은 자신이 현재 가지고 있는 작은 부를 알아차리고 작은 부에 감사하는 것이다. 그 알아주기가 부자가 되는 길로 인도한다.

진실로 자신을 받아들이면 자신을 잊게 된다. 시간이 어느 정도 지나고 자신을 알아차릴 때에는 이전과 다른 사람이 되어 있다. 겉모습만 꽃이 아니라 속까지 꽃이 되어 있다. 이는 일종의 탈바꿈이며 거듭남이다.

이를 이해한다면 당신은 매일 활을 쏘는 궁수이다. 많은 사람들이 불평하고 낙심하는 상황에서도 당신은 이 순간의 온전함을 알고 있다. 당신 자신이 과녁이 되어 온전한 자신이 된다면 명중했음을 안다. 당신은 더 나은 내가 되려고, 더 나은 세상을 만들려고 '애쓰지' 않는다. 심지어 진정한 자신이 되려고도 '애쓰지' 않는다. 자신을 바라보고, 알아차리고, 이해하고, 느끼고, 받아들일 뿐이다. 당신을 향한 화살이 명중했을 때 자신은 알아챌 것이다. 그 명중이 새로운 문을 열고 꽃이 피었다면 모든 사람이 알 것이다. 당신이 탈바꿈했기 때문이다. 당신은 열쇠로 거듭났고 문이 열리고 당신과 세상은 이전의 당신과 세상이 아니다. 당신만 변할 수 없다. 당신은 애벌레에서 나비가 되었고 당신의 날갯짓은 수많은 꽃을 피게 한다. 당신뿐만 아니라 세상이 함께 변한다.

이 원리를 깨닫는다면 삶은 골프게임이기도 한다. 매일 자신만의 라운딩을 돌 수 있다. 진심으로 감사하고 소망을 믿으며 이 순간 완전히 내맡기고 춤을 춘다면 어느 날 공이 홀에 들어갔음을 알게 된다. 어떤 날은 홀인원을 했다는 것을 알게 된다.

커다란 변화는 행성들이 일렬로 정렬할 때 일어나지 않는다. 노래, 그림, 춤이 같은 화음으로 동조할 때 일어난다. 파랑새는 우리 집에 있듯이 지복의 열쇠는 나 자신이며 자신을 있는 그대로 사랑하는 것이 비밀 중 비밀이다.

겸손은 잘난 척하고 싶은 마음을 참는 상태가 아니다. 진심으로 이 일이 나 혼자서만 이뤄낸 것이 아니라는 것을 아는 상태이다. 겸손은 신과 함께 한 것을 알기 때문에 우러나오는 감정이다.

자신감은 어떤 경우에도 신이 내 곁에서 나를 전적으로 지지해 주고 있음을 알 때 생기는 감정이다. 꽃피움의 과정이 언제나 예외 없이 성공한다는 것을 체험적으로 알고 있을 때 생기는 감정이다.

용기는 이 순간 억지로 강한 척하는 상태가 아니다. 분노를 품고 화를 표현하는 것도 용기는 아니다. 어둠 속에서도, 절망스러워 보이는 상황에서도 마음속에 그림을 그리고, 그림을 지키며, 이 순간이 초라해 보여도 기꺼이 춤을 추는 상태이다.

지혜는 누가 나에게 이익을 주는지 계산하고, 누가 나를 배신했는지 곱씹는 능력이 아니다. 내가 할 수 있는 일과 할 수 없는 일을 아는 것이 지혜다.

잠들어 있는 자신을 통제하지 않으며 있는 그대로 받아들이고 입맞춤한다면 내 안에 잠든 고귀한 무언가가 깨어나고 나는 거듭 난다. 초라하고 보잘것없어 보이는 모습에서 온전함을 알아보고, 이 순간은 신이 내민 손길임을 알아차리고 입맞춘다면 개구리는 밝게 빛나는 무언가로 탈바꿈할 것이다. 내 삶의 어떤 부분이 잠자 고 있는가? 내 삶의 어떤 부분이 개구리 같은가?

꽃을 만드는 삶을 사는 사람들은 많은 사람들이 정말 꽃처럼 보 인다고 인정해 줄 때까지 고된 삶을 살게 된다. 꽃이 완성되기 전까 지 그들의 삶은 불완전하고 결핍되어 있다. 행복은 언제나 성공 이 후로 미루어진다. 자신은 부족한 사람이며, 꽃을 만들기 위해 매일 통제하며 살아야 한다. 꽃이 완성되어 주위 사람들이 인정해 주면 기쁨을 느끼지만 그 기쁨은 쉽사리 사라진다. 그 꽃이 사라질까 봐 집착하게 된다. 스스로가 가짜 꽃임을 알고 있으니 다른 사람들도 알아챌까 두렵고 불안해진다. 또한 이러한 마음 상태가 처음 기대 한 평화와 거리가 멀다는 것을 곧 알게 되어 공허함도 느끼게 된다.

꽃피우는 삶은 매 순간이 평온하다. 노래를 부르면 가슴과 머 리는 서로 화음을 이룬다. 작은 자아가 아닌 큰 자아, 신 혹은 무한 의 존재에 시선을 맞추게 된다. 감사를 선택하면 새로운 동력의 전 원이 켜진다. 두려움과 분노가 엉킨 태엽이 있어도 억누르거나 감 추지 않고 알아채고 더 높은 에너지로 감싸 안는다. 눈을 감고 그 림을 그리면 이미 이루었음을 알게 된다. 공허함과 다른 평화로움 이 찾아온다. 눈을 뜨고 춤을 출 때는 이 순간의 외형이 아닌 리듬 에 초점을 맞추고, 매 순간이 온전하며 완벽함을 알게 된다. 이러한 삶은 시간을 초월한다. 매 순간 꽃피울 수 있다. 외적으로 좋지 않아 보이는 상태, 즉 가난하고 아프고 외로운 것 같이 보이는 상태에서도 꽃피울 수 있다. 죽기 직전까지도 평온하고 기쁨에 차 노래하고 그림 그리고 춤을 출 수 있다.

꽃피우는 삶은 쾌락을 추구하고 고통을 피하는 것을 우선시하는 쾌락주의가 아니다. 아무런 목적도 없이 지금의 행복만을 추구하는 삶과 비슷해 보이지만 다르다. 자신의 소망은 하늘의 별처럼 밤하늘에서 밝게 빛나고 있으며 이 소망을 중심으로 자신을 내맡기는 삶이다. 그 내맡기는 삶이 기쁘고 감사하다. 자신을 꾸밀 필요가 없으며, 그렇다고 자신을 황폐해지도록 방치하지도 않는다. 사랑할 뿐이다.

꽃피우는 이는 불의한 상황을 어떻게 만나는가? 꽃피우는 사람들은 착한 척을 하느라 불의한 상황에서도 가만히 있다고 생각할지 모른다. 분노를 피한다는 하는 것은 불의의 상황에서 아무것도 못한 채 분을 삭인다는 것은 아니다. 더욱 꽃피움에 몰입한다는 것이다. 소망을 별처럼 굳건히 하고 노래를 하고 춤을 춘다는 의미이다. 겉으로 보기에는 싸우는 것처럼 보일지 모르지만, 첫 밑받침 생각은 사랑이다. 사랑에 가득 찬 부모가 아이의 감정은 받아주되, 행동에는 대응하는 것과 같다. 간디가 대영 제국에 대해 무저항 비폭력 운동을 전개했을 때의 첫 마음은 분노도 아니었고, 두려움도 아니었을 것이다. 예수님이 자신을 탄압한 사람들에 대한 첫 마음도 분노도, 두려움도 아닌 사랑이었을 것이다.

이 책의 주제는 꽃피우는 삶의 진정한 가치이다. 꽃피우는 삶을 위해서 노래와 그림과 춤의 차원이 있음을 알아야 한다. 삶에서 우리가 할 일과 신이 할 일을 아는 지혜가 필요하다. 알아차림과 감사, 사랑, 상상이 가장 중요한 보물이다. 많지 않은 최소한의 규율이지만, 심오한 이 규율을 삶에 제대로 적용한다면 내일이 아닌 오늘 꽃을 피울 수 있다. 꽃피움은 수년간 시험을 준비하여 시험에 합격한다는 것을 의미하지 않는다. 수년간 땅을 파고 벽돌을 올려 건물을 짓는 과정도 아니다. 경력을 쌓아 높은 지위에 오르는 과정도 아니다. 꽃피움은 시간 선상을 따라 일어나는 일이 아니다. 숨겨진 꽃이 드러나는 것과 유사하다. 접힌 커튼이 펼쳐지는 것과 유사하다. 따라서 나이가 들어 내일 사망할지 모르는 사람도 오늘 꽃피움을 할 수 있다. 당장 돈이 없어도 지금 꽃피움을 할 수 있다. 방금 난치병을 진단받은 사람도 이 순간 꽃피울 수 있다. 바라던 관계가 파탄이 난 사람도 꽃피울 수 있다. 물론, 꽃피움을 통해 시험에 합격할 수도 있고 건물을 지을 수도 있으며 높은 지위에 오를 수도 있다. 하지만 꽃을 만드는 사람과 다른 방식으로 진행한다. 꽃피우는 사람은 매 순간 현재에 존재하고 매 순간 소망을 이룬 상태이고 항상 목적지에 도착한 상태로 몰입할 뿐이지만, 그가 남긴 발자국들을 나중에 모아서 보면 시간을 들여 이룬 것처럼 보일 뿐이다. 꽃피움의 삶을 사는 이는 매 순간 자신에게 진실한 삶을 살 뿐이다. 그는 이야기를 완성하기 위해 살지 않는다. 매 순간 사랑과 기쁨을 따라갈 뿐이다. 주변 사람들이 그가 피워낸 꽃들을 모아서 이야기를 만들어 낸다. 그래서 많은 영웅담과 성공담이 생겨난다. 하지만 꽃피움의 삶을 사는 이는 이야기 속에 살지 않는다. 이야기 바깥에 있다.

신은 나의 목표를 이루어야 나타나지 않는다. 행복과 평화는 최종적으로 성공해야 얻을 수 있는 것이 아니다. 신과 행복과 평화는 지금 여기에서 꽃피우는 과정을 선택할 때 볼 수 있다. 끊임없이, 진심으로, 온 마음으로 알아차리고 하나가 된다면 변화가 일어난다. 좋은 소식은 꽃피움의 흐름에 들어서기만 해도 변화가 시작된다는 것이다. 시험에 합격하거나 부자가 되거나 무언가를 당장 이루지 않아도, 꽃피움의 흐름 속에 들어서기만 해도 평온과 기쁨이 시작된다. 이 과정을 통해서 다음과 같은 일이 일어난다.

노래를 부르면, 당신의 노래를 듣고 친구들이 올 것이다.
그림을 그리면, 당신의 그림을 보고 동료들이 올 것이다.
춤을 추면, 당신의 손을 잡아 줄 신이 올 것이다.

근원과 하나가 된다는 것은 근원과 같은 높은 에너지를 선택한다는 것이다. 높은 에너지는 감사, 사랑, 축복이다.

이 책이 당신에게 지도와 안경이 되기를 바란다. 무엇보다 입맞춤이 되기를 바란다. 꽃피움에 대해 알게 된 당신이 당신 자신에게, 그리고 당신의 삶에 입맞추기를 바란다.

평생 동안 간절하게 자신에게 물어야 할 질문이 있다.

왜 사는가?

어떻게 살아야 하는가?

나는 누구인가?

나는 내가 누구인지 경험하기 위해 태어났다. 내 안에 무언가 빛나는 것을 꽃피우기 위해서 이곳에 왔다. 내가 누구인지 알기 위해서 이 삶을 선택했다.

꽃피우며 살아야 한다. 나는 생존만을 위해 태어난 것은 아니다. 나는 소망을 안고 태어났고 열망을 지니고 이곳에 왔다. 가슴 속 반짝이는 무언가를 피워 내기 위해 살아야 한다. 노래를 부르고 그림을 그리고 춤을 추며 살아야 한다.

나는 창조하는 자이고 또한 경험하는 존재이다. 신에게 늘 은총을 받고 있음에 감사하며, 자신과 사랑에 빠지며, 온 하늘에 소망을 그리고, 이 순간이라는 천사와 춤을 추어야 한다. 나는 꽃피우는 삶을 창조하는 자이며, 이를 경험하는 존재이기도 하다.

> 너 자신을 알라 Know yourself
>
> — 델포이 신전 현관 기둥에 새겨져 있던 말

나는 누구인가? 내 이름은 내가 아니며, 내 몸은 내가 아니며, 내 소유물은 내가 아니다. 내 직업도 내가 아니다. 나는 꽃피우는 삶을 경험하는 누군가이다. 사랑과 감사를 느끼는 누군가이다. 나는 '존재' 그 자체이다. 신이 그토록 사랑하는 누군가이다. 어느 순간, 어느 장소에서도 진동수를 높일 수 있는 존재이다. 가슴에서 노래를 울릴 수 있는 존재이다. 소망을 피워낼 수 있는 존재이며, 이 순간 우주와 하나가 될 수 있는 존재이다. 나는 사랑이다. 나는 생명이다. 나는 평화이다.

사는 것이 힘들고 문제가 생기는 원인은 다음과 같다.
원망이 있다.
다른 사람이 되려고 한다.
하고 싶은 것을 못 한다.

이 순간 신 혹은 누군가를 원망하거나, 다른 사람인 척하거나, 하고 싶은 것을 억누르면 병이 생기고 문제가 생긴다. 해답은 다음의 질문에 답하는 것이다.
신이 지금 나의 곁에 있음을 아는가? 이런 상황에서도 신에게 감사할 수 있는가?
나는 지금 나 자신을 사랑할 수 있는가? 내가 어떤 사람으로 밝혀져도 나를 사랑할 수 있는가?
나의 소망을 이룰 수 있음을 믿는가? 현실이 어두워 보여도 소망을 그릴 수 있는가?

꽃피움의 삶에서 벗어나면 사는 것이 힘들고 문제가 생긴다. 꽃피움의 삶은 문제를 초월한다. 꽃피움의 삶은 존재 수준을 더 높여주기에 이전 수준의 문제가 풀려나간다.

문제를 발생시켰을 때와 똑같은 의식 수준으로는 어떤 문제도 해결할 수 없다.

No problem can be solved from the same level of consciousness that created it.

— 아인슈타인(Albert Einstein)

꽃피움의 상태에서는 물의 흐름과 함께 나아가기에 수면이 일렁거려도 평온하다. 행복하다. 평온하고 행복한 사람들의 얼굴은 모두 다르고, 입고 있는 옷도 모두 다르다. 사는 곳도 다르고 직업도 다르다. 하지만 모두 꽃피움의 상태에 있기 때문에 평온하고 행복하다. 불행한 사람들은 저마다의 이유가 있다. 돈이 없어서, 그 사람 때문에, 외모가 못나서, 부모를 잘못 만나서, 그 기회를 놓쳐서, 건강이 좋지 않아서. 목록은 끝이 없다.

행복한 가정은 모두 비슷한 이유로 행복하지만 불행한 가정은 저마다의 이유로 불행하다.

— 레프 톨스토이, 〈안나 카레니나〉

깨어 있는 상태로 매 순간 자신에게 던져야 할 질문은 다음과 같다.

나는 지금 무엇을 알아차리는가? 알아차린 대상을 알아줄 수 있는가? 저항할 것인가? 감사할 것인가?

꽃피우는 삶은 어떤 상황에서도 신이 곁에 계시며 나에게 은총이 내리고 있음을 알아차리며 감사하는 삶이다. '내가 어떤 사람으로 밝혀진다고 해도 자신을 사랑하겠는가'라는 질문에 언제나 '네'라고 답하는 삶이다.

21

후기

후기

아침에 도를 들으면 저녁에 죽어도 좋다.

- 공자 [논어論語] 제4편 〈이인里仁〉

진리가 너희를 자유케 하리라.

- 요한복음 8:31-59

내일 죽을 것처럼 살고, 영원히 살 것처럼 배워라.

- 마하트마 간디(Mahatma Gandhi)

이 책은 꽃피우는 삶이 있음을 자각한 후 시작되었다. 처음에는 물이 차오르는 방 안에서 물을 퍼내는 식의 삶을 거부하고 수도꼭지를 잠그는 방법을 탐구하고 싶었을 뿐이었다. 하지만 탐구할수록 문제를 없애는 것은 불가능하며 문제를 초월하는 것만이 답임을 알게 되었다. 어둠을 제거할 수는 없으며 불을 밝히는 것이 답인 것과 같다. 문제에 집중하는 것이 아니라 꽃피우는 삶을 몸소 살아간다면 문제는 저절로 사라지고 건강이 회복되며 풍요는 따라온다는 것을 알게 되었다. 꽃피움에 대해 알리고 싶었다.

이 책이 나오기까지 훌륭한 의사들과 사상가들, 위대한 치유자들의 도움이 필요했다. 나는 거인의 어깨 위에 올라가려고 했다. 내가 한 일은 기존의 점들을 잇고 여러 보석 조각들을 모아 퍼즐을 맞춘 것이다. 전체 그림을 완성하려고 했다. 거기에 예(藝, ART)라는 영감을 얻어 추가했다. 삶 속에 노래, 그림 그리고 춤의 차원이 있음을 알아차린 후 많은 것이 명확해졌다. 수많은 꽃피움과 회복 과정의 공통점이 '알아차림과 알아주기'임을 알게 되었을 때는 매우 기뻤다. 알아주기가 감사, 사랑, 축복처럼 누구나 할 수 있는 일이어서 감사한 생각이 들었다. 또한 사람으로 해야 할 일과 할 수 없는 일이 있음을 알게 된 후에는 내가 할 수 있는 일에 게으르지 않게 되었고, 내가 할 수 없는 일에 집착하지 않게 되었다. 진정한 지혜가 무엇인지 알게 되었다. 전체 그림을 보려고 노력했다. 삶의 정수를 담으려고 했다. 일시적으로 유행하는 의식 기법, 명상법이 아니라 시간을 이겨 내는 삶의 철학을 보여 주고 싶었다. 언제 어디서나 누구나 할 수 있는 삶의 방식을 말하고 싶었다. 이 책의 가치는 시간을 이겨 낼 것이라 믿는다. 사람의 의식에 대해 더 많은 연구와 논의가 되더라도 꽃피움이란 삶의 방식은 항상 작동하며 노래, 그림과 춤이라는 삶의 차원은 여전히 진실일 것이다. 알아차림, 감사, 사랑, 상상이라는 네 가지 보물로 행하는 알아차림과 알아주기의 마법은 언제나 평화에 이르는 열쇠가 될 것이다. 이 책에서 제시하는 지도와 안경의 가치는 시간이 지날수록 명확해질 것이다. 이 책에 입맞춤하는 이는 분명히 있을 것이고, 점점 더 많아질 것이다.

사랑, 감사, 신에 대한 정의는 나의 개인적인 견해이다. 사전적인 의미와 다소 차이가 날 수 있다. 이 견해에 동의할지는 독자 분들에게 달렸다. 이 책의 예시들은 꽃피우는 삶의 원형(prototype)이 될 수 있는 경험들을 선정했다. 꽃피우는 삶의 정수가 담겨 있으며 실제 삶에서 일어난 예들을 찾았다. 되도록 다양한 예를 넣으려고 했다. 꽃피움이 보편적인 경험이라는 것을 보여 주고 싶었고, 많은 사람들이 이미 꽃피웠음을 보여 주고 싶었다. 우리도 오늘 꽃피울 수 있다고 말하고 싶었다. 우리 모두 각자 다른 삶을 살고 있지만, 이 원형이 되는 예들은 모든 사람에게 적용할 수 있다고 생각한다. 우리는 모두 다른 옷을 입고, 다른 언어를 사용하지만, 모두 사랑을 찾고 있으며 의식적이든 무의식이든 진정한 자신을 찾고 있다. 우리는 꽃피움의 삶을 알고 있으며 이미 경험했다. 잊고 있을 뿐이다. 씨앗의 모양은 모두 다 다르지만, 꽃피우는 원리는 같다. 씨앗이 수천 년이 지나도록 마른 채 있어도 적당한 비가 내리고 햇빛이 비추어 준다면 어느 날 아침에 초록색 싹이 날 것이다. 그리고 계속해서 거듭나다가 어느 순간 깊은 입맞춤을 한 후 간직한 꽃이 펼쳐 나올 것이다. 우리도 그와 같다.

영웅은 하늘을 날아다니며 빌딩을 들어 올리는 이가 아니라 모든 것이 부정적으로 보이는 때에도 완벽함을 보고 위험이 닥쳤을 때도 감사하는 마음을 낼 수 있는 사람이다. 모두가 불가능하다고 해도 소망을 생생하게 상상하며 이미 이루어졌음을 느끼는 사람이다. 현실이 광택을 잃고 빛이 바랜 것처럼 보여도 이 순간 자신에게 손을 내미는 천사가 있음을 알고 기꺼이 춤을 추는 사람이다.

사람은 인공 지능보다 더 똑똑해야 그 가치를 인정받는 존재가 아니다. 사람의 경이로움은 그 기능의 우수성에 있지 않다. 지능과 완력, 속도는 인공 지능, 로봇에 비해 열등할 수 있다. 사람의 경이로움은 사랑의 진동수를 발산하고 소망을 창조할 수 있다는 것에 있다. 사람만이 의식적으로 자신의 진동수를 높일 수 있다. 내면이 고요해지면 신을 알아차릴 수 있다. 알아차린 후 의식적으로 높은 에너지를 선택할 수 있다. 지금 어떠한 상태에 있더라도 낮은 진동수에서 높은 진동수로 바꿀 수 있다. 수용과 사랑을 지나 평화를 꽃피울 수 있다. 감사하고 사랑하고 소망을 믿으며 춤을 춘다면 어느 순간 평화의 자리에 다다른다.

삶의 비밀을 알게 된다면, 이 순간 생생히 살아 숨 쉴 수 있다면, 바로 지금 나의 영혼이 나를 감싸고 있음을 알게 된다면, 내가 바로 그토록 찾았던 열쇠임을 알게 된다면, 그때는 죽는 것은 아무렇지 않다. 아침에 진정한 꽃피움을 이룬다면 너무나 큰 기쁨에 저녁에 죽는 것은 아무렇지 않다. 아니, 이미 죽음이란 개념은 사라진다. 끝없는 생명과 현존이 계속해서 이어짐을 알게 되었기 때문이다. 매 순간 영원한 현재에서 무엇이든 창조할 수 있는 선택권이 우리에게 있음을 알기 때문이다. 이 진리가 우리를 자유케 한다. 매 순간 온 마음을 다하여 사는 모습은 마치 내일 죽을 것을 아는 사람과 비슷하다. 매 순간이 얼마나 소중한지 알기 때문이다. 가장 소중한 것을 먼저 하는 것은 이 때문이다. 하지만 정작 위기와 죽음이 눈앞에 다가와도 우리 마음 깊은 곳은 깨달음과 배움에 닻을 내리고 있다. 깊은 평안에 닻을 내리고 있다. 영원히 살 사람처럼 이 순간을 오롯이 알아차리고 정수를 꿰뚫어 본다.

꽃피우는 삶의 정수를 깨달은 후에도 여전히 세수를 하고 빨래를 하며 사람들을 만날 것이다. 하지만 같은 일들을 다르게 할 것이다. 우리 가슴에는 지도가 있고 우리 눈에는 안경이 있다. 매 순간 삶에 입을 맞출 것이다. 나 자신을 깊이 안아 줄 것이다. 매일, 매 순간 꽃피울 것이다.

천사가 내게 다가왔다. 그리고 말했다.

나는 매일, 그리고 매 순간 여기에 와서 당신에게 손을 내밀었지만

당신은 나를 보지 못했어요.

당신은 자신의 이야기에 빠진 나머지 나를 볼 수 없었어요.

오늘에야 이야기에서 놓여났군요.

당신을 기다리고 있는 선물들이 많아요.

당신은,

모든 사람을 천사로 보는 법을

이 순간을 천국으로 보는 법을

영원한 현재 속에서 걷는 법을

가슴으로 노래하는 법을

소망을 심어 두는 법을

흐름을 부르는 법을

열쇠가 되는 법을

춤을 추는 법을

기억해 내어야 해요.

이 모든 기억을 지우고 이곳에 온 당신이니까요.

— 저자

책을 마치고 나서

책을 마치고 나서

긴 글을 읽어 주셔서 감사합니다.

저는 지도를 보고 싶었습니다. 삶의 전체가 담긴 지도를 보고 싶었습니다. 어느 한 부분의 조각이 아닌 모든 것이 담긴 지도가 보고 싶었습니다. 집에 있는 세계 지도를 생각해 봅시다. 지금 당장 캐나다에 가지는 않아도 내가 어디에 있고 캐나다가 어디에 있는지 알면 답답함이 없습니다. 시간과 여력이 되면 언제든 갈 수 있습니다. 마음에 갈증이 없습니다. 삶에 대한 지도가 있었으면 했습니다. 그동안 삶이 쉽지 않았기에 여러 책을 보았습니다. 삶을 어떻게 살아야 할지 잘 몰랐기 때문에 많은 책을 보았습니다. 모두 훌륭한 책들이지만 갈증이 채워지지 않았습니다.

어릴 때 의식하지 못했지만 다음 세 가지를 믿었던 것 같습니다.

착하게 살면 된다.

열심히 하면 된다.

어른들 말씀을 잘 들으면 된다.

덕분에 착하고 공부 잘하고 성실한 사람이 되었지만 목이 말랐습니다. 나는 죽기 전에도 착하고 열심히 하루를 살고 그 누군가의 말씀을 잘 따르고 있을까요?

모든 책이 자신이 삶의 모든 비밀을 말했다고 속삭였습니다. 하지만 조금만 더 높은 곳에서 모든 부분을 한눈에 보고 싶었습니다. 지도를 나에게 보여 주고 이 오랜 갈증을 멎게 하고 싶었습니다. 그리고 내가 사랑하는 사람들과 나의 아이들에게 보여 주고 싶었습니다. 15년이 지나서 지도를 만들었습니다. 뜻은 거창하지만 만들고 나니 단순합니다. 아니, 단순해서 감사했습니다. 이 삶이 복잡한 지도를 가지고 다녀야 하는 곳이라면 남은 삶도 쉽지는 않을 것 같습니다. 삶을 완벽하게 살아가는 28가지 방법… 36단계…. 이렇게 복잡하지 않았으면 했습니다. 이 지도가 최종본이 아닐지 모릅니다. 이 지도가 완벽하고 절대적으로 옳고 최선이 아닐지 모릅니다. 저도 아직 모르는 것이 많고 여전히 배우는 학생입니다.

3년 전 부친이 칠순이 되던 해에 해외로 가족 여행을 갔습니다. 낯선 바다에서 수영을 하다가 사고가 날 뻔했습니다. 처음 가 보앉던 바다에서 수영 실력을 믿고 계속 앞으로 나아갔습니다. 어느새 물의 온도는 차가워졌습니다. 수심이 갑자기 깊어졌습니다. 아래를 보니 밑바닥을 알 수 없는 검푸른 바닷물이 보였습니다. 방금까지 보였던 산호초며 물고기들도 보이지 않았습니다. 나도 모르게 너무 멀리까지 간 것입니다. 공포가 밀려오면서 어느 순간 힘이 풀렸습니다. 운동은 자신이 있었는데 갑자기 숨이 가빠졌습니다. 주위를 보니 아무도 없었습니다. 사람들은 멀리 해안가 주변에 조그맣게 보였습니다. 스노클링 물안경이 답답해서 나도 모르게 벗어 버렸습니다. 이성적이었다면 이런 행동은 절대 하지 않았을 것입니다. 물안경이 없어지자 눈을 뜰 수 없었고 머금었던 숨을 나도 모르게 내뱉었습니다. 마지막 숨은 공기 방울이 되어 사방으로 흩어졌습니다. 살면서 처음 '죽음'을 떠올렸습니다. 나의 죽음을 받아들여야 하는 가족들 생각이 났습니다. 팔다리를 움직여 봤지만 밑으로 가라앉고 있었습니다. 수면 밑으로 온몸이 잠겼고 머리 위 수면에 비친 햇살만 느껴졌습니다. 한 번만 더 힘을 내서 수면에 얼굴을 내밀었습니다. 그때 중년의 외국인 남자가 멀리서 보였습니다. 아까만 해도 없었던 사람이었습니다. 허우적거리는 저를 보고 다가오신 것 같았습니다. 그분이 저를 감싸고 해변까지 구조해 주셨습니다. 해변에서 다시 보니 저보다 나이가 더 많은 분이었습니다. 그는 스웨덴에서 딸과 함께 왔다고 했습니다. 그분이 아니었으면 이 글을 쓰지 못했을 것 같습니다. 그때 생각했습니다. 내 생각을 세상에 표현해야겠다고 마음먹었습니다.

나의 지도가 완벽해질 때까지 더 이상 기다리지 말아야겠다고 생각했습니다. 죽음은 생각보다 가까이 있기에 내일 죽는다 해도 후회가 없도록 지금 알고 있는 것을 남겨야겠다고 결심했습니다. 오늘 행복하고 평온하게 사는 길을 찾고 싶었습니다. 그 이후로 저의 화두에 대한 답을 정리했습니다. 올해까지 15년간 고민한 내용입니다. 이 지도는 지금 현재 제가 올라갈 수 있는 가장 높은 곳에서 본 삶의 지도입니다.

화두는 다음과 같습니다.
나는 왜 사는가?
어떻게 살아야 하는가?
나는 누구인가?

제가 얻은 답은 다음과 같습니다.
나는 내가 누구인지 경험하기 위해 살고 있다.
꽃피우며 살아야 한다.
나는 창조하는 자이고 또한 경험하는 존재이다.

제가 찾아낸 지도는 다음과 같습니다.
첫째, 꽃피우는 삶이 있다.
둘째, 꽃피우는 삶에 두 가지가 중요하다. 하나는 지금 여기에 있어야 한다. 또 하나는 자신이 비워져야 한다.

셋째, 삶은 세 가지 차원이 있다. 노래, 그림, 춤이라는 예(藝 ART)이다.

넷째, 예(藝 ART)를 위해 사람이 할 수 있는 네 가지 보물이 있다. 알아차림, 감사, 사랑, 상상이다.

다섯째, 꽃피움의 다섯 단계가 있다. 감사, 사랑, 축복, 내맡김, 영감에 따르기이다.

이 다섯 단계는 모두 '알아차림'과 '알아주기'로 이루어져 있습니다.

이 지도를 알게 된 후 저의 삶은 많이 달라졌습니다. 착하게 사는 대신 나 자신에게 진실되게 살게 되었습니다. 무조건 열심히 살지 않으며, 사람으로서 할 수 있는 일에만 정성을 들이게 되었습니다. 어른들 말씀과 권위자의 말도 맹목적으로 따르지 않고 꽃피우는 삶에 비추어 다시 생각하게 되었습니다. 나의 느낌에 더 많이 주의를 기울이고 나의 가슴 안으로 자주 들어갑니다. 이 지도를 알게 된 후 행운이 자주 오고 좋은 사람들을 만나고 더 풍요로워졌지만 항상 그런 것은 아니며, 또 항상 그래야 하는 것도 아니라고 생각합니다. 외부로 보여지는 모습이 아니라 내면의 상태가 훨씬 더 중요하다는 것을 이제는 압니다. 천국은 특정한 장소가 아니며 존재 상태입니다. 꽃피움도 특정 모습이 아니라 존재 상태입니다.

대학병원 중환자실에 있을 때입니다. 의사 생활 중 가장 힘들었던 때로 기억합니다. 중환자실에 배정받은 날부터 잠시도 안도한 적이 없었습니다. 수십 분의 중환자 분들을 담당하면서 여기저기에서 쉴 새 없이 알람이 울리고 호출이 울렸습니다. 인공호흡기 세팅이 어긋나면 환자분들 호흡이 힘겨워지기 때문에 인공호흡기에서 눈을 뗄 수가 없었습니다. 입원 환자와 비교도 안 되게 많은 종류의 혈액 검사를 자주 해야 했습니다. 어긋한 수치들은 바로바로 교정해야 했습니다. 어느 날은 환자 두 분이 동시에 심정지가 와서 심폐소생술(CPR)을 동시에 해야 했습니다. 또 어떤 날은 환자분이 갑자기 토혈을 해서 밤새 환자 분에게 매달렸습니다. 그렇게 긴장하며 정성을 들여 환자 분이 좋아져 일반 병실로 올라가면 정말 기분이 좋았습니다. 며칠은 마음이 뿌듯해서 밥을 안 먹어도 배가 불렀습니다. 하지만 어떤 노력을 기울여도 어떤 환자 분께서는 끝내 돌아가셨습니다. 그럴 때면 며칠 동안은 밥이 넘어가지 않았습니다. 이래저래 체중이 많이 줄어든 시기였습니다. 어느 날 응급실을 통해 환자 한 분이 중환자실에 입원했습니다. 급성 백혈병 진단을 받은 젊은 여자 분으로, 호흡 곤란으로 중환자실에 오셨습니다. 응급실에서 한 혈액검사를 보니 백혈구, 적혈구, 혈소판의 수치가 모두 정상보다 낮은 범혈구 감소증이었습니다. 특히 혈색소가 매우 낮아 아주 심한 빈혈이었습니다. 밤새 수혈을 해서 조금 교정하니 환자 분이 조금은 안정이 되었습니다. 환자 분은 이상스럽게 평온했습니다. 죽음이 가까이 있었는데도 표정이 편안했습니다. 그 많은 검사들을 견디고 있었습니다.

점심시간마다 가족들이 면회를 왔습니다. 부모님과 언니 분은 환자 분이 회복하기를 간절하게 바라고 있었고 어떻게 치료하는지 많이 궁금해하셨습니다. 어린 딸이 중환자실에서 생사의 기로에 있다면 어떤 부모라도 제정신을 유지하기가 어려울 거라 생각합니다. 하지만 부모님과 언니 분은 침착하게 저의 설명을 들었습니다. 최선을 다해 달라고 당부만 주셨습니다.

그 당시 저의 모든 신경은 그 환자에게 쏠려 있었습니다. 제가 담당하고 있는 수십 명의 환자 분 중에 가장 어린 분이었습니다. 그 환자만은 살리고 싶었습니다. 모든 환자 분이 소중하지만, 그 환자는 아직 누려야 할 삶의 기쁨이 많이 남아 있었습니다. 퇴원하여 학교도 다시 다니는 모습도 보고 싶었고, 가족들과 다시 함께하는 모습도 보고 싶었습니다. 환자 분은 호전과 악화를 반복하고 있었습니다. 하지만 한 주 두 주가 지나면서 상황은 점점 더 안 좋아졌습니다. 신장 기능과 심장 기능이 약해지고 있었습니다. 수혈을 해도 효과가 오래가지 않았습니다. 이미 멈추어 버린 골수는 새로운 혈액을 만들어 내지 못하고 있었습니다. 산소포화도도 나빠지고 있었습니다. 고심하다가 기관삽관을 하고 인공호흡기를 연결했습니다. 소변량은 점점 줄어들었고 폐에는 물이 찼습니다.

가족 분들을 만나는 일이 심적으로 힘들었습니다. 부모님과 언니 분은 그 상황에서도 저의 설명을 차분히 듣고 슬픈 가운데에서도 상황을 받아들이고 있었습니다. 조만간 더 이상 버티지 못할 순간이 올 것을 예감하고 있었습니다. 그러던 어느 날 환자 분의 심장이 멈추었고, 그렇게 환자 분을 보내야 했습니다. 가족 분들은 마지막까지 '평온한 슬픔' 속에 있었습니다. 얼마나 딸을 사랑했는지, 그만큼 얼마나 사랑이 깊었는지 느껴졌습니다. 그런데 표현하기 힘든 평온함이 있었습니다. 제가 사망선고를 한 환자 분들 중 가장 평온한 이별이었습니다.

저는 수 주를 상심하여 지내다가 다른 환자 분들을 돌보느라 그 환자 분을 잊고 지냈습니다. 그러다가 2년 후 환자 분의 언니 분에게 문자를 받았습니다. 내용은 다음과 같습니다.

'안녕하세요. 절 기억하실지 모르겠네요. 2년 전에 백혈병에 걸린 제 동생 마지막까지 잘 지켜 주셨지요. 건강하시고요. 늘 제 동생에게 하셨듯이 다른 환자도 같은 마음으로 잘 치료해 주세요. 이곳 먼 영국에서 인사 드립니다. 안녕히 계세요.'

또다시 몇 년 후 환자분의 어머님에게서 문자가 왔습니다. 일부 내용을 옮겨 보면 다음과 같습니다.

'선생님 안녕하세요. 전 작은아이 떠나보내고 방황하다가 복지 쪽에 관심이 있어서 지금은 어르신 돌보미를 하며 지내요.'

환자 분과 가족 분들에게 살려 주어서 고맙다는 인사는 들어 보았지만, 살리지 못한 환자 분의 가족 분에게 수년 후에 연락을 받은 적은 처음이었습니다. 지금 와서 생각해 보면 그 환자 분과 가족 분들은 마지막 순간까지 내맡김 상태였다고 생각합니다. 제가 생각하는 꽃피움 상태라고 생각합니다.

이제는 결과가 성공이어야 성공이라 생각하지 않습니다.

실패가 실패라고 생각하지 않습니다.

최선을 다할 뿐입니다.

누구나 어느 순간에서도 평온에 머물 수 있고 꽃피울 수 있다고 생각합니다.

중년 여성 환자 한 분이 있는데, 가끔 감기로 오십니다. 이분의 남편 분께서는 오래전부터 식물인간으로 의식 없이 집에 누워만 계십니다. 남편 분은 기관절개를 한 상태이고, 하루 종일 집에서 아내 분이 돌봐 주어야 합니다. 남편 분이 한 번은 들것에 실려 저희 병원에 오신 적이 있습니다. 욕창 부위를 소독해 드렸습니다. 간호를 잘 받은 상태였습니다. 하지만 누워만 계시기에 여기저기에 문제가 생겨 아내 분께서 저에게 상담을 하러 오시곤 합니다. 혼자서 남편 분도 돌보고 아이들도 키워야 합니다. 그런데 오실 때마다 너무나 환한 미소를 짓고 계십니다. 사정을 모르는 사람이라면 든든한 남편이 있으며 풍족한 삶을 사는 전업주부로 생각할 것 같습니다. 오실 때마다 기쁘고 환한 모습으로 남편의 근황을 전합니다. 지난번 남편의 욕창은 많이 좋아졌는데 가래가 좀 늘었다고 합니다. 또 오늘은 고구마를 캐느라 자신의 어깨가 좀 아프다고 하십니다. 환자 분들을 포함해서 제 주변 모든 분들 중에 그 여성 분이 가장 행복해 보입니다. 어느 날 궁금증을 참지 못하고 여쭈어 봤습니다.

"남편 분 간호하시고 생계를 꾸리시는 것이 힘드실 텐데 항상 밝아 보이세요. 무슨 비결이 있으세요?"

그분은 환하게 웃으시면서, 그리고 조금 쑥스러워하시면서 다음과 같이 말씀하셨습니다.

"잘 모르겠어요. 그냥 오늘만 살아서 그런가 봐요."

그 말씀을 종교적인 의미나 철학적인 의미로 하신 건 아닌 것 같았습니다. 소박하신 분으로, 책을 많이 읽으시거나 종교가 있는 분도 아닙니다. 그저 억지 미소가 아닌 안에서부터 피어나는 미소를 보여 주시는 분입니다. 행복한 삶을 사는 척을 하시는 것이 아니라 행복 안에 머물고 있었습니다. 매일매일을 정말로 진짜 삶을 살고 있는 분이셨습니다. 제가 그분보다 책은 더 많이 읽었고 지도는 더 많이 가지고 있었지만, 그분은 진실로 꽃피우는 삶을 살고 계셨습니다. 매일 삶에서 '기쁨'을 보고 있었습니다. 꽃피우는 삶을 살기 위해서는 지식의 양보다 삶에 대한 태도가 더 중요합니다.

새가 새알에서 나오기 전, 알 표면에는 금이 갑니다. 새알 안에 있는 새에게는 세상이 무너지는 것처럼 보일지도 모릅니다. 원치 않은 상황일지 모릅니다. 큰 시련이라고 생각하고 세상을 원망하고 자신을 비난할지 모릅니다. 하지만 그 과정을 온전히 받아들인다면 새로운 세상을 만납니다. 지금 자신과 세상이 망가지고 일그러지고, 금이 간 것 같은 모습은 어쩌면 새가 새알에서 나오기 전

새알에 금이 간 모습일지도 모릅니다. 애벌레가 고치를 열고 나비가 되기 직전은 가장 못생기고 가장 힘든 때입니다. 바로 그때도 새로운 문이 열리기 전의 바로 그때입니다.

꽃피움의 삶을 믿어 보셔요. 세상을 원망하고 자신을 비난하는 삶을 선택하지 마셔요. 세상에 감사하고 자신을 사랑하는 삶을 선택하셔요. 소망을 화실에서 치워 버리지 말고, 하늘 높은 곳에 별처럼 걸어 놓고 찬란하게 빛나게 하셔요. 삶의 손을 잡아 보셔요. 한 걸음은 걸어 보셔요. 나머지는 저절로 흘러갈 거예요. 어두운 시기가 지난 그 순간 숨겨진 보물이 선물처럼 모습을 드러낼 거예요. 독자 분들이 건강하고 풍요롭고 행복하고 평온하시길 기원하고 축복합니다. 다만, 가끔 삶이 아름답게 보이지 않을 때도 꽃피우는 삶을 기억하시길 희망합니다.

이 책에 나오는 개념들과 주장들은 완전히 입증된 것은 아니기에 불완전해 보일 수 있습니다.

저는 전홍준 선생님의 다음의 말을 좋아합니다.

'의학은 과학이 아니다.'

의학이 발전하는 데 과학의 도움을 많이 받았습니다. 앞으로도 과학적인 사고는 중요합니다. 하지만 의학은 과학과 동의어가 아니며 아직까지는 과학이 의학의 모든 신비를 풀 수는 없습니다. 과학적으로 설명할 수 없다고 건강을 회복시키는 어떤 방법을 비난할 수는 없습니다. 반지를 잃어버렸을 때 밝은 곳만 찾는다면 불빛이 닿지 않는 곳에 놓인 반지를 찾기 어려울 수 있습니다.

내과 의사로서 여러 약을 사용해도 호전이 없는 경우 환자 분께 다음과 같이 이야기합니다.

"아직 과학적으로 입증은 안 되었지만 환자 분께 해가 되지 않고 이미 세 사람 이상에서 효능이 보이는 방법이면 시도해 봅시다."

기존의 의학을 거부하고 낯선 방법만을 따르자는 것이 아닙니다. 이미 과학적으로 입증된 의학적인 방법을 사용하면서 새로운 방법을 시도해 볼 수 있습니다. 기존의 의학으로 더 이상 회복이 어려운 경우에도 환자 분을 포기하고 싶지 않습니다. 누군가에게 효과가 있었던 방법이 있다면 시도해 보아야 한다고 생각합니다.

저는 '삶도 과학이 아니다.'라고 생각합니다. 삶은 과학보다 더 큰 개념입니다. 아직까지는 과학이 삶의 모든 신비를 설명할 수 없다고 생각합니다. 하지만 과학으로 설명할 수 없다고 과학의 범주를 넘어서는 주장을 모두 비난해서는 안 된다고 생각합니다. 저는 독자 분들에게도 다음과 같이 이야기하고 싶습니다.

"아직 과학적으로 입증은 안 되었지만 독자 분에게 해가 되지 않고 이미 세 사람 이상에서 효능이 보이는 방법이면 시도해 봅시다."

꽃피우는 삶의 방식은 독자 분들에게 해가 되지 않을 것입니다. 감사와 사랑과 축복이 해롭지 않기 때문입니다. 저와 제 환자 분들과 많은 책 속의 저자들에게 이미 효과가 있었습니다. 꽃피움의 삶을 실천한 사람들은 건강을 회복하고 성공을 이루고 평화에 이르렀습니다. 그렇다면 한번 시도해 볼 만하다고 생각합니다.

개인 블로그에 꽃피움에 대해 글을 올렸을 때, 한 독자 분께서 다음과 같이 댓글을 달아 주셨습니다.

'좋은 글 감사합니다. 몇 번이고 곱씹어서 읽고 있습니다. 그래서 님은 어떤 것에서도 흔들리지 않는 평안을 얻으셨나요?'

저는 다음과 같이 답변했습니다.

'어떤 것에도 흔들리지 않는 평안을 가진 사람을 찾으시는 거라면, 저는 아닙니다. 저는 하루에도 여러 번 흔들리고 있습니다. 다만, 이제는 알아차릴 수 있고 사랑을 선택할 수는 있습니다. 평안한 시간이 점점 더 늘고 있습니다.'

꽃피우는 삶은 흔들림 없는 삶이 아닙니다. 자전거를 탈 수 있다는 것이 자전거를 탈 때 흔들림이 없다는 뜻은 아닙니다. 자전거를 타게 되면 계속 흔들립니다. 흔들림이 있을 때 균형을 잡을 수 있다면 계속 나아갈 수 있으며, 균형을 잡을 수 없으면 쓰러지게 됩니다. 꽃피우는 삶도 같습니다. 꽃피움의 삶을 흔드는 이야기가 있지만, 알아차림과 알아주기를 통해 꽃피움으로 돌아올 수 있습니다. 자전거가 단단한 바닥 위에 있음을 알듯이 강 같은 평화가 내면에 있음을 압니다.

저는 이 삶을 함께 살아가는 같은 반 학생입니다. 곁에서 함께 걷고 있는 분보다 결코 더 낫지 않습니다. 꽃피움에 대해 계속 배우고 있습니다. 사랑에 대해 계속 탐구하고 있습니다.

꽃피우는 삶을 사는 사람들이 많아진다면 세상은 어떻게 달라질까요?

제 아이들이 낯선 곳에서 낯선 길을 가다가 낯선 누구를 만난다면, 그는 꽃피우는 삶을 사는 사람일지도 모릅니다. 그러면 저는 안심하게 될 것 같습니다. 그는 제 아이들에게 친절할 것입니다. 꽃피우는 삶을 사는 사람은 지구와 자연을 파괴하지 않을 것입니다. 사람을 비롯해 모든 생명이 소중하다는 것을 알기 때문입니다. 꽃피우는 삶을 사는 사람은 자신을 과시하지 않기 때문에 자연을 파괴하면서까지 자신의 욕심을 추구하지 않을 것입니다. 다른 사람의 이익을 뺏으면서까지 자신의 삶을 성공한 것처럼 꾸미지 않을 것입니다. 지구는 오랫동안 자연을 보전할 것이고 미움과 분노는 사라질 것이라 생각합니다. 꽃피우는 사람들이 많은 사회에는 우울증은 적어지고 자살률은 낮아질 것입니다. 서로를 온전하게 보며 서로에게 감사하고 축복할 것입니다.

제 글이 그러한 세상을 만드는 데 작은 날갯짓이 된다면 더 바랄 것이 없겠습니다. 지금까지 함께해 주신 독자 분들에게 다시 한 번 진심으로 감사합니다. 덕분에 여기까지 왔습니다.

-끝-

추천 도서

추천 도서

꽃피움에 도움이 되는 책들을 추천합니다. 번역된 책과 원서가 있는 경우는 원서도 함께 기재했습니다. 원서만 있는 경우에는 원서만 기재했습니다. 저자별로 정리해 두었습니다. 이 책들은 저에게 지도였고 안경이었으며 입맞춤이었습니다. 이 책들의 글귀들은 보석처럼 반짝입니다. 이 책들을 강력하게 추천합니다. 일부 책들은 절판되었다는 점을 알립니다. 절판된 책은 도서관이나 중고서점에서 보거나, 원서를 구입해 봐도 괜찮겠습니다.

1. 글렌다, 조경숙 역, 끝없는 사랑(아름드리미디어, 2003), Glenda Green, Love Without End(Fideli Publishing, 2010).
: 삶에서 가슴이 가장 중요하다는 것을 일깨우는 책입니다. 감사함을 지니고 가슴에서 시작할 수 있다면 전혀 다른 삶을 살게 될 것입니다.

2. 김상운, 왓칭: 신이 부리는 요술(정신세계사, 2011).
: 대상은 그 대상을 바라보는 이에게 언제나 영향을 받는다는 것을 보여 준 책입니다. 관찰자 효과(observer effect)에 대해 다양한 예를 들면서 알기 쉽게 설명합니다. 대상을 알아차리고 알아준다면 관찰자 효과는 우리에게 큰 선물을 줄 것입니다.

3. 놀르 C. 넬슨, 이상춘 역, 소망을 이루어주는 감사의 힘: 감사는 파동이고 힘이며 에너지다(한문화, 2012), Noelle Nelson, The Power of Appreciation: The Key to a Vibrant Life Kindle Edition(Beyond words, 2003).
: 감사가 어떻게 행복, 건강, 성공, 관계에서 긍정적인 영향을 미치는지 보여 주는 책입니다. 힘들 때에도 감사를 먼저 떠올리게 됩니다.

4. 닥 췰드리, 하워드 마틴, 하영목 역, CEO와 직장인을 위한 스트레스 솔루션(들녘미디어, 2004). Doc Childre, Howard Martin, The HeartMath Solution: The Institute of HeartMath's Revolutionary Program for Engaging the Power of the Heart's Intelligence(Harpersanfrancisco, 1999).
: 스트레스에 어떻게 대응해야 하는지 과학적으로 풀어놓은 책입니다. 심장의 신비를 잘 설명해 놓았으며, 감사가 스트레스의 해결책임을 알게 됩니다.

5. 대런 하디, 유정식 역, 인생도 복리가 됩니다: 눈덩이처럼 불어나는 인생역전의 기술(부키, 2020), Darren Hardy, The Compound Effect(Hachette books, 2010).
: 매일 현명한 선택들을 하며, 이를 지속할 수 있다면 복리 효과를 누릴 수 있음을 보여 준 책입니다. 감사도 매일 한다면 복리 효과가 생기는 것 같습니다.

6. 데보라 노빌, 김용남 역, 감사의 힘: 0.3초의 기적(위즈덤하우스, 2008) Deborah Norville, Thank You Power: Making the Science of Gratitude Work for You(Thomas Nelson, 2007).
: 미국의 대표적인 심층 뉴스 TV 프로그램 〈인사이드 에디션(Inside Edition)〉의 진행자인 데보라 노빌의 책입니다. '감사합니다.'라는 짧은 말에는 인생 전체를 바꿀 만한 강력한 힘이 있음을 알려줍니다. 감사를 선택하면 역경에서 회복되며, 건강해지고, 타인과 깊은 관계를 맺으며 창의적인 삶을 살 수 있습니다.

7. 데비 포드, 신업공동체 역, 그림자 그리고: 빛을 쫓는 사람들의 어두운 면(빛, 2010). Deborah Ford, The Dark Side of the Light Chasers(Riverhead books, 1998).
: 누구나 자기 자신에 대해 감추고 싶고, 인정하고 싶지 않은 부분이 있습니다. 심리학자 칼 융은 이러한 어두운 부분을 '그림자'라고 불렀습니다. 이 그림자를 자신의 일부로 드러내고, 인정하고, 받아들인다면 삶이 온전해질 수 있습니다.

8. 레스 페미, 이재석 역, 오픈포커스 브레인(정신세계사, 2010). Les Fehmi, The Open-Focus Brain: Harnessing the Power of Attention to Heal Mind and Body(Trumpeter books, 2007).
: 레스 페미 박사는 뇌파를 연구하던 중, 무형의 심상(공간, 무, 부재)에 주의를 두면 뇌파가 느려진다는 것을 발견했습니다. 뇌파가 알파파 수준으로 안정되면 스트레스에서 벗어나며 현재에 존재할 수 있습니다. 꽃피우는 삶을 살 때 어느 곳에 주의를 두어야 하는지 알 수 있습니다.

9. 루이스 L. 헤이, 박정길 역, 치유: 있는 그대로의 나를 사랑하라(나들목, 2012). Louise L. Hay, You Can Heal Your Life(Hay house,1984) Chapter 7 How to Change.
: 자신을 사랑하고 있는 그대로 인정하는 것이 얼마나 중요한지 이야기하고 있습니다. 모든 책이 훌륭하지만, 이 보석 같은 책은 꼭 읽어 보셨으면 좋겠습니다.

10. 루이스 L. 헤이, 김태훈 역, 미러(센시오, 2019). Louise Hay, Mirror Work: 21 Days to Heal Your Life(Hay House Inc., 2016).
: 거울에 비친 자신의 눈을 보며 사랑한다고 말하는 것은 처음에는 어색하고 어렵습니다. 하지만 충분히 자주 이렇게 할 수 있다면 큰 변화를 경험할 수 있습니다.

11. 루이스 L. 헤이, 엄남미 역, 삶에 기적이 필요할 때: 현대인의 삶을 바꾸는 긍정 확언과 끌어당김의 법칙(나들목, 2011). Louise L. Hay, Modern-Day Miracles: Miraculous Moments and Extraordinary Stories from People All Over the World Whos e Lives Have Been Touched by Louise Hay(Hay House Inc., 2010).

: 자신을 사랑하라는 루이스 L. 헤이의 가르침을 실천한 사람들의 경험담입니다. 자신을 사랑할 때 진정한 변화가 일어난 것이 루이스 L. 헤이의 개인적인 경험이 아니라 누구에게나 일어날 수 있는 보편적인 일임을 알 수 있습니다.

12. 바바라 버거, 강주헌 역, 힘들고 지칠 때 유쾌하게 힘을 얻는 법(나무생각, 2004), Barbara Berger, The Road to Power: Fast Food for the Soul(Hampton roads, 1995).
: 감사하고 사랑하고 축복하는 것이 삶에 얼마나 큰 변화를 주는지 쉽게 설명한 책입니다.

13. 바이런 케이티, 김윤 역, 네 가지 질문: 내 삶을 바꾸는 경이로운 힘(침묵의 향기, 2013). Byron Katie, Loving What Is: Four Questions That Can Change Your Life(NY:Harmony books,2002).
: 바이런 케이티는 고통의 원인은 생각을 믿기 때문이라고 말합니다. 자신의 생각을 점검하고 네 가지 질문을 한다면 자유를 얻게 된다고 설명합니다. 이 책에서 다르게 표현하면 자신의 생각을 알아차리고 알아준다면 내면으로부터 변화를 경험할 것입니다.

14. 브랜든 베이스, 박인수 역, 치유 아름다운 모험(인바이로넷, 2005). Brandon Bays, The Journey: A Road Map to the Soul(Atria Books, 2002).
: 부정적인 감정을 부정하지 말고, 그 감정의 안으로 자발적으로 들어가 온전히 느낀다면 평화가 찾아옵니다. 이 과정을 아름답게 표현했습니다. 저자는 이 방법으로 자궁에 생긴 큰 종양을 스스로 치유했습니다.

15. 안데르스 한센, 김성훈 역, 뇌는 달리고 싶다(반니, 2019). Anders Hansen, The Real Happy Pill: Power Up Your Brain by Moving Your Body(Skyhorse Publishing, 2017).
: 스웨덴의 정신과 의사가 쓴 책입니다. 일주일에 3번, 30분간 달린다면 우리 몸은 우리를 위한 물질을 만들어 냅니다. 달리기가 몸을 건강하게 하는 것은 이미 잘 알려져 있지만, 저자는 달리기가 뇌 건강과 정신건강에 이롭다고 주장하고 있습니다. 저는 이 책을 읽고 달리기를 시작했습니다.

**16. 알렉산더 로이드, 신동숙 역, 메모리 코드(시공사, 2022). Alexander Loyd PhD ND, The Memory Code: The 10-Minute Solution for Healing Your Life

Through Memory Engineering(Grand Central Publishing, 2019), Chapter 1 How Humans Were Designed to Function.
: 힐링 코드로 잘 알려진 저자의 다른 책입니다. 기억을 잘 다루어야 행복하고 건강한 삶을 살 수 있다고 주장합니다. 저는 우리 내면의 이야기와 감정이 엉겨 있는 태엽을 잘 알아차리고 알아주어야 한다고 이해했습니다.

17. 앤드류 와일, 김옥분 저, 자연치유(정신세계사, 2005). Andrew Weil, MD, Spontaneous Healing: How to Discover and Enhance Your Body's Natural Ability to Maintain and Heal Itself(Ballantine Books, 2011), Chapter 13 Mind and Spirit.
: 하버드 의대 출신의 의학박사인 앤드류 와일이 현대의학의 한계를 절감하며 쓴 책입니다. 현대의학을 공부한 의사가 마음의 힘을 강조한 점이 인상적입니다.

18. 에크하르트 톨레, 유영일, 노혜숙 역, 지금 이 순간을 살아라(양문, 2008). Eckhart Tolle, The Power of Now: A Guide to Spiritual Enlightenment(New World Library, 2010).
: 심한 우울증에 시달렸던 저자가 현존을 경험한 후 쓴 책입니다. 이야기를 지어내는 마음과 그 마음 너머에 있는 현존의 아름다움을 보여 주고 있습니다.

19. 전홍준, 완전한 몸 완전한 마음 완전한 생명(에디터, 1998).
: 사랑과 감사가 건강을 회복하는 데 얼마나 중요한지 누구보다도 잘 알고 있는 의사가 쓴 책입니다. 이 책을 강력하게 추천하지만 현재 절판된 상태입니다. 이분의 다른 책인 〈비우고 낮추면 반드시 낫는다〉도 추천합니다.

20. 조 디스펜자, 추미란 역, 당신이 플라시보다: 원하는 삶을 창조하는 마음 활용법(샨티, 2016). Joe Dispenza, You Are the Placebo: Making Your Mind Matter(Hay house, 2014).
: 마음의 힘 중에서 상상의 힘을 강조하고 있습니다. 아무리 힘든 질병을 앓고 있어도 고요한 상태에서 생생하게 상상하여 이루어졌을 때의 느낌을 충분히 경험한다면 기적적인 회복도 가능할 것입니다.

21. 최인원, EFT로 낫지 않는 통증은 없다(정신세계사, 2011).
: EFT란 몸의 일부를 손으로 두드리면서, 삶의 문제를 언어로 표현하면서 해결하는 방법입니다. 이 책에서 다시 표현한다면 삶의 문제를 알아차리고 있는 그대로 받아들이면서 알아주기를 한다면 통증도, 증상도, 신념도 바뀌게 됩니다.

22. 켄 윌버, 김철수 역, 무경계: 나는 누구인가에 관한 동서고금의 통합적 접근(정신세계사, 2012). Ken Wilber, No Boundary: Eastern and Western Approaches to Personal Growth(Shambhala, 2011).
: 나를 누구라고 생각하는지, 나의 경계가 어디까지라고 보는지가 삶의 가장 근본적인 태도라고 보고 있습니다. 다소 어렵게 느껴지지만, 깊은 울림을 주는 책입니다.

23. 티머시 골웨이, 최명돈 역, 이너게임: 배우며 즐겁게 일하는 법(오즈컨설팅, 2006), 1부 이너게임, 1장 이너게임의 탄생과 확산. W. Timothy Gallwey, The Inner Game of Work: Focus, Learning, Pleasure, and Mobility in the Workplace(Random house trade paperbacks, 2001).
: 이너 게임이란 티머시 골웨이가 제시한 개념입니다. 해답은 외부가 아닌 내면에 있습니다. 내면에서 작은 자아와의 게임에 승리하는 것이 성공의 핵심입니다. 내면에서 비평을 멈추기 않는 작은 자아가 고요해지고 순수하게 바라볼 수 있다면 저절로 훌륭한 행동을 할 수 있다는 것을 보여 줍니다. 춤을 출 수 있도록 도와주는 훌륭한 책입니다.

24. 팀 페리스, 박선령, 정지현 역, 타이탄의 도구들: 정상의 자리에 오른 사람들의 61가지 성공 비밀(토네이도, 2022), Timothy Ferriss, Tools Of Titans: The Tactics, Routines, and Habits of Billionaires, Icons, and World-Class Performers(Harper Business, 2016).
: 이 시대 가장 성공한 인물들과 인터뷰한 내용을 정리한 책입니다. 경제적으로 성공한 사람뿐 아니라 지혜로운 사람과의 인터뷰도 실려 있어 감동을 줍니다.

주석

주석

　이 책은 저 혼자만의 힘으로 쓴 것이 아닙니다. 꽃피움을 이루어 낸 작가들의 체험이 큰 도움이 되었습니다. 그 작가들은 꽃피움의 과정을 아름답고 명징하게 표현하였습니다. 이 책에 실린 사례들은 다음 자료에 나온 내용을 재구성한 것입니다. 일부분을 참고한 경우에는 어느 부분을 참고했는지 기재하였고, 전체를 참고한 경우는 도서의 이름만 기재했습니다. 참고 도서의 저자들에는 국내 작가도 있고 외국 작가도 있습니다. 외국 도서를 참고한 경우, 국내에 번역되었으면 번역 도서도 함께 기재했습니다. 번역된 도서를 참고했다면 원서도 함께 기재했습니다.

1) Byron Katie, Loving What Is: Four Questions That Can Change Your Life (NY: Harmony books,2002), Introduction. 국내에 번역된 책은 다음과 같다. 바이런 케이티, 김윤 역, 네 가지 질문: 내 삶을 바꾸는 경이로운 힘(침묵의 향기, 2013).

2) Lester Levenson, The Sedona Method: Your Key to Lasting Happiness, Success, Peace and Emotional Well-being(Sedona Press, 2020), Introduction. 국내에 번역된 책은 다음과 같다. 레스터 레븐슨, 아눌라 역, 세도나 마음혁명(쌤앤파커스, 2016).

3) 비(非)사랑 감정: 사랑이 아닌 감정, 부정적인 감정과 유사하다. 두려움, 분노, 수치심, 죄책감, 질투, 슬픔 등이 있다.

4) 레스 페미, 이재석 역, 오픈포커스 브레인(정신세계사, 2010). 원서는 다음과 같다. Les Fehmi, The Open-Focus Brain: Harnessing the Power of Attention to Heal Mind and Body (Trumpeter books, 2007).

5) 켄 윌버, 김철수 역, 무경계: 나는 누구인가에 관한 동서고금의 통합적 접근(정신세계사, 2012). 원서는 다음과 같다. Ken Wilber, No Boundary: Eastern and Western Approaches to Personal Growth (Shambhala, 2011).

6) 이는 글쓴이의 생각이다. 감정의 사전적인 정의와 차이가 있을 수 있다.

7) 글쓴이가 2015년에 경험한 일이다.

8) Louise L. Hay, You Can Heal Your Life(Hay house,1984) Chapter 7 How to Change. 국내에 번역된 책은 다음과 같다. 루이스 L. 헤이, 박정길 역, 치유: 있는 그대로의 나를 사랑하라(나들목, 2012), 102-103쪽.

9) 글쓴이가 2010년에 겪은 일이다.

10) 팀 페리스, 박선령, 정지현 역, 타이탄의 도구들: 정상의 자리에 오른 사람들의 61가지 성공 비밀(토네이도, 2022), 2장 세상에서 가장 지혜로운 사람들의 비밀, 10 아름다운 것은 빠르게 사라진다. 원서는 다음과 같다. Timothy Ferriss, Tools Of Titans: The Tactics, Routines, and Habits of Billionaires, Icons, and World-Class Performers(Harper Business, 2016).

11) IgA는 혈청항체의 여러 종류(IgM, IgD, IgG, IgA, and IgE) 중 하나이며, 장이나 호흡기 점막 밖으로 배출되며 여러 종류의 바이러스에 대항하는 항체이다.

12) Rein,. G., Atkinson, M., and McCraty, R. "The physiological and psycho-

logical effects of compassion and anger," Journal of Advancement in Medicine. 1995;8(2):87-105.

13) 닥 췰드리, 하워드 마틴, 하영목 역, CEO와 직장인을 위한 스트레스 솔루션(들녘미디어, 2004). 원서는 다음과 같다. Doc Childre, Howard Martin, The HeartMath Solution: The Institute of HeartMath's Revolutionary Program for Engaging the Power of the Heart's Intelligence(Harpersanfrancisco, 1999).

14) McCraty, R., Barrios-Choplin, B., Rozman, D., and others. "The impact of a new emotional self-management program on stress, emotions, heart rate variability, DHEA, and cortisol," Integrative Physiological and Behavioral Science. 1998;33(2):151-170.

15) Deborah Norville, Thank You Power: Making the Science of Gratitude Work for You(Thomas Nelson, 2007), Introduction. 국내에 번역된 책은 다음과 같다. 데보라 노빌, 김용남 역, 감사의 힘: 0.3초의 기적(위즈덤하우스, 2008).

16) 닥 췰드리, 하워드 마틴, 하영목 역, CEO와 직장인을 위한 스트레스 솔루션(들녘미디어, 2004). 원서는 다음과 같다. Doc Childre, Howard Martin, The HeartMath Solution: The Institute of HeartMath's Revolutionary Program for Engaging the Power of the Heart's Intelligence(Harpersanfrancisco, 1999).

17) 글쓴이가 2013년도에 겪은 일이다.

18) 바바라 버거, 강주헌 역, 힘들고 지칠 때 유쾌하게 힘을 얻는 법(나무생각, 2004), 12장 사랑의 힘, 174-175쪽. 원서는 다음과 같다. Barbara Berger, The Road to Power: Fast Food for the Soul(Hampton roads, 1995).

19) Joe Dispenza, You Are the Placebo: Making Your Mind Matter(Hay house, 2014), PREFACE. 국내에 번역된 책은 다음과 같다. 조 디스펜자, 추미란 역, 당신이 플라시보다: 원하는 삶을 창조하는 마음 활용법(샨티, 2016), 19-28쪽.

20) 김상운, 왓칭: 신이 부리는 요술(정신세계사, 2011), 2장 왜 바라보는 대로 변화할까?

21) 전홍준, 완전한 몸 완전한 마음 완전한 생명 (에디터, 1998), 첫째 마당 -신념, 상념, 감정 다루기

22) Deborah Ford, The Dark Side of the Light Chasers(Riverhead books, 1998), Chapter 6 "I Am That". 국내에 번역된 책은 다음과 같다. 데비 포드, 신업공동체 역, 그림자 그리고: 빛을 쫓는 사람들의 어두운 면(빛, 2010), 97-98쪽.

23) 전홍준, 완전한 몸 완전한 마음 완전한 생명(에디터, 1998), 다섯째 마당- 생명의 근원과 하나되기.

24) 전홍준, 완전한 몸 완전한 마음 완전한 생명(에디터, 1998), 첫째 마당 -신념, 상념, 감정 다루기.

25) 루이스 L. 헤이, 엄남미 역, 삶에 기적이 필요할 때: 현대인의 삶을 바꾸는 긍정 확언과 끌어당김의 법칙(나들목, 2011), 1부 건강 1장 질병(불편함) 치유하기, 사랑은 치유하는 힘이 있다, 32쪽. 원서는 다음과 같다. Louise L. Hay, Modern-Day Miracles: Miraculous Moments and Extraordinary Stories from People All Over the World Whos e Lives Have Been Touched by Louise Hay(Hay House Inc., 2010).

26) Gregg Braden, The Isaiah Effect: Decoding the Lost Science of Prayer and Prophecy(Harmony, February 4, 2009), The Language of God.

27) 레스 페미, 이재석, 오픈포커스 브레인(정신세계사, 2010), 8장 최고의 성취, 156쪽. 원서는 다음과 같다. Les Fehmi, The Open-Focus Brain: Harnessing the Power of Attention to Heal Mind and Body(Trumpeter books, 2007).

28) 원문에서는 "오픈포커스를 떠올려!"라고 기재되어 있다. 이 글의 맥락에 맞게 "주의를 넓혀 봐!"로 각색했다.

29) 레스 페미, 이재석, 오픈포커스 브레인(정신세계사, 2010), 8장 최고의 성취, 159-160쪽. 원서는 다음과 같다. Les Fehmi, The Open-Focus Brain: Harnessing the Power of Attention to Heal Mind and Body(Trumpeter books, 2007).

30) 이러한 방식으로 시력을 회복하거나 건강을 회복하는데 보통 6주 정도의 시간이 필요하다. 6주 이상의 지속적인 춤추는 상태를 권한다.

31) 티머시 골웨이, 최명돈 역, 이너게임: 배우며 즐겁게 일하는 법(오즈컨설팅, 2006), 1부 이너게임, 1장 이너게임의 탄생과 확산. 원서는 다음과 같다. W. Timothy Gallwey, The Inner Game of Work: Focus, Learning, Pleasure, and Mobility in the Workplace(Random house trade paperbacks, 2001).

32) 이너 게임이란 티머시 골웨이가 제시한 개념이다. 해답은 외부가 아닌 내면에 있다. 내면에서 작은 자아와의 게임에 승리하는 것이 성공의 핵심이다. 내면에서 비평을 멈추지 않는 작은 자아가 고요해지고 순수하게 바라볼 수 있다면 저절로 훌륭한 행동을 할 수 있다.

33) 티머시 골웨이, 최명돈 역, 이너게임 배우며 즐겁게 일하는 법(오즈컨설팅, 2006), 4부 이너게임의 도구, 9장 코칭, 313-315쪽. 원서는 다음과 같다. W. Timothy Gallwey, The Inner Game of Work: Focus, Learning, Pleasure, and Mobility in the Workplace(Random house trade paperbacks, 2001).

34) Darren Hardy, The Compound Effect(Hachette books, 2010), 2장 Choices. 국내에 번역된 책은 다음과 같다. 대런 하디, 유정식 역, 인생도 복리가 됩니다: 눈덩이처럼 불어나는 인생 역전의 기술(부키, 2020).

35) Louise L. Hay, You Can Heal Your Life(Hay house,1984) Chapter 11 Work. 국내에 번역된 책은 다음과 같다. 루이스 L. 헤이, 박정길, 치유: 있는 그대로의 나를 사랑하라(나들목, 2012), 148-149쪽.

36) 뇔르 C. 넬슨, 이상춘 역, 소망을 이루어주는 감사의 힘: 감사는 파동이고 힘이며 에너지다(한문화, 2012), 6장 감사는 삶을 개선한다. 원서는 다음과 같다. Noelle Nelson, The Power of Appreciation: The Key to a Vibrant Life Kindle Edition(Beyond words, 2003).

37) 닥 췰드리, 하워드 마틴, 하영목 역, CEO와 직장인을 위한 스트레스 솔루션(들녘미디어, 2004), 1장 심장은 지적이고 강력하다. 원서는 다음과 같다. Doc Childre, Howard Martin, The HeartMath Solution: The Institute of HeartMath's Revolutionary Program for Engaging the Power of the Heart's Intelligence(Harpersanfrancisco, 1999).

38) R. McCraty, M. Atkinson, W. A. Tiller, et al., "The Effects of Emotions on Short-Term Power Spectrum Analysis of Heart Rate Variability," The American Journal of Cardiology, vol. 76, no. 14 (1995): pp. 1089-1093.

39) Candace B. Pert, Molecules of Emotion: The Science Behind Mind-Body Medicine (Scribner, 1999).

40) IgA는 혈청항체의 여러 종류(IgM, IgD, IgG, IgA, and IgE) 중 하나이며, 장이나 호흡기 점막 밖으로 배출되며 여러 종류의 바이러스에 대항하는 항체이다.

41) Rein,. G., Atkinson, M., and McCraty, R. "The physiological and psychological effects of compassion and anger," Journal of Advancement in Medicine. 1995:8(2):87-105.

⁴²⁾ McCraty, R., Barrios-Choplin, B., Rozman, D., and others. "The impact of a new emotional self-management program on stress, emotions, heart rate variability, DHEA, and cortisol," Integrative Physiological and Behavioral Science. 1998;33(2):151-170.

⁴³⁾ McCraty, R., Rozman, D., and Childre, D., HeartMath: A New Biobehavioral Intervention for Increasing Health and Personal Effectiveness-Increasing Coherence in the Human System(Harwood Academic Publishers, 1999).

⁴⁴⁾ Sharon Oester, Magic Dimensions: Personal Transformations Through Magic, Miracles and Quantum Mechanics(Writers club press, 2002), The Language of Prayer.

⁴⁵⁾ Glenda Green, Love Without End(Fideli Publishing, 2010), Chapter 2 He Spoke. 국내에 번역된 책은 다음과 같다. 글렌다, 조경숙 역, 끝없는 사랑(아름드리미디어, 2003).

⁴⁶⁾ 안데르스 한센, 김성훈 역, 뇌는 달리고 싶다(반니, 2019), 1장 당신의 뇌는 시시각각 변한다. 원서는 다음과 같다. Anders Hansen, The Real Happy Pill: Power Up Your Brain by Moving Your Body(Skyhorse Publishing, 2017).

⁴⁷⁾ Bruce Lipton, "Are You Programmed at Birth?," www.healyourlife.com/are-youprogrammed-at-birth.

⁴⁸⁾ Ned Herrmann, "What Is the Function of the Various Brainwaves?" Scientific American, www.scientificamerican.com/article/what-is-the-function-of-t-1997-12-22/, accessed March 4, 2019.

⁴⁹⁾ Alexander Loyd PhD ND, The Memory Code: The 10-Minute Solution for Healing Your Life Through Memory Engineering(Grand Central Publishing, 2019), Chapter 1 How Humans Were Designed to Function. 국내에 번역된 책은 다음과 같다. 알렉산더 로이드, 신동숙 역, 메모리 코드(시공사, 2022).

⁵⁰⁾ 김상운, 왓칭: 신이 부리는 요술(정신세계사, 2011), 왓칭 요술 #5 - 부정적 생각 꺼버리기.

⁵¹⁾ Matthew D Lieberman et al, "Putting feelings into words: affect labeling disrupts amygdala activity in response to affective stimuli," Psychol Sci. 2007 May;18(5):421-8. doi: 10.1111/j.1467-9280.2007.01916.x.

52) Sunghyon Kyeong1 et al, "Effects of gratitude meditation on neural network functional connectivity and brain-heart coupling," Scientific Reports,7: 5058, DOI:10.1038/s41598-017-05520-9.

53) Joe Dispenza, Breaking the Habit of Being Yourself: How to Lose Your Mind and Create a New One(Hay House, 2012), Chapter 8 Meditation, Demystifying the Mystical, and Waves of Your Future. 국내에 번역된 책은 다음과 같다. 조 디스펜자, 편기욱 역, 브레이킹, 당신이라는 습관을 깨라: 과거에서 벗어나 새로운 내가 되는 법(샨티, 2021).

54) Andrew Weil, MD, Spontaneous Healing: How to Discover and Enhance Your Body's Natural Ability to Maintain and Heal Itself(Ballantine Books, 2011), Chapter 13 Mind and Spirit. 국내에 번역된 책은 다음과 같다. 앤드류 와일, 김옥분 저, 자연치유(정신세계사, 2005), 13장 정신과 영혼.

55) "Placebo: Cracking the Code", Health Discovery Channel, 2003. 다음의 책도 참고했다. 최인원, EFT로 낫지 않는 통증은 없다(정신세계사, 2011), 3장 몸 의학의 개척자들.

56) 장자, 3편양생주, 2장 庖丁解牛(포정해우) 부분을 각색했다.

57) Tseng, J., Poppenk, J. Brain meta-state transitions demarcate thoughts across task contexts exposing the mental noise of trait neuroticism. Nat Commun 11, 3480 (2020). https://doi.org/10.1038/s41467-020-17255-9

58) 웜홀(Wormhole): 웜홀은 서로 다른 두 공간을 잇는 가상의 통로 개념이다. 벌레(Worm)가 사과에 파놓은 구멍을 통과하면 더 빠르게 반대편으로 갈 수 있다는 비유에서 나온 용어이다.

59) 화해와 축복의 산책

전홍준, 완전한 몸 완전한 마음 완전한 생명(에디터, 1998)에 소개된 방법이다.

이 방법은 아바타 프로그램 제1부에서 발췌한 것인데, 제대로만 한다면 기적 같은 효과를 얻을 수 있다. 장소는 어디든 상관없지만 가급적이면 산길이나 숲 속의 언덕길이 좋다. 이 방법은 그동안 사랑스러운 마음으로 대하지 못한 특정인, 혹은 불편한 어떤 상황에 대해 적용할 수 있다. 자신의 내면을 스스로 살펴보아 미움, 분노, 질투, 좌절, 두려움, 피해의식 따위가 모두 사라질 때까지 하루에도 몇 번이고 반복해서 실행하는 것이 좋다. 이 방법은 다음과 같은 요령으로 한다.
1. 걸어갈 방향과 목표 지점을 정한다.
2. 목표 지점을 향해 천천히 걸어가며 저절로 떠오르는 순서대로 분노나 두려움 때문에

자기가 한 행동, 생각, 의도를 자기 귀에 들릴 만큼 말로써 표현한다. 어떤 내용의 감정이든 떠오르는 대로 크게 드러내서 다시 느끼고 반드시 말로 표현한다.

3. 한 사람 또는 한 사건에 대하여 철저하게 경험한 다음, 한 발자국을 옮길 때마다 자연히 떠오르는 다른 대상이나 사건을 느끼고 표현하는 식으로 반복한다.

4. 더 이상 떠오르는 것이 없을 때에는 그 목표 지점에서 '시간의 길이'에 대해 깊이 살펴본다.

5. 이제 돌아오는 걸음걸음마다 떠오르는 순서대로 누군가를 축복하며 "사랑해요, 감사해요, 행복하게 잘 사십시오."라고 속삭인다.

6. 출발했던 자리에 돌아오면 현재 순간의 모든 경치, 소리, 냄새, 모든 사람과 대상, 모든 생각에 대하여 가장 아름다운 경치를 대하듯 무조건적인 사랑으로 감사하며 음미하고 감상한다.

[60] 촛불 감사행

전홍준, 완전한 몸 완전한 마음 완전한 생명(에디터, 1998)에 소개된 방법이다.

밤에는 전깃불을 끄고 촛불 하나만 밝힌 채 촛불을 바라보면서 "아무개 씨, 당신을 사랑합니다, 감사합니다."라고 가장 원망했던 대상들에게 수없이 반복하여 축복을 보낸다. 그 촛불이 다 타서 저절로 꺼질 때까지 네댓 시간씩이나 계속한다. 촛농이 녹아 내릴 때마다 원망과 서러움이 녹아 내린다고 상상하며 마침내 촛불이 꺼질 때는 그것이 모두 사라졌다고 믿기로 한다.

[61] 전홍준, 완전한 몸 완전한 마음 완전한 생명(에디터, 1998), 첫째 마당 -신념, 상념, 감정 다루기.

[62] 글쓴이가 2020년도에 겪은 일이다.

[63] 루이스 L. 헤이, 김태훈 역, 미러(센시오, 2019). 원서는 다음과 같다. Louise Hay, Mirror Work: 21 Days to Heal Your Life(Hay House Inc., 2016).

[64] 글쓴이가 진료하는 환자의 예이다.

[65] 접형골, sphenoid bone과 같은 말이며 머리뼈에서 뇌하수체를 받치고 있는 중요한 뼈이다. 건강과 많은 관련이 있다.

[66] 글쓴이가 2020년도에 겪은 일이다.

[67] Brandon Bays, The Journey: A Road Map to the Soul(Atria Books, 2002) Chapter 12. 국내에 번역된 책은 다음과 같다. 브랜든 베이스, 박인수 역, 치유, 아름다운 모험(인바이로넷, 2005).

68) Eckhart Tolle, The Power of Now: A Guide to Spiritual Enlightenment(New World Library, 2010), Introduction. 국내에 번역된 책은 다음과 같다. 에크하르트 톨레, 유영일, 노혜숙 역, 지금 이 순간을 살아라(양문, 2008).